Mein Leben und Werk

Samuel Crowther, Henry Ford

Writat

Diese Ausgabe erschien im Jahr 2024

ISBN: 9789359948232

Herausgegeben von
Writat
E-Mail: info@writat.com

Nach unseren Informationen ist dieses Buch gemeinfrei.
Dieses Buch ist eine Reproduktion eines wichtigen historischen Werkes. Alpha
Editions verwendet die beste Technologie, um historische Werke in der gleichen
Weise zu reproduzieren, wie sie erstmals veröffentlicht wurden, um ihre
ursprüngliche Natur zu bewahren. Alle sichtbaren Markierungen oder Zahlen
wurden absichtlich belassen, um ihre wahre Form zu bewahren.

Inhalt

EINFÜHRUNG

WAS IST DIE IDEE?

Wir haben gerade erst mit der Entwicklung unseres Landes begonnen – trotz all unserer Reden über wunderbare Fortschritte haben wir bisher nicht mehr getan, als an der Oberfläche zu kratzen. Die Fortschritte waren schon wunderbar genug – aber wenn wir das, was wir getan haben, mit dem vergleichen, was noch zu tun ist, dann sind unsere bisherigen Leistungen nichts. Wenn wir bedenken, dass allein für das Pflügen des Bodens mehr Energie verbraucht wird als in allen Industriebetrieben des Landes zusammen, dann bekommen wir eine Ahnung davon, wie viele Möglichkeiten noch vor uns liegen. Und jetzt, wo so viele Länder der Welt in Aufruhr sind und überall so viel Unruhe herrscht , ist ein ausgezeichneter Zeitpunkt, um einige der Dinge anzudeuten, die im Lichte dessen, was getan wurde, getan werden können.

Wenn man von zunehmender Macht, Maschinen und Industrie spricht, kommt einem das Bild einer kalten, metallischen Welt in den Sinn, in der große Fabriken die Bäume, die Blumen, die Vögel und die grünen Felder vertreiben werden. Und dass wir dann eine Welt haben werden, die aus Metallmaschinen und menschlichen Maschinen besteht. Mit all dem bin ich nicht einverstanden. Ich denke, wenn wir nicht mehr über Maschinen und ihren Gebrauch wissen und den mechanischen Teil des Lebens nicht besser verstehen, werden wir keine Zeit haben, uns an den Bäumen, Vögeln, Blumen und grünen Feldern zu erfreuen.

Ich denke, wir haben schon zu viel dazu beigetragen, die schönen Dinge aus dem Leben zu verbannen, indem wir dachten, es gäbe einen Widerspruch zwischen Leben und dem Erbringen des Lebensunterhalts. Wir verschwenden so viel Zeit und Energie, dass uns kaum noch etwas übrig bleibt, um uns zu amüsieren.

Macht und Maschinen, Geld und Güter sind nur dann nützlich, wenn sie uns die Freiheit geben, zu leben. Sie sind nur Mittel zum Zweck. So betrachte ich beispielsweise die Maschinen, die meinen Namen tragen, nicht einfach als Maschinen. Wenn das alles wäre, würde ich etwas anderes tun. Ich betrachte sie als konkreten Beweis für die Entwicklung einer Geschäftstheorie, die, wie ich hoffe, mehr ist als eine Geschäftstheorie – eine Theorie, die darauf abzielt, diese Welt zu einem besseren Ort zum Leben zu machen. Die Tatsache, dass der kommerzielle Erfolg der Ford Motor Company höchst ungewöhnlich war, ist nur deshalb wichtig, weil er auf eine Weise, die niemand missverstehen kann, zeigt, dass die bisherige Theorie richtig ist. Nur in diesem Licht betrachtet, kann ich das vorherrschende System der Industrie und die Organisation von Geld und Gesellschaft aus der Sicht eines Menschen kritisieren, der sich ihnen nicht geschlagen geben ließ. So wie die Dinge jetzt organisiert sind, könnte ich, wenn ich nur egoistisch denken würde, keine Veränderung verlangen. Wenn ich nur Geld will, ist das gegenwärtige System in Ordnung; es gibt mir Geld im Überfluss. Aber ich denke an den Dienst. Das gegenwärtige System ermöglicht nicht den besten Service, weil es jede Art von Verschwendung fördert – es hält viele Männer davon ab, den vollen Nutzen aus dem Service zu ziehen. Und es führt zu nichts. Es ist alles eine Frage besserer Planung und Anpassung.

Ich habe nichts gegen die allgemeine Einstellung, neue Ideen zu verspotten. Es ist besser, allen neuen Ideen skeptisch gegenüberzustehen und darauf zu bestehen, dass man sie ihnen zeigt, als jeder neuen Idee in einem ununterbrochenen Brainstorming hinterherzurennen. Skeptizismus, wenn wir damit Vorsicht meinen, ist das Ausgleichsrad der Zivilisation. Die meisten der gegenwärtigen akuten Probleme der Welt entstehen dadurch, dass man neue Ideen aufgreift, ohne vorher sorgfältig zu prüfen, ob es sich um gute Ideen handelt. Eine Idee ist nicht unbedingt gut, weil sie alt ist, oder unbedingt schlecht, weil sie neu ist, aber wenn eine alte Idee funktioniert, dann spricht die Beweislast für sie. Ideen sind an sich außerordentlich wertvoll, aber eine Idee ist eben nur eine Idee. Fast jeder kann sich eine Idee ausdenken. Was zählt, ist, sie zu einem praktischen Produkt zu entwickeln.

Mir geht es jetzt vor allem darum, zu beweisen, dass die Ideen, die wir in die Praxis umgesetzt haben, für die breite Anwendung geeignet sind – dass sie nichts speziell mit Autos oder Traktoren zu tun haben, sondern so etwas wie einen universellen Code bilden. Ich bin ganz sicher, dass es sich um den natürlichen Code handelt, und ich möchte ihn so gründlich beweisen, dass er nicht als neue Idee, sondern als natürlicher Code akzeptiert wird.

Das Natürliche ist, zu arbeiten – zu erkennen, dass Wohlstand und Glück nur durch ehrliche Anstrengung erreicht werden können. Menschliches Leid resultiert größtenteils aus dem Versuch, diesem natürlichen Lauf zu entkommen. Ich habe keinen Vorschlag, der über die uneingeschränkte Akzeptanz dieses Naturprinzips hinausgeht. Ich halte es für selbstverständlich, dass wir arbeiten müssen. Alles, was wir getan haben, ist das Ergebnis einer gewissen Überzeugung, dass es, da wir arbeiten müssen, besser ist, intelligent und vorausschauend zu arbeiten ; dass es uns umso besser geht, je besser wir unsere Arbeit machen. All dies halte ich für bloß elementaren gesunden Menschenverstand.

Ich bin kein Reformer. Ich glaube, dass es in der Welt viel zu viele Reformversuche gibt und dass wir den Reformern zu viel Aufmerksamkeit schenken. Es gibt zwei Arten von Reformern. Beide sind lästig. Der Mann, der sich Reformer nennt, will Dinge zerschlagen. Er ist der Typ, der ein ganzes Hemd zerreißen würde, weil der Kragenknopf nicht ins Knopfloch passt. Es käme ihm nie in den Sinn, das Knopfloch zu vergrößern. Diese Art von Reformer weiß unter keinen Umständen, was er tut. Erfahrung und Reform passen nicht zusammen. Ein Reformer kann seinen Eifer angesichts einer Tatsache nicht auf Hochtouren halten. Er muss alle Tatsachen verwerfen.

Seit 1914 haben viele Menschen eine brandneue intellektuelle Ausstattung erhalten. Viele beginnen zum ersten Mal zu denken. Sie öffneten ihre Augen und erkannten, dass sie in der Welt waren. Dann erkannten sie in einem Nervenkitzel der Unabhängigkeit, dass sie die Welt kritisch betrachten konnten. Sie taten dies und fanden sie fehlerhaft. Die Berauschung, die meisterhafte Position eines Kritikers des sozialen Systems einzunehmen – die jeder Mensch einnehmen darf – ist zunächst unausgeglichen. Der sehr junge Kritiker ist sehr unausgeglichen. Er ist stark dafür, die alte Ordnung auszulöschen und eine neue zu schaffen. Tatsächlich gelang es ihnen, in Russland eine neue Welt zu schaffen. Dort kann man die Arbeit der Weltschöpfer am besten studieren. Wir lernen von Russland, dass es die Minderheit und nicht die Mehrheit ist, die destruktive Handlungen bestimmt. Wir lernen auch, dass, während die Menschen soziale Gesetze erlassen können, die im Widerspruch zu den Naturgesetzen stehen, die Natur diese Gesetze rücksichtsloser blockiert als die Zaren. Die Natur hat die gesamte Sowjetrepublik blockiert. Denn sie versuchte, die Natur zu leugnen. Vor allem anderen wurde das Recht auf die Früchte der Arbeit verneint . Manche Leute sagen: „Russland wird arbeiten müssen“, aber das trifft es nicht. Tatsächlich arbeitet das arme Russland, aber seine Arbeit zählt nichts. Es ist keine freie Arbeit. In den Vereinigten Staaten arbeitet ein Arbeiter acht Stunden am Tag, in Russland arbeitet er zwölf bis vierzehn. Wenn ein Arbeiter in den Vereinigten Staaten einen Tag oder eine Woche frei haben möchte und es sich leisten kann, hindert ihn nichts daran. In Russland geht der Arbeiter unter dem Sowjetismus arbeiten, ob er will oder nicht. Die Freiheit des Bürgers ist in der Disziplin einer gefängnisähnlichen Monotonie verschwunden, in der alle gleich behandelt werden. Das ist Sklaverei. Freiheit ist das Recht, eine angemessene Zeit lang zu arbeiten und dafür einen angemessenen Lebensunterhalt zu verdienen; die kleinen persönlichen Details des eigenen Lebens regeln zu können. Die Summe dieser und vieler anderer Freiheitselemente macht die große idealistische Freiheit aus. Die kleineren Formen der Freiheit schmieren das alltägliche Leben von uns allen.

Russland konnte ohne Intelligenz und Erfahrung nicht auskommen. Sobald es begann, seine Fabriken durch Komitees zu leiten, gingen sie zugrunde; es gab mehr Debatten als Produktion. Sobald sie die Facharbeiter hinauswarfen, gingen Tausende Tonnen wertvoller Materialien verloren. Die Fanatiker redeten das Volk in den Hunger. Die Sowjets bieten den Ingenieuren, den

Verwaltern, den Vorarbeitern und Aufsehern, die sie zuerst vertrieben, jetzt große Geldsummen an, wenn sie nur zurückkämen. Der Bolschewismus schreit jetzt nach den Köpfen und der Erfahrung, die er gestern noch so rücksichtslos behandelte. Alles, was diese „Reform" Russland angetan hat, war, die Produktion zu blockieren.

In diesem Land gibt es ein unheilvolles Element, das sich zwischen die Menschen, die mit ihren Händen arbeiten, und die Menschen, die für die Menschen denken und planen, die mit ihren Händen arbeiten, einschleichen will. Derselbe Einfluss, der die Intelligenz, die Erfahrung und die Fähigkeiten aus Russland vertrieben hat, ist hier eifrig damit beschäftigt, Vorurteile zu schüren. Wir dürfen nicht zulassen, dass der Fremde, der Zerstörer, der Hasser der glücklichen Menschheit unser Volk spaltet. In der Einheit liegt die Stärke Amerikas – und die Freiheit. Auf der anderen Seite haben wir eine andere Art von Reformer, der sich selbst nie als einen bezeichnet. Er ist dem radikalen Reformer auffallend ähnlich. Der Radikale hat keine Erfahrung und will sie auch nicht. Die andere Art von Reformer hat jede Menge Erfahrung, aber sie nützt ihm nichts. Ich meine den Reaktionär – der überrascht sein wird, sich in genau dieselbe Kategorie wie der Bolschewist eingeordnet zu sehen. Er möchte zu einem früheren Zustand zurückkehren, nicht weil es der beste Zustand war, sondern weil er glaubt, diesen Zustand zu kennen.

Die einen wollen die ganze Welt zerstören, um eine bessere zu schaffen. Die anderen halten die Welt für so gut, dass man sie so lassen könnte, wie sie ist – und verfallen lassen könnte. Die zweite Idee entsteht wie die erste – aus dem Nichtgebrauch der Augen zum Sehen. Es ist durchaus möglich, diese Welt zu zerstören, aber es ist nicht möglich, eine neue zu bauen. Es ist möglich, die Entwicklung der Welt zu verhindern, aber es ist nicht möglich, sie daran zu hindern, zurückzugehen – zu verfallen. Es ist töricht zu erwarten, dass, wenn alles umgestürzt wird, jeder dadurch drei Mahlzeiten am Tag bekommt. Oder dass, wenn alles versteinert wird, dadurch sechs Prozent Zinsen gezahlt werden können. Das Problem ist, dass Reformer und Reaktionäre gleichermaßen von den Realitäten – von den primären Funktionen – abrücken.

Ein Ratschlag zur Vorsicht besteht darin, dass wir eine reaktionäre Wende nicht mit einer Rückkehr zum gesunden Menschenverstand verwechseln dürfen. Wir haben eine Zeit der Feuerwerke aller Art hinter uns und die Erstellung einer Vielzahl idealistischer Pläne für den Fortschritt. Wir sind nicht weitergekommen. Es war ein Kongress, kein Marsch. Es wurden schöne Dinge gesagt, aber als wir nach Hause kamen, fanden wir den Glutofen aus. Reaktionäre haben den Rückschlag einer solchen Zeit häufig ausgenutzt und „die guten alten Zeiten" versprochen – womit normalerweise die schlechten alten Missstände gemeint sind – und weil sie völlig ohne Vision sind, werden sie manchmal als „praktische Menschen" angesehen.

Ihre Rückkehr an die Macht wird oft als Rückkehr zum gesunden Menschenverstand gefeiert.

Die Hauptfunktionen sind Landwirtschaft, Produktion und Transport. Ein Gemeinschaftsleben ist ohne sie nicht möglich. Sie halten die Welt zusammen. Dinge zu züchten, Dinge herzustellen und Dinge zu verdienen, ist so primitiv wie menschliche Bedürfnisse und doch so modern wie nur etwas sein kann. Sie sind die Essenz des physischen Lebens. Wenn sie aufhören, hört das Gemeinschaftsleben auf. Die Dinge geraten in dieser gegenwärtigen Welt unter dem gegenwärtigen System zwar aus der Form, aber wir können auf eine Verbesserung hoffen, wenn die Grundlagen sicher sind. Die große Täuschung besteht darin, dass man die Grundlagen ändern – die Rolle des Schicksals im sozialen Prozess usurpieren kann. Die Grundlagen der Gesellschaft sind die Menschen und Mittel, um Dinge *anzubauen* , *Dinge herzustellen* und Dinge zu *transportieren* . Solange Landwirtschaft, Produktion und Transport überleben, kann die Welt jeden wirtschaftlichen oder sozialen Wandel überleben. Indem wir unseren Jobs dienen, dienen wir der Welt.

Es gibt viel zu tun. Geschäfte sind nur Arbeit. Spekulation mit Dingen, die bereits produziert wurden – das ist kein Geschäft. Es ist nur mehr oder weniger respektable Korruption. Aber sie kann nicht durch Gesetze abgeschafft werden. Gesetze können sehr wenig bewirken. Gesetze bewirken nie etwas Konstruktives. Sie können nie mehr als ein Polizist sein, und daher ist es Zeitverschwendung, von unseren Landeshauptstädten oder von Washington zu erwarten, dass sie das tun, wozu Gesetze nicht geschaffen wurden. Solange wir von Gesetzen erwarten, dass sie Armut bekämpfen oder Sonderrechte abschaffen, werden wir die Armut um sich greifen und Sonderrechte wachsen sehen. Wir haben es satt, nach Washington zu schauen, und wir haben es satt, dass Gesetzgeber – allerdings nicht so sehr in diesem als in anderen Ländern – Gesetze versprechen, die das tun, was Gesetze nicht können.

Wenn Sie ein ganzes Land – wie unseres – glauben lassen, Washington sei eine Art Himmel und hinter seinen Wolken stecke Allwissenheit und Allmacht, erziehen Sie dieses Land zu einer abhängigen Geisteshaltung, die nichts Gutes für die Zukunft verheißt. Unsere Hilfe kommt nicht aus Washington, sondern von uns selbst; unsere Hilfe kann jedoch nach Washington gehen, als eine Art zentralem Verteilungspunkt, wo alle unsere Bemühungen zum Wohle der Allgemeinheit koordiniert werden. Wir können der Regierung helfen, die Regierung kann uns nicht helfen. Der Slogan „weniger Regierung in der Wirtschaft und mehr Wirtschaft in der Regierung" ist sehr gut, nicht hauptsächlich wegen der Wirtschaft oder der Regierung, sondern wegen der Menschen. Die Wirtschaft ist nicht der Grund, warum die Vereinigten Staaten gegründet wurden. Die Unabhängigkeitserklärung ist keine Wirtschaftscharta, und die Verfassung der Vereinigten Staaten ist kein Handelsplan. Die Vereinigten Staaten – ihr Land, ihr Volk, ihre Regierung und ihre Wirtschaft – sind nur Mittel, mit denen das Leben der Menschen lebenswert gemacht wird . Die Regierung ist ein Diener und sollte nie etwas anderes als ein Diener sein. Sobald das Volk zum Anhängsel der Regierung wird, beginnt das Gesetz der Vergeltung zu wirken, denn eine solche Beziehung ist unnatürlich, unmoralisch und unmenschlich. Wir können nicht ohne Unternehmen leben und wir können nicht ohne Regierung leben. Unternehmen und Regierung sind als Diener notwendig, wie Wasser und Getreide; als Herren stürzen sie die natürliche Ordnung um.

Das Wohlergehen des Landes liegt ganz in unserer Hand, dem Individuum. Dort sollte es sein und dort ist es am sichersten. Regierungen können etwas umsonst versprechen, aber sie können nicht halten, was sie versprechen. Sie können mit den Währungen jonglieren, wie sie es in Europa getan haben (und wie es Banker auf der ganzen Welt tun, solange sie von der Jonglage profitieren können), und dabei ernsten Unsinn vortragen . Aber nur Arbeit und nur Arbeit kann weiterhin die gewünschten Ergebnisse liefern – und das weiß jeder Mensch tief in seinem Herzen.

Es besteht kaum eine Chance, dass ein intelligentes Volk wie das unsere die grundlegenden Prozesse des Wirtschaftslebens ruiniert. Die meisten Menschen wissen, dass sie nichts umsonst bekommen können. Die meisten Menschen spüren – auch wenn sie es nicht wissen –, dass Geld kein Reichtum ist. Die gewöhnlichen Theorien, die jedem alles versprechen und von niemandem etwas verlangen, werden von den Instinkten des gewöhnlichen Menschen umgehend zurückgewiesen, selbst wenn er keine Gründe dagegen findet. Er *weiß* , dass sie falsch sind. Das ist genug. Die gegenwärtige Ordnung, die immer schwerfällig, oft dumm und in vielerlei Hinsicht unvollkommen ist, hat diesen Vorteil gegenüber allen anderen – sie funktioniert.

Zweifellos wird unsere Ordnung nach und nach in eine andere übergehen, und die neue wird auch funktionieren – aber nicht so sehr aufgrund dessen, was sie ist, sondern aufgrund dessen, was die Menschen in sie einbringen. Der Grund, warum der Bolschewismus nicht funktioniert hat und nicht funktionieren kann, ist nicht ökonomischer Natur. Es spielt keine Rolle, ob die Industrie privat geführt oder gesellschaftlich kontrolliert wird; es spielt keine Rolle, ob Sie den Anteil der Arbeiter „Lohn" oder „Dividende" nennen; es spielt keine Rolle, ob Sie den Menschen Nahrung, Kleidung und Obdach vorschreiben oder ob Sie ihnen erlauben, zu essen, sich zu kleiden und zu leben, wie sie wollen. Das sind bloße Detailfragen. Die Unfähigkeit der bolschewistischen Führer zeigt sich in der Aufregung, die sie über solche Details machten. Der Bolschewismus scheiterte, weil er sowohl unnatürlich als auch unmoralisch war. Unser System steht. Ist es falsch? Natürlich ist es falsch, und zwar in tausenderlei Hinsicht! Ist es plump? Natürlich ist es plump. Eigentlich müsste es zusammenbrechen. Aber das tut es nicht – weil es von gewissen wirtschaftlichen und moralischen Grundlagen bestimmt ist.

Die wirtschaftliche Grundlage ist die Arbeit . Arbeit ist das menschliche Element, das die fruchtbaren Jahreszeiten der Erde für den Menschen nutzbar macht. Es ist die Arbeit des Menschen , die die Ernte zu dem macht, was sie ist. Das ist die wirtschaftliche Grundlage: Jeder von uns arbeitet mit Materialien, die wir nicht geschaffen haben und nicht schaffen konnten, sondern die uns die Natur geschenkt hat.

Das moralische Fundament ist das Recht des Menschen auf seine Arbeit . Dies wird unterschiedlich ausgedrückt. Manchmal wird es als „Eigentumsrecht" bezeichnet. Manchmal wird es in dem Gebot „Du sollst nicht stehlen" maskiert. Es ist das Eigentumsrecht des anderen Menschen, das Stehlen zu einem Verbrechen macht. Wenn ein Mensch sein Brot verdient hat, hat er ein Recht auf dieses Brot. Wenn ein anderer es stiehlt, tut er mehr als nur Brot zu stehlen; er verletzt ein heiliges Menschenrecht. Wenn wir nicht produzieren können, können wir nichts haben – aber manche sagen, wenn wir produzieren, dann nur für die Kapitalisten. Kapitalisten, die zu solchen werden, weil sie bessere Produktionsmittel bereitstellen, bilden die Grundlage der Gesellschaft. Sie haben eigentlich nichts Eigenes. Sie verwalten lediglich Eigentum zum Nutzen anderer. Kapitalisten, die zu solchen werden, indem sie mit Geld handeln, sind ein vorübergehend notwendiges Übel. Sie müssen überhaupt nicht böse sein, wenn ihr Geld in die Produktion fließt. Wenn ihr Geld dazu verwendet wird, die Verteilung zu erschweren – Barrieren zwischen Produzent und Konsument aufzubauen –, dann sind sie böse Kapitalisten und sie werden verschwinden, wenn das Geld besser an die Arbeit angepasst ist; Und Geld wird besser mit der Arbeit in Einklang gebracht werden, wenn man sich darüber im Klaren ist, dass Gesundheit, Wohlstand und Glück zwangsläufig durch Arbeit und nur durch Arbeit erreicht werden können.

Es gibt keinen Grund, warum ein Mensch, der bereit ist zu arbeiten, nicht arbeiten und den vollen Gegenwert seiner Arbeit erhalten sollte. Es gibt ebenso keinen Grund, warum ein Mensch, der arbeiten kann, aber nicht arbeiten will, nicht den vollen Gegenwert seiner Dienste für die Gemeinschaft erhalten sollte. Es sollte ihm auf jeden Fall gestattet sein, der Gemeinschaft den Gegenwert seines Beitrags zu entziehen. Wenn er nichts beiträgt, sollte er auch nichts wegnehmen. Er sollte die Freiheit haben zu hungern. Wir kommen nicht weiter, wenn wir darauf bestehen, dass jeder Mensch mehr haben sollte, als er verdient – nur weil manche mehr bekommen, als sie verdienen.

Es kann keinen größeren Unsinn und keinen größeren Schaden für die Menschheit im Allgemeinen geben, als zu behaupten, alle Menschen seien gleich. Ganz gewiss sind nicht alle Menschen gleich, und jede demokratische Konzeption, die danach strebt, die Menschen gleich zu machen, ist nur ein Versuch, den Fortschritt zu blockieren. Die Menschen können nicht von gleichem Nutzen sein. Die Menschen mit den größeren Fähigkeiten sind weniger zahlreich als die Menschen mit den geringeren Fähigkeiten; es ist möglich, dass eine Masse kleinerer Menschen die größeren herunterzieht — aber indem sie das tun, ziehen sie sich selbst herunter. Es sind die größeren Menschen, die der Gemeinschaft die Führung geben und es den kleineren Menschen ermöglichen, mit weniger Anstrengung zu leben.

Das Demokratiekonzept, das eine Nivellierung der Fähigkeiten vorsieht, führt zu Verschwendung. In der Natur sind keine zwei Dinge gleich. Wir bauen unsere Autos absolut austauschbar. Alle Teile sind so ähnlich, wie chemische Analysen, die besten Maschinen und die beste Handwerkskunst sie herstellen können. Es ist keinerlei Anpassung erforderlich, und es würde sicherlich den Anschein erwecken, dass zwei nebeneinander stehende Fords, die genau gleich aussehen und so genau gleich gebaut sind, dass jedes Teil aus dem einen herausgenommen und in den anderen eingebaut werden kann, gleich wären. Aber das sind sie nicht. Sie werden unterschiedliche Fahrgewohnheiten haben. Wir haben Männer, die Hunderte und in manchen Fällen Tausende von Fords gefahren sind, und sie sagen, dass sich keine zwei jemals genau gleich verhalten — dass sie, wenn sie ein neues Auto eine Stunde oder sogar weniger fahren würden und das Auto dann mit einer Reihe anderer neuer Autos mischen würden, die ebenfalls jeweils nur eine Stunde und unter denselben Bedingungen gefahren würden, das Auto, das sie gefahren haben, zwar nicht nur beim Anblick wiedererkennen könnten, es aber beim Fahren erkennen könnten.

Ich habe allgemein gesprochen. Lassen Sie uns konkreter werden. Ein Mensch sollte in der Lage sein, in einem Ausmaß zu leben, das der Leistung entspricht, die er erbringt. Dies ist ein guter Zeitpunkt, um über diesen Punkt zu sprechen, denn wir haben kürzlich eine Zeit durchgemacht, in der die Erbringung von Dienstleistungen das Letzte war, woran die meisten Menschen dachten. Wir waren an einem Punkt angelangt, an dem sich niemand mehr um Kosten oder Dienstleistungen kümmerte. Bestellungen kamen ohne Anstrengung. Während es früher der Kunde war, der dem Händler einen Gefallen tat, indem er mit ihm Geschäfte machte, änderten sich die Bedingungen, bis es der Händler war, der dem Kunden einen Gefallen tat, indem er an ihn verkaufte. Das ist schlecht fürs Geschäft. Monopole sind schlecht fürs Geschäft. Profitgier ist schlecht fürs Geschäft. Der Mangel an Notwendigkeit, sich anzustrengen, ist schlecht fürs Geschäft. Das Geschäft ist nie so gesund, wie wenn es wie ein Huhn eine gewisse

Menge scharren muss, um zu bekommen, was es bekommt. Die Dinge gingen zu leicht von der Hand. Das Prinzip, dass zwischen Werten und Preisen ein ehrliches Verhältnis bestehen sollte, wurde aufgegeben. Die Öffentlichkeit musste nicht mehr „umsorgt" werden. An vielen Orten herrschte sogar eine „Zum Teufel mit der Öffentlichkeit"-Einstellung. Das war äußerst schlecht fürs Geschäft. Manche nannten diesen anormalen Zustand „Wohlstand". Es war kein Wohlstand – es war nur eine sinnlose Jagd nach Geld. Die Jagd nach Geld ist kein Geschäft.

es sehr leicht, sich mit Geld zu belasten und dann im Bemühen, mehr Geld zu verdienen, ganz zu vergessen, den Leuten das zu verkaufen, was sie wollen. Geschäfte, die auf Geld basieren, sind äußerst unsicher. Sie sind eine heikle Angelegenheit, die sich unregelmäßig und selten über einen Zeitraum von mehreren Jahren bewegt, aber viel ausmacht. Die Funktion eines Unternehmens besteht darin, für den Konsum zu produzieren und nicht für Geld oder Spekulation. Für den Konsum zu produzieren bedeutet, dass die Qualität des produzierten Artikels hoch und der Preis niedrig sein wird – dass der Artikel den Leuten dient und nicht nur dem Produzenten. Wenn der Aspekt des Geldes aus seiner richtigen Perspektive verdreht wird, wird die Produktion verdreht, um dem Produzenten zu dienen.

Der Wohlstand des Produzenten hängt davon ab, dass er dem Volk dient. Er kann eine Zeit lang damit durchkommen, sich selbst zu dienen, aber wenn das passiert, dann ist das rein zufällig, und wenn das Volk aufwacht und erkennt, dass es nichts für ihn tut, ist das Ende des Produzenten in Sicht. Während der Boom-Zeit bestand die größte Anstrengung der Produktion darin, sich selbst zu dienen, und daher gingen viele Produzenten, als das Volk aufwachte, in die Pleite. Sie sagten, sie seien in eine „Depressionsphase" eingetreten. Das war in Wirklichkeit nicht der Fall. Sie versuchten einfach, Unsinn gegen Sinn auszuspielen, was nicht erfolgreich ist. Geldgier ist der sicherste Weg, es nicht zu bekommen, aber wenn man um des Dienens willen dient – um die Befriedigung zu haben, das zu tun, was man für richtig hält – , dann kommt das Geld im Überfluss von selbst.

Geld entsteht auf natürliche Weise als Ergebnis von Diensten. Und es ist absolut notwendig, Geld zu haben. Aber wir dürfen nicht vergessen, dass der Zweck des Geldes nicht Bequemlichkeit ist, sondern die Möglichkeit, mehr Dienste zu leisten. Meiner Meinung nach ist nichts abscheulicher als ein bequemes Leben. Keiner von uns hat ein Recht auf Bequemlichkeit. In der Zivilisation ist kein Platz für Faulenzer. Jeder Plan, der auf die Abschaffung des Geldes abzielt, macht die Dinge nur komplizierter, denn wir brauchen ein Maß. Es ist sehr fraglich, ob unser gegenwärtiges Geldsystem eine zufriedenstellende Grundlage für den Austausch ist. Auf diese Frage werde ich in einem späteren Kapitel eingehen. Der Kern meines Einwands gegen das gegenwärtige Geldsystem besteht darin, dass es dazu neigt, ein

Selbstläufer zu werden und die Produktion zu behindern, anstatt sie zu erleichtern.

Ich bemühe mich um Einfachheit. Die Menschen haben im Allgemeinen so wenig und es kostet so viel, selbst die notwendigsten Dinge zu kaufen (ganz zu schweigen von dem Luxus, auf den meiner Meinung nach jeder Anspruch hat), weil fast alles, was wir herstellen, viel komplizierter ist als nötig. Unsere Kleidung, unsere Nahrung, unsere Einrichtung – alles könnte viel einfacher sein als heute und gleichzeitig besser aussehen. In früheren Zeiten wurden die Dinge auf bestimmte Weise hergestellt und die Hersteller von damals haben sich einfach daran gehalten.

Ich meine nicht, dass wir uns an ausgefallene Stile halten sollten. Das ist nicht unbedingt nötig. Kleidung muss nicht aus einer Tasche bestehen, in die ein Loch geschnitten wurde. Das wäre vielleicht leicht herzustellen, aber unbequem zu tragen. Eine Decke erfordert nicht viel Schneiderarbeit, aber keiner von uns könnte viel Arbeit erledigen, wenn wir wie Indianer in Decken herumlaufen würden. Echte Einfachheit bedeutet, dass sie den besten Dienst leistet und am bequemsten zu verwenden ist. Das Problem mit drastischen Reformen ist, dass sie immer darauf bestehen, dass ein Mann umgestaltet werden muss, um bestimmte designte Artikel tragen zu können. Ich denke, dass Kleiderreformen für Frauen – was hässliche Kleidung zu bedeuten scheint – immer von schlichten Frauen ausgehen müssen, die alle anderen schlicht aussehen lassen wollen. Das ist nicht der richtige Prozess. Beginnen Sie mit einem Artikel, der passt, und suchen Sie dann nach einer Möglichkeit, die völlig nutzlosen Teile zu eliminieren. Das gilt für alles – einen Schuh, ein Kleid, ein Haus, ein Stück Maschinerie, eine Eisenbahn, ein Dampfschiff, ein Flugzeug. Indem wir nutzlose Teile weglassen und notwendige vereinfachen, senken wir auch die Herstellungskosten. Das ist eine einfache Logik, aber seltsamerweise beginnt der normale Prozess mit einer Verbilligung der Herstellung und nicht mit einer Vereinfachung des Artikels. Der Anfang sollte beim Artikel sein. Zuerst sollten wir herausfinden, ob er so gut gemacht ist, wie er sein sollte – leistet er den bestmöglichen Dienst? Dann – sind die Materialien die besten oder nur die teuersten? Dann – können seine Komplexität und sein Gewicht reduziert werden? Und so weiter.

Es hat keinen Sinn, einem Gegenstand zusätzliches Gewicht beizufügen, genauso wenig wie die Kokarde auf dem Hut eines Kutschers. Tatsächlich ist es nicht so viel. Denn die Kokarde hilft dem Kutscher vielleicht, seinen Hut zu erkennen, während das zusätzliche Gewicht nur Kraftverschwendung bedeutet. Ich kann mir nicht vorstellen, woher die Wahnvorstellung kommt, dass Gewicht Kraft bedeutet. Bei einem Rammgerät ist das alles gut und schön, aber warum sollte man ein schweres Gewicht bewegen, wenn man damit nichts trifft? Warum sollte man im Transportwesen zusätzliches Gewicht in eine Maschine packen? Warum es nicht zu der Last hinzufügen, die die Maschine tragen soll? Dicke Männer können nicht so schnell laufen wie dünne, aber wir bauen die meisten unserer Fahrzeuge so, als ob totes Fett die Geschwindigkeit erhöhen würde! Ein großer Teil der Armut erwächst aus dem Transport von Übergewicht. Eines Tages werden wir entdecken, wie wir das Gewicht noch weiter reduzieren können. Nehmen wir zum Beispiel Holz. Für bestimmte Zwecke ist Holz heute das beste Material, das wir kennen, aber Holz ist extrem verschwenderisch. Das Holz in einem Ford-Auto enthält 13 Pfund Wasser. Es muss doch einen Weg geben, das zu verbessern. Es muss doch eine Methode geben, mit der wir dieselbe Kraft und Elastizität erreichen können, ohne unnötiges Gewicht mit uns herumschleppen zu müssen. Und so durch tausend Prozesse.

Der Bauer macht aus seiner täglichen Arbeit eine zu komplizierte Angelegenheit. Ich glaube, dass der durchschnittliche Bauer nur etwa 5 Prozent seiner Energie für einen wirklich sinnvollen Zweck einsetzt. Würde jemand jemals eine Fabrik nach dem Vorbild eines durchschnittlichen Bauernhofs einrichten, wäre der Ort vollgestopft mit Menschen. Die schlimmste Fabrik in Europa ist kaum so schlimm wie die durchschnittliche Scheune. Energie wird so wenig wie möglich genutzt. Nicht nur wird alles von Hand gemacht, sondern es wird auch selten an eine logische Anordnung gedacht. Ein Bauer, der seine Arbeit verrichtet, wird ein Dutzend Mal eine wackelige Leiter rauf- und runtergehen. Er wird jahrelang Wasser tragen, anstatt ein paar Rohre zu verlegen. Wenn es zusätzliche Arbeit zu erledigen gibt, ist seine ganze Idee, zusätzliche Männer einzustellen. Er betrachtet Investitionen in Verbesserungen als Kosten. Landwirtschaftliche Produkte sind selbst bei niedrigsten Preisen teurer als sie sein sollten. Die landwirtschaftlichen Gewinne sind selbst bei höchsten Preisen niedriger als sie sein sollten. Es ist die verschwendete Bewegung – die verschwendete Anstrengung – die die Preise der Landwirtschaft hoch und die Gewinne niedrig macht.

Auf meiner eigenen Farm in Dearborn wird alles maschinell erledigt. Wir haben eine große Menge an Verschwendung eliminiert, aber wir haben noch nicht wirkliche Sparsamkeit an den Tag gelegt. Wir haben es noch nicht geschafft, fünf oder zehn Jahre lang Tag und Nacht intensiv zu studieren, um herauszufinden, was wirklich getan werden sollte. Wir haben mehr unerledigt gelassen als getan. Und doch haben wir nie – egal wie hoch der Wert der Ernte war – einen erstklassigen Gewinn erzielt. Wir sind keine Bauern – wir sind Industrielle auf dem Bauernhof. Sobald sich der Bauer als Industrieller betrachtet und eine Abneigung gegen Verschwendung von Material oder Menschen hat, werden wir landwirtschaftliche Produkte so günstig anbieten, dass alle genug zu essen haben, und die Gewinne werden so zufriedenstellend sein, dass die Landwirtschaft als eine der am wenigsten gefährlichen und rentabelsten Beschäftigungen angesehen wird.

Mangelndes Wissen darüber, was vor sich geht, und mangelndes Wissen darüber, was die Arbeit wirklich ist und wie sie am besten erledigt wird, sind die Gründe, warum die Landwirtschaft als unrentabel gilt. Nichts könnte sich lohnen, so wie Landwirtschaft betrieben wird. Der Bauer folgt dem Glück und seinen Vorfahren. Er weiß nicht, wie er wirtschaftlich produzieren kann, und er weiß nicht, wie er vermarkten kann. Ein Hersteller, der weder produzieren noch vermarkten kann, würde nicht lange im Geschäft bleiben. Dass der Bauer es schafft, zu bleiben, zeigt, wie wunderbar profitabel die Landwirtschaft sein kann.

Der Weg zu einer kostengünstigen Massenproduktion in der Fabrik oder auf dem Bauernhof – und eine kostengünstige Massenproduktion bedeutet, dass jeder genug hat – ist ganz einfach. Das Problem ist, dass die allgemeine Tendenz besteht, sehr einfache Angelegenheiten zu verkomplizieren. Nehmen wir als Beispiel eine „Verbesserung".

Wenn wir von Verbesserungen sprechen, denken wir normalerweise an eine Änderung eines Produkts. Ein „verbessertes" Produkt ist ein Produkt, das geändert wurde. Das ist nicht meine Idee. Ich glaube nicht daran, mit der Herstellung zu beginnen, bevor ich das bestmögliche Produkt entdeckt habe. Das bedeutet natürlich nicht, dass ein Produkt niemals geändert werden sollte, aber ich denke, dass es sich letztendlich als wirtschaftlicher herausstellen wird, nicht einmal zu versuchen, einen Artikel herzustellen, bis Sie sich völlig davon überzeugt haben, dass Nutzen, Design und Material das Beste sind. Wenn Ihre Recherchen Ihnen dieses Vertrauen nicht geben, dann suchen Sie weiter, bis Sie Vertrauen finden. Der Ausgangspunkt für die Herstellung ist der Artikel. Die Fabrik, die Organisation, der Verkauf und die Finanzpläne werden sich dem Artikel anpassen. Sie werden einen Vorsprung in Ihrem Geschäftsmeißel haben und am Ende Zeit sparen. Sich in die Herstellung zu stürzen, ohne sich des Produkts sicher zu sein, ist die unerkannte Ursache vieler Geschäftsversagen. Die Leute scheinen zu denken, dass das Wichtigste die Fabrik oder das Geschäft oder die finanzielle Unterstützung oder das Management ist. Das Wichtigste ist das Produkt, und jede Eile, mit der Fertigung zu beginnen, bevor die Entwürfe fertig sind, ist reine Zeitverschwendung. Ich habe zwölf Jahre gebraucht, bis ich ein Modell T hatte – das ist das, was man heute als Ford-Auto kennt – das zu mir passte. Wir haben nicht versucht, mit der eigentlichen Produktion zu beginnen, bis wir ein echtes Produkt hatten. Dieses Produkt wurde nicht grundlegend verändert.

Wir experimentieren ständig mit neuen Ideen. Wenn Sie durch die Straßen in der Umgebung von Dearborn fahren, können Sie alle möglichen Ford-Modelle finden. Es sind experimentelle Autos – keine neuen Modelle. Ich halte nichts davon, mir eine gute Idee entgehen zu lassen, aber ich werde auch nicht schnell entscheiden, ob eine Idee gut oder schlecht ist. Wenn eine

Idee gut erscheint oder sogar Potenzial zu bieten scheint, tue ich alles Notwendige, um sie aus jedem Blickwinkel zu testen. Aber eine Idee zu testen ist etwas ganz anderes, als eine Änderung am Auto vorzunehmen. Während die meisten Hersteller schneller Änderungen am Produkt vornehmen als an der Herstellungsmethode, gehen wir genau den umgekehrten Weg.

Unsere größten Veränderungen haben wir in den Herstellungsverfahren vorgenommen. Sie bleiben nie stehen. Ich glaube, dass es bei der Herstellung unseres Autos kaum einen einzigen Arbeitsschritt gibt, der noch derselbe ist wie bei der Herstellung unseres ersten Autos des aktuellen Modells. Deshalb stellen wir sie so billig her. Die wenigen Änderungen, die am Auto vorgenommen wurden, betrafen die Benutzerfreundlichkeit oder wenn wir feststellten, dass eine Designänderung für mehr Festigkeit sorgen könnte. Die Materialien im Auto ändern sich, je mehr wir über Materialien lernen. Außerdem möchten wir nicht, dass die Produktion durch einen möglichen Mangel an einem bestimmten Material aufgehalten wird oder die Produktionskosten steigen, also haben wir für die meisten Teile Ersatzmaterialien entwickelt. Vanadiumstahl zum Beispiel ist unser Hauptstahl. Mit ihm können wir die größte Festigkeit bei geringstem Gewicht erreichen, aber es wäre kein gutes Geschäft, unsere gesamte Zukunft davon abhängig zu machen, ob wir Vanadiumstahl bekommen können. Wir haben einen Ersatz entwickelt. Alle unsere Stähle sind Spezialstähle, aber für jeden von ihnen haben wir mindestens einen und manchmal mehrere vollständig erprobte und getestete Ersatzstoffe. Und so geht es mit allen unseren Materialien und ebenso mit unseren Teilen weiter. Anfangs haben wir nur sehr wenige unserer Teile und keinen unserer Motoren selbst hergestellt. Jetzt stellen wir alle unsere Motoren und die meisten unserer Teile selbst her, weil wir das billiger finden. Aber wir sind auch bestrebt, von jedem Teil etwas selbst herzustellen, damit wir nicht von Marktnotfällen überrascht werden oder durch einen externen Hersteller, der seine Bestellungen nicht erfüllen kann, behindert werden. Die Preise für Glas sind während des Krieges unverschämt hoch gestiegen; wir gehören zu den größten Glasverbrauchern des Landes. Jetzt bauen wir unsere eigene Glasfabrik. Wenn wir all diese Energie darauf verwendet hätten, Änderungen am Produkt vorzunehmen, wären wir nirgendwo; aber indem wir das Produkt nicht ändern, können wir unsere Energie in die Verbesserung der Herstellung stecken.

Der wichtigste Teil eines Meißels ist die Schneide. Wenn es ein Prinzip gibt, auf dem unser Geschäft beruht, dann ist es das. Es spielt keine Rolle, wie fein ein Meißel gemacht ist oder aus welch großartigem Stahl er besteht oder wie gut er geschmiedet ist – wenn er keine Schneide hat, ist er kein Meißel. Er ist nur ein Stück Metall. Übersetzt bedeutet das alles, dass es darauf ankommt, was ein Ding tut – und nicht darauf, was es tun soll. Was nützt es, enorme

Kraft auf einen stumpfen Meißel zu verwenden, wenn ein leichter Schlag auf einen scharfen Meißel die Arbeit erledigt? Der Meißel ist zum Schneiden da, nicht zum Hämmern. Das Hämmern ist für die Arbeit nur nebensächlich. Wenn wir also arbeiten wollen, warum konzentrieren wir uns dann nicht auf die Arbeit und erledigen sie so schnell wie möglich? Die Schneide der Handelsware ist der Punkt, an dem das Produkt den Verbraucher berührt. Ein unbefriedigendes Produkt ist eines mit einer stumpfen Schneide. Es ist viel unnötiger Aufwand nötig, um es durchzubringen. Die Spitzentechnologie einer Fabrik sind der Mensch und die Maschine, die bei der Arbeit zum Einsatz kommen. Wenn der Mensch nicht stimmt, kann die Maschine nicht stimmen; wenn die Maschine nicht stimmt, kann der Mensch nicht stimmen. Wenn von jemandem mehr Kraft verlangt wird, als für die anstehende Arbeit unbedingt erforderlich ist, ist das Verschwendung.

Der Kern meiner Idee ist also, dass Verschwendung und Gier die Erbringung echter Dienste verhindern. Verschwendung und Gier sind beide unnötig. Verschwendung entsteht größtenteils dadurch, dass man nicht versteht, was man tut, oder dabei nachlässig ist. Gier ist bloß eine Art Kurzsichtigkeit. Ich habe danach gestrebt, mit einem Minimum an Verschwendung zu produzieren, sowohl an Material als auch an menschlicher Anstrengung, und dann mit einem Minimum an Gewinn zu verteilen, wobei der Gesamtgewinn vom Verteilungsvolumen abhängt. Im Herstellungsprozess möchte ich den maximalen Lohn verteilen – das heißt, das Maximum an Kaufkraft. Da dies auch zu minimalen Kosten führt und wir mit minimalem Gewinn verkaufen, können wir ein Produkt im Einklang mit der Kaufkraft verteilen. Somit profitiert jeder, der mit uns verbunden ist – sei es als Manager, Arbeiter oder Käufer – von unserer Existenz. Die Institution, die wir errichtet haben, erbringt einen Dienst. Das ist der einzige Grund, warum ich darüber spreche. Die Grundsätze dieses Dienstes sind folgende:

1. Fehlende Angst vor der Zukunft und keine Ehrfurcht vor der Vergangenheit. Wer Angst vor der Zukunft hat, wer Angst vor dem Scheitern hat, schränkt seine Aktivitäten ein. Scheitern ist nur die Gelegenheit, intelligenter neu anzufangen. Ehrliches Scheitern ist keine Schande; es ist Schande, Angst vor dem Scheitern zu haben. Die Vergangenheit ist nur insofern nützlich, als sie Wege und Mittel zum Fortschritt aufzeigt.

2. Eine Missachtung des Wettbewerbs. Wer etwas am besten kann, sollte es auch tun. Es ist kriminell, zu versuchen, einem anderen das Geschäft wegzunehmen – kriminell, weil man damit versucht, die Lage seines Mitmenschen aus persönlichen Gründen zu verschlechtern –, mit Gewalt statt mit Intelligenz zu herrschen.

3. Die Dienstleistung wird vor den Gewinn gestellt. Ohne Gewinn kann das Geschäft nicht wachsen. Es ist nichts grundsätzlich Falsches daran, Gewinn

zu machen. Ein gut geführtes Unternehmen bringt zwangsläufig Gewinn, aber Gewinn muss und wird zwangsläufig als Belohnung für gute Dienstleistung kommen. Er kann nicht die Grundlage sein – er muss das Ergebnis der Dienstleistung sein.

4. Bei der Fertigung geht es nicht darum, billig einzukaufen und teuer zu verkaufen. Es geht darum, Materialien auf faire Weise einzukaufen und diese Materialien mit möglichst geringen Mehrkosten in ein Verbrauchsprodukt umzuwandeln und an den Verbraucher zu liefern. Glücksspiel, Spekulation und unlautere Geschäfte behindern diesen Prozess nur.

Wie es dazu kam, wie es sich ausgewirkt hat und welche allgemeine Anwendung es bietet, ist Thema dieser Kapitel.

KAPITEL I

DER GESCHÄFTSANFANG

Am 31. Mai 1921 produzierte die Ford Motor Company das Auto Nr. 5.000.000. Es steht in meinem Museum zusammen mit dem Benzin-Buggy, an dem ich 30 Jahre zuvor zu arbeiten begann und der im Frühjahr 1893 zum ersten Mal zufriedenstellend lief. Ich fuhr ihn, als die Reisstärlinge nach Dearborn kamen, und sie kommen immer am 2. April. Das Aussehen der beiden Fahrzeuge ist grundverschieden und die Unterschiede in Konstruktion und Materialien sind fast ebenso groß, aber in den Grundzügen sind sie sich merkwürdig ähnlich – außer dass der alte Buggy ein paar Besonderheiten aufweist, die wir in unseren modernen Autos noch nicht ganz übernommen haben. Denn dieses erste Auto oder dieser Buggy schaffte, obwohl er nur zwei Zylinder hatte, mit den drei Gallonen Benzin, die der kleine Tank fasste, dreißig Kilometer pro Stunde und sechzig Meilen und ist heute noch genauso gut wie am Tag seiner Herstellung. Die Entwicklung der Herstellungsmethoden und Materialien war größer als die Entwicklung des Grunddesigns. Das gesamte Design wurde verfeinert; Das aktuelle Ford-Auto, das „Modell T", hat vier Zylinder und einen Selbststarter – es ist in jeder Hinsicht ein bequemeres und leichter zu fahrendes Auto. Es ist einfacher als das erste Auto. Aber fast alle Punkte darin sind auch im ersten Auto zu finden. Die Änderungen sind durch Erfahrungen bei der Herstellung entstanden und nicht durch eine Änderung des Grundprinzips – was ich für eine wichtige Tatsache halte, die zeigt, dass es bei einer guten Idee besser ist, sich auf deren Perfektionierung zu konzentrieren, als nach einer neuen Idee zu suchen. Eine Idee auf einmal ist ungefähr so viel, wie jemand bewältigen kann.

Es war das Leben auf dem Bauernhof, das mich dazu brachte, Mittel und Wege zu finden, um die Transportmöglichkeiten zu verbessern. Ich wurde am 30. Juli 1863 auf einem Bauernhof in Dearborn, Michigan, geboren und meine früheste Erinnerung ist, dass es, wenn man die Ergebnisse bedenkt, zu viel Arbeit auf dem Bauernhof gab. So denke ich immer noch über die Landwirtschaft. Es gibt eine Legende, dass meine Eltern sehr arm waren und dass die ersten Tage hart waren. Sicher waren sie nicht reich, aber sie waren auch nicht arm. Für Michiganer Bauern waren wir wohlhabend. Das Haus, in dem ich geboren wurde, steht noch, und es und der Bauernhof sind Teil meines gegenwärtigen Besitzes.

gab es zu viel harte Handarbeit . Schon als kleines Kind hatte ich den Verdacht, dass vieles irgendwie besser gemacht werden könnte. So kam ich zur Mechanik – obwohl meine Mutter immer sagte, ich sei als Mechaniker geboren. Ich hatte eine Art Werkstatt mit Metallteilen als Werkzeug, bevor ich irgendetwas anderes hatte. Damals hatten wir nicht die Spielsachen von heute; was wir hatten, war selbst gemacht . Meine Spielsachen waren alles Werkzeuge – das sind sie immer noch! Und jedes Maschinenteil war ein Schatz.

Das größte Ereignis jener frühen Jahre war die Begegnung mit einer Straßenlokomotive, die wir eines Tages etwa acht Meilen außerhalb von Detroit sahen, als wir in die Stadt fuhren. Ich war damals zwölf Jahre alt. Das zweitgrößte Ereignis war, dass ich eine Uhr bekam – das geschah im selben Jahr. Ich erinnere mich an diese Lokomotive, als hätte ich sie erst gestern gesehen, denn es war das erste Fahrzeug, das ich je gesehen hatte, das nicht von Pferden gezogen wurde. Sie war in erster Linie zum Antrieb von Dreschmaschinen und Sägemühlen gedacht und bestand einfach aus einer tragbaren Maschine und einem Kessel auf Rädern, hinter denen ein Wassertank und ein Kohlenwagen herzogen. Ich hatte schon viele dieser Maschinen gesehen, die von Pferden gezogen wurden, aber diese hatte eine Kette, die die Maschine mit den Hinterrädern des wagenartigen Rahmens verband, auf dem der Kessel montiert war. Die Maschine wurde über den Kessel gestellt, und ein Mann, der auf der Plattform hinter dem Kessel stand, schaufelte Kohle, bediente den Gashebel und steuerte. Sie war von Nichols, Shepard & Company aus Battle Creek hergestellt worden. Das fand ich sofort heraus. Die Lokomotive hatte angehalten, um uns mit unseren Pferden passieren zu lassen, und ich war vom Wagen abgestiegen und sprach mit dem Ingenieur, bevor mein Vater, der fuhr, wusste, was ich vorhatte. Der Ingenieur erklärte mir die ganze Angelegenheit sehr gern. Er war stolz darauf. Er zeigte mir, wie die Kette vom Antriebsrad gelöst und ein Riemen angelegt wurde, um andere Maschinen anzutreiben. Er erklärte mir, dass die Maschine zweihundert Umdrehungen pro Minute machte und dass das Kettenritzel verschoben werden konnte, um den Wagen anzuhalten, während die Maschine noch lief. Letzteres ist ein Merkmal, das, wenn auch in anderer Form, in moderne Automobile eingebaut ist. Bei Dampfmaschinen, die leicht anzuhalten und zu starten sind, war es nicht wichtig, aber beim Benzinmotor wurde es sehr wichtig. Es war dieser Motor, der mich zum Automobiltransport brachte. Ich versuchte, Modelle davon zu bauen, und einige Jahre später baute ich tatsächlich eines, das sehr gut lief, aber von dem Zeitpunkt an, als ich als zwölfjähriger Junge diese Straßenmaschine sah, bis heute galt mein großes Interesse dem Bau einer Maschine, die auf der Straße fahren konnte. Wenn ich in die Stadt fuhr, hatte ich immer eine Tasche voller Krimskrams – Muttern, Unterlegscheiben und Maschinenteile. Oft nahm ich eine kaputte Uhr und versuchte, sie zusammenzusetzen. Mit dreizehn gelang es mir zum ersten Mal, eine Uhr so zusammenzusetzen, dass sie richtig ging. Mit fünfzehn konnte ich fast alles, was mit Uhren zu tun hat – obwohl meine Werkzeuge sehr primitiv waren. Man kann unglaublich viel lernen, indem man einfach an Dingen herumbastelt. Aus Büchern kann man nicht lernen, wie alles gemacht wird – und ein echter Mechaniker sollte wissen, wie fast alles gemacht wird. Maschinen sind für einen Mechaniker das, was Bücher für einen Schriftsteller sind. Er bekommt Ideen von ihnen, und wenn er einen Verstand hat, wird er diese Ideen anwenden.

Arbeit auf dem Bauernhof begeistern . Ich wollte etwas mit Maschinen zu tun haben. Mein Vater war mit meiner Neigung zur Mechanik nicht ganz einverstanden. Er war der Meinung, ich sollte Bauer werden. Als ich mit siebzehn die Schule verließ und in der Maschinenwerkstatt der Drydock Engine Works eine Lehre begann, hatte ich es fast aufgegeben. Ich absolvierte meine Lehre ohne Probleme – das heißt, ich war lange vor Ablauf meiner dreijährigen Ausbildungszeit als Maschinist qualifiziert – und da ich eine Vorliebe für feine Arbeit und eine Vorliebe für Uhren hatte, arbeitete ich nachts in einem Juweliergeschäft als Reparaturarbeiter. In dieser frühen Zeit hatte ich wohl mindestens dreihundert Uhren. Ich dachte, ich könnte für etwa dreißig Cent eine brauchbare Uhr bauen und hätte beinahe in das Geschäft eingestiegen. Aber ich tat es nicht, weil ich herausfand, dass Uhren kein universelles Bedürfnis waren und die Leute sie deshalb im Allgemeinen nicht kaufen würden. Wie ich zu dieser überraschenden Schlussfolgerung kam, kann ich nicht sagen. Die gewöhnliche Arbeit als Juwelier und Uhrmacher gefiel mir nicht, außer wenn die Arbeit schwer zu erledigen war. Schon damals wollte ich etwas in großen Mengen herstellen. Es war gerade zu der Zeit, als die Standardzeit für die Eisenbahn eingeführt wurde. Früher hatten wir die Sonnenzeit und eine ganze Weile lang unterschied sich die Eisenbahnzeit von der Ortszeit, genau wie heute, wo wir die Sommerzeit haben. Das störte mich sehr, und so gelang es mir, eine Uhr herzustellen, die beide Zeiten anzeigte. Sie hatte zwei Zifferblätter und war in der Nachbarschaft eine echte Kuriosität .

1879, also etwa vier Jahre, nachdem ich die Nichols-Shepard-Maschine zum ersten Mal gesehen hatte, bekam ich die Gelegenheit, eine zu bedienen, und nach Abschluss meiner Lehrzeit arbeitete ich bei einem örtlichen Vertreter der Westinghouse Company in Schenectady als Experte für die Einrichtung und Reparatur ihrer Straßenmaschinen. Die von ihnen hergestellte Maschine war der Nichols-Shepard-Maschine sehr ähnlich, mit dem Unterschied, dass der Motor vorne und der Kessel hinten war und die Kraft über einen Riemen auf die Hinterräder übertragen wurde. Sie konnten auf der Straße zwölf Meilen pro Stunde fahren, obwohl der Eigenantrieb nur ein Nebenaspekt der Konstruktion war. Manchmal wurden sie als Traktoren zum Ziehen schwerer Lasten eingesetzt, und wenn der Besitzer zufällig auch im Dreschmaschinengeschäft tätig war, spannte er seine Dreschmaschine und andere Utensilien an die Maschine, wenn er von einem Bauernhof zum anderen fuhr. Was mich störte, waren das Gewicht und die Kosten. Sie wogen mehrere Tonnen und waren viel zu teuer, um jemand anderem als einem Bauern mit viel Land gehören zu können. Sie wurden hauptsächlich von Leuten beschäftigt, die gewerblich als Drescher arbeiteten, Sägemühlen betrieben oder etwas anderes taten, wofür sie tragbare Energie benötigten.

Schon vorher hatte ich die Idee, eine Art leichtes Dampfauto zu bauen, das die Pferde ersetzen würde – vor allem jedoch als Traktor, um die extrem harte Arbeit des Pflügens zu erledigen. Ich erinnere mich noch vage, dass genau dieselbe Idee auch auf eine Kutsche oder einen Wagen auf der Straße angewendet werden könnte. Eine Kutsche ohne Pferde war eine weit verbreitete Idee. Die Leute hatten schon vor vielen Jahren über Kutschen ohne Pferde gesprochen – eigentlich schon seit der Erfindung der Dampfmaschine –, aber die Idee der Kutsche schien mir zunächst nicht so praktisch wie die Idee einer Maschine für die härtere Arbeit auf dem Bauernhof, und von allen Arbeiten auf dem Bauernhof war das Pflügen die härteste. Unsere Straßen waren schlecht und wir waren es nicht gewohnt, herumzukommen. Eine der bemerkenswertesten Eigenschaften des Automobils auf dem Bauernhof ist die Art und Weise, wie es das Leben des Bauern bereichert hat. Wir gingen einfach davon aus, dass wir nicht in die Stadt fahren würden, es sei denn, die Besorgung war dringend , und ich glaube, wir machten selten mehr als eine Fahrt pro Woche. Bei schlechtem Wetter fuhren wir nicht einmal so oft.

Als ausgebildeter Maschinist und mit einer sehr ordentlichen Werkstatt auf dem Bauernhof war es für mich nicht schwer, einen Dampfwagen oder Traktor zu bauen. Während des Baus kam mir die Idee, ihn vielleicht für den Straßenverkehr zu bauen. Ich war mir absolut sicher, dass Pferde angesichts der Mühe, sie zu versorgen, und der Kosten für die Fütterung ihren Unterhalt nicht verdienten. Das Naheliegendste war, eine Dampfmaschine zu entwerfen und zu bauen, die leicht genug war, um einen gewöhnlichen Wagen anzutreiben oder einen Pflug zu ziehen. Ich hielt es für wichtiger, zuerst den Traktor zu entwickeln. Die Plackerei auf dem Bauernhof von Fleisch und Blut auf Stahl und Motoren zu übertragen, war mein beständigster Ehrgeiz. Es waren die Umstände, die mich zum ersten Mal dazu brachten, Straßenfahrzeuge herzustellen. Ich stellte schließlich fest, dass die Leute mehr an etwas interessiert waren, das auf der Straße fahren konnte, als an etwas, das die Arbeit auf dem Bauernhof erledigte. Tatsächlich bezweifle ich, dass der leichte Traktor auf dem Bauernhof hätte eingeführt werden können, wenn dem Bauern nicht langsam, aber sicher das Automobil die Augen geöffnet hätte. Aber das greift der Geschichte vor. Ich dachte, der Bauer würde sich mehr für den Traktor interessieren.

Ich baute ein fahrbereites Dampfauto. Es hatte einen mit Kerosin beheizten Kessel, entwickelte viel Leistung und ließ sich gut steuern – was mit einem Dampfregler so einfach ist. Aber der Kessel war gefährlich. Um die erforderliche Leistung zu erreichen, ohne ein zu großes und schweres

Kraftwerk zu haben, musste der Motor unter hohem Druck arbeiten; auf einem Hochdruckdampfkessel zu sitzen ist nicht gerade angenehm. Um es auch nur einigermaßen sicher zu machen, war ein Übergewicht erforderlich, das die Wirtschaftlichkeit des Hochdrucks zunichtemachte. Zwei Jahre lang experimentierte ich mit verschiedenen Kesselarten – die Motor- und Steuerungsprobleme waren recht einfach – und dann gab ich die ganze Idee, ein Straßenfahrzeug mit Dampf zu betreiben, endgültig auf. Ich wusste, dass es in England so etwas wie Lokomotiven gab, die auf den Straßen fuhren und Reihen von Anhängern zogen, und es war auch kein Problem, einen großen Dampftraktor für den Einsatz auf einem großen Bauernhof zu konstruieren. Aber unsere Straßen waren damals nicht englische; sie hätten den stärksten und schwersten Straßentraktor zum Stillstand gebracht oder in Stücke gerissen. Und außerdem schien mir die Herstellung eines großen Traktors, den sich nur ein paar reiche Bauern leisten konnten, nicht lohnenswert .

Aber ich gab die Idee einer Kutsche ohne Pferde nicht auf. Die Arbeit mit dem Vertreter von Westinghouse bestätigte nur meine Meinung, dass Dampf für leichte Fahrzeuge ungeeignet sei. Deshalb blieb ich nur ein Jahr bei dieser Firma. Die großen Dampftraktoren und -maschinen konnten mir nichts mehr beibringen, und ich wollte meine Zeit nicht mit etwas verschwenden, das nirgendwohin führen würde. Ein paar Jahre zuvor - es war während meiner Lehrzeit - las ich in der englischen Ausgabe von *World of Science* von dem „stillen Gasmotor", der damals in England herauskam. Ich glaube, es war der Ottomotor. Er lief mit Leuchtgas, hatte einen einzigen großen Zylinder, und da die Kraftimpulse so unregelmäßig waren, war ein extrem schweres Schwungrad erforderlich. Was das Gewicht anging, lieferte er nicht annähernd die Leistung pro Pfund Metall, die eine Dampfmaschine lieferte, und die Verwendung von Leuchtgas schien ihn sogar für den Straßengebrauch ungeeignet zu machen. Er war für mich nur deshalb interessant, weil alle Maschinen interessant waren. Ich verfolgte in den englischen und amerikanischen Zeitschriften, die wir in der Werkstatt bekamen, die Entwicklung des Motors und insbesondere die Hinweise auf den möglichen Ersatz des Leuchtgasbrennstoffs durch ein Gas, das durch Verdampfen von Benzin entsteht. Die Idee von Gasmotoren war keineswegs neu, aber dies war das erste Mal, dass wirklich ernsthafte Anstrengungen unternommen wurden, sie auf den Markt zu bringen. Sie wurden eher mit Interesse als mit Begeisterung aufgenommen, und ich erinnere mich an niemanden, der dachte, dass der Verbrennungsmotor jemals mehr als einen begrenzten Nutzen haben könnte. Alle klugen Leute haben schlüssig bewiesen, dass der Motor nicht mit Dampf konkurrieren konnte. Sie dachten nie, dass er sich eine eigene Karriere aufbauen könnte. So ist das mit klugen Leuten – sie sind so weise und praktisch veranlagt, dass sie immer bis ins kleinste Detail wissen, warum etwas nicht möglich ist; sie kennen immer die Grenzen. Aus diesem Grund beschäftige ich nie einen Experten in voller

Blüte. Wenn ich jemals die Opposition mit unfairen Mitteln töten wollte, würde ich der Opposition Experten zur Seite stellen. Sie hätten so viele gute Ratschläge, dass ich sicher sein könnte, dass sie wenig Arbeit hätten.

Der Gasmotor interessierte mich, und ich verfolgte seine Entwicklung, allerdings nur aus Neugier, bis ich 1885 oder 1886 die Dampfmaschine als Antriebskraft für die Kutsche, die ich eines Tages bauen wollte, verwarf und mich nach einer anderen Antriebskraft umsehen musste. 1885 reparierte ich einen Ottomotor bei den Eagle Iron Works in Detroit. Niemand in der Stadt wusste etwas darüber. Es ging das Gerücht um, dass ich das getan hatte, und obwohl ich noch nie zuvor mit einem solchen Motor in Berührung gekommen war, übernahm ich die Aufgabe und führte sie aus. Das gab mir Gelegenheit, den neuen Motor aus erster Hand zu studieren, und 1887 baute ich einen nach dem Otto-Viertaktmodell, nur um zu sehen, ob ich das Prinzip verstand. „Viertakt" bedeutet, dass der Kolben den Zylinder viermal durchläuft, um einen Kraftimpuls zu erhalten. Der erste Takt saugt das Gas an, der zweite komprimiert es, der dritte ist die Explosion oder der Arbeitstakt, während der vierte Takt das Abgas ausstößt. Das kleine Modell funktionierte recht gut; er hatte eine Bohrung von einem Zoll und einen Hub von drei Zoll, wurde mit Benzin betrieben und entwickelte zwar nicht viel Leistung, war aber im Verhältnis etwas leichter als die kommerziell angebotenen Motoren. Ich habe ihn später an einen jungen Mann verschenkt, der ihn für irgendetwas brauchte und dessen Namen ich vergessen habe; er wurde schließlich zerstört. Das war der Beginn der Arbeit mit dem Verbrennungsmotor.

Ich war damals auf der Farm, auf die ich zurückgekehrt war, mehr weil ich experimentieren wollte als weil ich Landwirtschaft betreiben wollte, und da ich jetzt ein Allround- Maschinist war, hatte ich eine erstklassige Werkstatt, die die Spielzeugwerkstatt von früher ersetzte. Mein Vater bot mir 40 Morgen Waldland an , vorausgesetzt, ich gab meinen Beruf als Maschinist auf. Ich stimmte vorläufig zu, denn das Fällen des Holzes gab mir die Chance zu heiraten. Ich richtete ein Sägewerk und eine tragbare Maschine ein und begann, das Holz auf dem Grundstück zu fällen und zu zersägen. Ein Teil des ersten Holzes kam in ein Häuschen auf meiner neuen Farm, und dort begannen wir unser Eheleben. Es war kein großes Haus – 31 Fuß im Quadrat und nur anderthalb Stockwerke hoch – aber es war ein gemütlicher Ort. Ich baute meine Werkstatt daran an, und wenn ich nicht gerade Holz fällte, arbeitete ich an den Gasmotoren – lernte, was sie waren und wie sie funktionierten. Ich las alles, was ich finden konnte, aber das größte Wissen erlangte ich durch die Arbeit. Ein Gasmotor ist eine mysteriöse Sache – er funktioniert nicht immer so, wie er sollte. Sie können sich vorstellen, wie diese ersten Motoren funktionierten!

Im Jahr 1890 begann ich mit der Arbeit an einem Doppelzylindermotor. Für Transportzwecke war ein Einzylindermotor völlig unpraktisch – das Schwungrad war eindeutig zu schwer. Zwischen dem Bau des ersten Viertaktmotors vom Otto-Typ und dem Beginn mit einem Doppelzylinder hatte ich eine ganze Reihe experimenteller Motoren aus Rohren gebaut. Ich kannte mich ziemlich gut aus. Ich dachte, der Doppelzylinder könnte in einem Straßenfahrzeug eingesetzt werden, und meine ursprüngliche Idee war, ihn an einem Fahrrad anzubringen, mit einer direkten Verbindung zur Kurbelwelle, sodass das Hinterrad des Fahrrads als Ausgleichsrad fungieren konnte. Die Geschwindigkeit sollte nur durch den Gashebel variiert werden. Ich habe diesen Plan nie umgesetzt, da sich bald herausstellte, dass der Motor, der Benzintank und die verschiedenen notwendigen Bedienelemente für ein Fahrrad eindeutig zu schwer wären. Der Plan mit den zwei gegenüberliegenden Zylindern war, dass einer die Leistung lieferte, während der andere die Leistung absaugt. Dies würde natürlich kein so schweres Schwungrad erfordern, um die Kraftübertragung auszugleichen. Die Arbeit begann in meiner Werkstatt auf der Farm. Dann wurde mir eine Stelle als Ingenieur und Maschinist bei der Detroit Electric Company für 45 Dollar im Monat angeboten. Ich nahm sie an, weil das mehr Geld war, als ich auf der Farm verdiente, und ich hatte mich ohnehin entschieden, das Leben auf der Farm aufzugeben. Das Holz war bereits gefällt. Wir mieteten ein Haus in der Bagley Avenue in Detroit. Die Werkstatt kam dazu und ich richtete sie in einem gemauerten Schuppen hinter dem Haus ein. Während der ersten paar Monate arbeitete ich in der Nachtschicht im Elektrizitätswerk – was mir sehr wenig Zeit zum Experimentieren ließ –, aber danach arbeitete ich in der Tagschicht und arbeitete jede Nacht und jeden Samstagabend an dem neuen Motor. Ich kann nicht sagen, dass es harte Arbeit war. Keine Arbeit, die mich interessiert, ist jemals hart. Ich bin mir immer der Ergebnisse sicher. Sie kommen immer, wenn man hart genug arbeitet. Aber es war eine sehr schöne Sache, dass meine Frau noch selbstbewusster war als ich. Sie war schon immer so.

Ich musste von Grund auf arbeiten – das heißt, obwohl ich wusste, dass eine Reihe von Leuten an pferdelosen Kutschen arbeiteten, konnte ich nicht wissen, was sie taten. Die schwierigsten Probleme, die es zu überwinden galt, waren das Entstehen und Unterbrechen des Funkens und die Vermeidung von Übergewicht. Für das Getriebe, das Lenkgetriebe und die allgemeine Konstruktion konnte ich auf meine Erfahrungen mit den Dampftraktoren zurückgreifen. 1892 stellte ich mein erstes Auto fertig, aber es dauerte bis zum Frühjahr des folgenden Jahres, bis es zu meiner Zufriedenheit lief. Dieses erste Auto sah ein bisschen wie ein Buggy aus. Es gab zwei Zylinder mit einer Bohrung von zweieinhalb Zoll und einem Hub von sechs Zoll, die nebeneinander und über der Hinterachse angeordnet waren. Ich baute sie aus dem Auspuffrohr einer Dampfmaschine, die ich gekauft hatte. Sie leisteten etwa vier PS. Die Kraft wurde vom Motor über einen Riemen auf die Vorgelegewelle und von der Vorgelegewelle über eine Kette auf das Hinterrad übertragen. Das Auto bot Platz für zwei Personen, wobei der Sitz an Pfosten und die Karosserie auf elliptischen Federn aufgehängt war. Es gab zwei Geschwindigkeiten – eine von zehn und eine von zwanzig Meilen pro Stunde – die man durch Umlegen des Riemens einstellen konnte, was mit einem Kupplungshebel vor dem Fahrersitz geschah. Nach vorne geworfen, stellte man den Hebel auf die hohe Geschwindigkeit, nach hinten geworfen auf die niedrige; mit dem Hebel in aufrechter Stellung konnte der Motor frei laufen. Um das Auto zu starten, musste man den Motor bei gelöster Kupplung von Hand durchdrehen. Um das Auto anzuhalten, ließ man einfach die Kupplung los und betätigte die Fußbremse. Es gab keinen Rückwärtsgang, und andere Geschwindigkeiten als die des Riemens wurden mit dem Gashebel eingestellt. Ich kaufte die Eisenteile für den Rahmen des Wagens sowie den Sitz und die Federn. Die Räder waren 28-Zoll-Fahrradräder mit Gummireifen. Das Schwungrad ließ ich nach einem von mir angefertigten Muster gießen, und alle empfindlicheren Mechanismen baute ich selbst. Eine der Funktionen, die ich für notwendig hielt, war ein Ausgleichsgetriebe, das es ermöglichte, bei Kurvenfahrten die gleiche Leistung auf jedes der Hinterräder auszuüben. Die Maschine wog insgesamt etwa 500 Pfund. Ein Tank unter dem Sitz fasste drei Gallonen Benzin, das dem Motor durch ein kleines Rohr und ein Mischventil zugeführt wurde. Die Zündung erfolgte durch einen elektrischen Funken. Die ursprüngliche Maschine war luftgekühlt – oder genauer gesagt, der Motor wurde überhaupt nicht gekühlt. Ich stellte fest, dass sich der Motor bei einer Laufzeit von einer Stunde oder mehr erhitzte, also legte ich sehr schnell einen Wassermantel um die Zylinder und leitete das Wasser über die Zylinder zu einem Tank im hinteren Teil des Wagens. Fast alle dieser verschiedenen Merkmale waren im Voraus geplant. So habe ich immer gearbeitet. Ich zeichne einen Plan und arbeite jedes Detail des Plans aus, bevor ich mit dem Bau beginne. Denn sonst wird man im Laufe der Arbeit viel Zeit mit Behelfslösungen verschwenden und das fertige Produkt wird nicht stimmig sein. Es wird nicht die richtigen Proportionen haben. Viele Erfinder scheitern, weil sie nicht zwischen Planen und Experimentieren unterscheiden. Die größten Schwierigkeiten beim Bauen, die ich hatte, waren die Beschaffung der richtigen Materialien. Die nächsten waren die Werkzeuge. Es mussten einige Anpassungen und Änderungen an den Details des Entwurfs vorgenommen werden, aber was mich am meisten aufhielt, war, dass ich weder Zeit noch Geld hatte, um für jedes Teil das beste Material zu suchen. Aber im Frühjahr 1893 lief die Maschine zu meiner teilweisen Zufriedenheit und gab mir die Gelegenheit, den Entwurf und das Material auf der Straße weiter zu testen.

KAPITEL II

WAS ICH ÜBER DAS GESCHÄFT GELERNT HABE

Mein „Benzinbuggy" war das erste und lange Zeit einzige Automobil in Detroit. Er galt als ziemlich lästig, denn er machte Lärm und erschreckte Pferde. Außerdem blockierte er den Verkehr. Wenn ich meine Maschine irgendwo in der Stadt anhielt, war sie von einer Menschenmenge umringt, bevor ich sie wieder starten konnte. Wenn ich sie auch nur eine Minute lang allein ließ, versuchte immer irgendein neugieriger Mensch, sie zu starten. Schließlich musste ich eine Kette mitnehmen und sie an einen Laternenpfahl ketten, wenn ich sie irgendwo stehen ließ. Und dann gab es Ärger mit der Polizei. Ich weiß nicht genau, warum, denn ich habe den Eindruck, dass es damals keine Geschwindigkeitsbegrenzungen gab. Jedenfalls brauchte ich eine Sondergenehmigung vom Bürgermeister und genoss so eine Zeit lang die Ehre, der einzige lizenzierte Chauffeur in Amerika zu sein. Ich fuhr mit dieser Maschine in den Jahren 1895 und 1896 etwa 1.000 Meilen und verkaufte sie dann für 200 Dollar an Charles Ainsley aus Detroit. Das war mein erster Verkauf. Ich hatte das Auto nicht zum Verkauf, sondern nur zum Experimentieren gebaut. Ich wollte ein anderes Auto starten. Ainsley wollte es kaufen. Ich konnte das Geld gut gebrauchen und wir konnten uns problemlos auf einen Preis einigen.

Es war überhaupt nicht meine Absicht, auf solch kleinliche Weise Autos zu bauen. Ich hatte die Produktion im Auge, aber bevor es dazu kommen konnte, musste ich etwas haben, das ich produzieren konnte. Eile lohnt sich nicht. 1896 begann ich mit einem zweiten Auto; es war dem ersten sehr ähnlich, aber etwas leichter. Es hatte auch einen Riemenantrieb, den ich erst einige Zeit später aufgab; die Riemen waren in Ordnung, außer bei heißem Wetter. Deshalb stieg ich später auf Gangschaltungen um. Ich habe von diesem Auto sehr viel gelernt. Andere im In- und Ausland bauten zu dieser Zeit bereits Autos, und 1895 hörte ich, dass bei Macy's in New York ein Benz aus Deutschland ausgestellt war. Ich fuhr hin, um es mir anzusehen, aber es hatte keine Eigenschaften, die mir lohnenswert erschienen . Es hatte auch einen Riemenantrieb, war aber viel schwerer als mein Auto. Ich strebte nach Leichtigkeit; die ausländischen Hersteller schienen nie zu verstehen, was geringes Gewicht bedeutet. Insgesamt baute ich in meiner Werkstatt zu Hause drei Autos, und alle liefen jahrelang in Detroit. Das erste Auto habe ich noch; Ich habe es ein paar Jahre später von einem Mann zurückgekauft, an den Mr. Ainsley es verkauft hatte. Ich habe hundert Dollar dafür bezahlt.

Während dieser ganzen Zeit behielt ich meine Position bei der Elektrizitätsgesellschaft und stieg allmählich zum Chefingenieur mit einem Gehalt von 125 Dollar im Monat auf. Aber meine Experimente mit

Gasmotoren waren beim Präsidenten der Gesellschaft nicht beliebter als meine ersten mechanischen Neigungen bei meinem Vater. Es war nicht so, dass mein Arbeitgeber etwas gegen Experimente hatte – nur gegen Experimente mit einem Gasmotor. Ich kann ihn noch immer sagen hören: „Elektrizität, ja, das ist das, was kommt. Aber Gas – nein."

Er hatte – um es milde auszudrücken – reichlich Grund für seine Skepsis. Während wir uns gerade am Anfang der großen elektrischen Entwicklung befanden, hatte praktisch niemand die geringste Ahnung von der Zukunft des Verbrennungsmotors. Wie bei jeder vergleichsweise neuen Idee erwartete man von der Elektrizität viel mehr, als wir heute noch im Ansatz erkennen können. Ich sah für meine Zwecke keinen Sinn darin, mit Elektrizität zu experimentieren. Ein Straßenauto könnte nicht auf einer Straßenbahn fahren, selbst wenn Oberleitungen billiger gewesen wären; keine Speicherbatterie mit einem praktikablen Gewicht war in Sicht. Ein Elektroauto musste zwangsläufig einen begrenzten Radius haben und im Verhältnis zur eingesetzten Leistung eine große Menge an Antriebsmaschinen enthalten. Das heißt nicht, dass ich Elektrizität billig hielt oder heute halte; wir haben noch nicht begonnen, Elektrizität zu nutzen. Aber sie hat ihren Platz, und der Verbrennungsmotor hat seinen Platz. Keiner von beiden kann den anderen ersetzen – was ein außerordentliches Glück ist.

Ich habe den Dynamo, für den ich zuerst bei der Detroit Edison Company verantwortlich war. Als ich unser kanadisches Werk eröffnete, kaufte ich ihn aus einem Bürogebäude, an das er von der Elektrizitätsgesellschaft verkauft worden war, ließ ihn ein wenig überholen und mehrere Jahre lang leistete er im kanadischen Werk hervorragende Dienste. Als wir aufgrund der Geschäftssteigerung ein neues Kraftwerk bauen mussten, ließ ich den alten Motor in mein Museum bringen – einen Raum in Dearborn, in dem sich viele meiner mechanischen Schätze befinden.

Die Edison Company bot mir die Generalleitung des Unternehmens an, allerdings nur unter der Bedingung, dass ich meinen Gasmotor aufgab und mich einer wirklich sinnvollen Tätigkeit widmete. Ich musste mich zwischen meinem Job und meinem Auto entscheiden. Ich entschied mich für das Auto, oder besser gesagt, ich gab den Job auf – einer Wahl stand eigentlich nichts im Wege. Denn ich wusste bereits, dass das Auto ein Erfolg werden würde. Am 15. August 1899 kündigte ich meinen Job und stieg ins Autogeschäft ein.

Man könnte es als einen kleinen Schritt betrachten, denn ich hatte keine eigenen Mittel. Was ich vom Leben übrig hatte, wurde alles für Experimente verwendet. Aber meine Frau war der gleichen Meinung, dass wir das Automobil nicht aufgeben konnten – dass wir es schaffen mussten oder nicht. Es gab keine „Nachfrage" nach Automobilen – es gibt nie eine nach einem neuen Artikel. Sie wurden ähnlich akzeptiert wie in jüngerer Zeit das

Flugzeug. Anfangs wurde die „Pferdelose Kutsche" lediglich als eine Laune betrachtet und viele kluge Leute erklärten ausführlich, warum sie nie mehr als ein Spielzeug sein konnte. Kein vermögender Mann dachte auch nur daran, dass sie eine kommerzielle Möglichkeit darstellte. Ich kann mir nicht vorstellen, warum jedes neue Transportmittel auf solchen Widerstand stößt. Es gibt sogar heute noch Leute, die den Kopf schütteln und über den Luxus des Automobils sprechen und nur widerwillig zugeben, dass der Lastwagen vielleicht von Nutzen ist. Aber am Anfang ahnte kaum jemand , dass das Automobil ein wichtiger Faktor in der Industrie sein könnte. Die Optimistischsten hofften nur auf eine Entwicklung ähnlich der des Fahrrads. Als man herausfand, dass ein Auto wirklich fahren konnte und mehrere Hersteller begannen, Autos auf den Markt zu bringen, war die unmittelbare Frage, welches am schnellsten fahren würde. Es war eine merkwürdige, aber natürliche Entwicklung – diese Rennidee. Ich habe nie etwas von Rennen gehalten, aber die Öffentlichkeit weigerte sich, das Auto anders als als schnelles Spielzeug zu betrachten. Deshalb mussten wir später Rennen fahren. Die Branche wurde durch diese anfängliche Rennsport-Neigung zurückgehalten, denn die Aufmerksamkeit der Hersteller wurde eher auf die Herstellung schneller als auf die Herstellung guter Autos gelenkt. Es war ein Geschäft für Spekulanten.

Sobald ich das Elektrizitätswerk verlassen hatte, gründete eine Gruppe spekulativ denkender Männer die Detroit Automobile Company, um mein Auto zu vermarkten. Ich war der Chefingenieur und hielt einen kleinen Anteil der Aktien. Drei Jahre lang bauten wir mehr oder weniger Autos nach dem Vorbild meines ersten Wagens. Wir verkauften nur sehr wenige davon; ich konnte überhaupt keine Unterstützung dafür bekommen, bessere Autos zu bauen, die man an die breite Masse verkaufen konnte. Der ganze Gedanke war, auf Bestellung zu fertigen und für jedes Auto den höchstmöglichen Preis zu erzielen. Der Hauptgedanke schien zu sein, ans Geld zu kommen. Und da ich außer meiner Position als Ingenieur keine Autorität hatte, stellte ich fest, dass die neue Firma kein Mittel zur Verwirklichung meiner Ideen war, sondern lediglich ein Geldmacherei-Unternehmen - das nicht viel Geld einbrachte. Im März 1902 kündigte ich, entschlossen, mir nie wieder Befehle zu erteilen. Aus der Detroit Automobile Company wurde später die Cadillac Company unter dem Besitz der Lelands , die später dazukamen.

Ich mietete ein Geschäft – einen einstöckigen Ziegelschuppen – in Park Place 81, um meine Experimente fortzusetzen und herauszufinden, was Geschäft wirklich war. Ich dachte, es müsse etwas anderes sein als das, was es bei meinem ersten Abenteuer gewesen war.

Das Jahr von 1902 bis zur Gründung der Ford Motor Company war praktisch ein Jahr der Forschung. In meiner kleinen Einzimmerwerkstatt arbeitete ich an der Entwicklung eines Vierzylindermotors und versuchte nach außen hin herauszufinden, was Geschäft eigentlich war und ob es wirklich ein so egoistisches Gerangel um Geld sein musste, wie es mir nach meiner ersten kurzen Erfahrung schien. Von der Zeit des ersten Autos, die ich beschrieben habe, bis zur Gründung meiner jetzigen Firma baute ich insgesamt etwa 25 Autos, von denen 19 oder 20 für die Detroit Automobile Company gebaut wurden. Das Automobil hatte das Anfangsstadium, in dem es ausreichte, überhaupt fahren zu können, in das Stadium überführt, in dem es Geschwindigkeit zeigen musste. Alexander Winton aus Cleveland, der Erfinder des Winton-Autos, war damals der Rennstreckenmeister des Landes und bereit, sich mit allen Konkurrenten zu messen. Ich entwarf einen Zweizylinder-Motor eines kompakteren Typs als ich ihn zuvor verwendet hatte, baute ihn in ein Skelettchassis ein, fand heraus, dass ich Geschwindigkeit erreichen konnte, und arrangierte ein Rennen mit Winton. Wir trafen uns auf der Grosse Point-Rennstrecke in Detroit. Ich schlug ihn. Das war mein erstes Rennen, und es brachte Werbung der einzigen Art, die die Leute lesen wollten. Die Öffentlichkeit hielt nichts von einem Auto, wenn es nicht schnell war – wenn es nicht andere Rennwagen schlug. Mein Ehrgeiz, das schnellste Auto der Welt zu bauen, brachte mich dazu, einen Vierzylindermotor zu planen. Aber davon später mehr .

Das überraschendste Merkmal der Geschäftstätigkeit war die große Aufmerksamkeit, die den Finanzen und der Service gewidmet wurde, und die geringe Aufmerksamkeit. Das schien mir eine Umkehrung des natürlichen Prozesses zu sein, der darin besteht, dass das Geld als Ergebnis der Arbeit und nicht vor der Arbeit kommen sollte. Das zweite Merkmal war die allgemeine Gleichgültigkeit gegenüber besseren Herstellungsmethoden, solange das, was getan wurde, durchkam und Geld einbrachte. Mit anderen Worten, ein Artikel wurde anscheinend nicht im Hinblick darauf hergestellt, wie sehr er der Öffentlichkeit dienen konnte, sondern nur im Hinblick darauf, wie viel Geld man dafür bekommen konnte — und das ohne besondere Sorge, ob der Kunde zufrieden war. Ihm etwas zu verkaufen war genug. Ein unzufriedener Kunde wurde nicht als jemand angesehen, dessen Vertrauen missbraucht worden war, sondern entweder als Ärgernis oder als mögliche Quelle für mehr Geld bei der Reparatur der Arbeit, die von Anfang an richtig hätte gemacht werden sollen. Bei Autos zum Beispiel kümmerte man sich nicht viel darum, was mit dem Auto geschah, nachdem es verkauft worden war. Wie viel Benzin es pro Meile verbrauchte, war nicht von großer Bedeutung; wie viel Service es tatsächlich leistete, spielte keine Rolle; und wenn es eine Panne hatte und Teile ausgetauscht werden mussten, dann war das einfach Pech für den Besitzer. Es galt als gutes Geschäft, Teile zum höchstmöglichen Preis zu verkaufen, unter der Annahme, dass der Mann, da er das Auto bereits gekauft hatte, das Teil einfach haben musste und bereit war, dafür zu zahlen.

Das Automobilgeschäft basierte nicht auf einer, wie ich es nennen würde, ehrlichen Grundlage, ganz zu schweigen davon, dass es aus produktionstechnischer Sicht auf einer wissenschaftlichen Grundlage basierte, aber es war nicht schlechter als das Geschäft im Allgemeinen. Wie man sich vielleicht erinnert, war dies die Zeit, in der viele Unternehmen gegründet und finanziert wurden. Die Bankiers, die sich bis dahin auf die Eisenbahn beschränkt hatten, stiegen in die Industrie ein. Meine Vorstellung war damals und ist es immer noch, dass, wenn ein Mann seine Arbeit gut machte, der Preis, der Gewinn und alle finanziellen Angelegenheiten von selbst regeln würden, und dass ein Unternehmen klein anfangen und sich aus seinen Gewinnen heraus aufbauen sollte. Wenn es keine Gewinne gibt, ist das für den Eigentümer ein Zeichen, dass er seine Zeit verschwendet und nichts in dieses Geschäft gehört. Ich habe es nie für notwendig gehalten, diese Vorstellungen zu ändern, aber ich entdeckte, dass diese einfache Formel, gute Arbeit zu leisten und dafür bezahlt zu werden, für das moderne Geschäft als langsam galt. Der damals beliebteste Plan war, mit der größtmöglichen Kapitalisierung zu beginnen und dann alle Aktien und Anleihen zu verkaufen, die verkauft werden konnten. Was auch immer an Geld übrig blieb, nachdem alle Kosten für den Verkauf von Aktien und Anleihen, die Förderer, die Gebühren und all das gedeckt waren, wurde widerwillig in die Gründung des Unternehmens investiert. Ein gutes Unternehmen war nicht eines, das gute Arbeit leistete und einen angemessenen Gewinn erwirtschaftete. Ein gutes Unternehmen war eines, das die Möglichkeit bot, eine große Menge an Aktien und Anleihen zu hohen Preisen auszugeben. Es waren die Aktien und Anleihen, nicht die Arbeit, die zählte. Ich konnte mir nicht vorstellen, wie man von einem neuen oder einem alten Unternehmen erwarten konnte, dass es in der Lage war, einen hohen Anleihezins auf sein Produkt zu setzen und das Produkt dann zu einem angemessenen Preis zu verkaufen. Das habe ich nie verstehen können.

Ich habe nie verstehen können, nach welcher Theorie die ursprüngliche Geldanlage einem Unternehmen in Rechnung gestellt werden kann. Die Geschäftsleute, die sich selbst als Finanziers bezeichnen, sagen, dass Geld 6 Prozent oder 5 Prozent oder einen anderen Prozentsatz „wert" ist und dass der Mann, der die Investition getätigt hat, berechtigt ist, Zinsen auf das Geld zu verlangen, wenn in ein Unternehmen 100.000 Dollar investiert wurden, denn wenn er das Geld statt in das Unternehmen in eine Sparkasse oder in bestimmte Wertpapiere investiert hätte, hätte er eine bestimmte feste Rendite erhalten können. Daher sagen sie, dass die Zinsen auf dieses Geld eine angemessene Belastung der Betriebskosten eines Unternehmens sind. Diese Idee ist die Ursache vieler Geschäftspleiten und der meisten Servicepleiten. Geld ist keinen bestimmten Betrag wert. Als Geld ist es nichts wert, denn es wird von sich aus nichts tun. Der einzige Nutzen von Geld besteht darin, Werkzeuge zum Arbeiten oder die Produkte aus Werkzeugen zu kaufen.

Daher ist Geld nur das wert, was Sie damit herstellen oder kaufen können, und nicht mehr. Wenn jemand glaubt, dass sein Geld 5 oder 6 Prozent einbringt, sollte er es dort anlegen, wo er diese Rendite erzielen kann. Geld, das in ein Unternehmen investiert wird, ist jedoch keine Belastung für das Unternehmen – oder sollte es zumindest nicht sein. Es hört auf, Geld zu sein und wird oder sollte ein Produktionsmotor werden. Es ist daher das wert, was es produziert – und kein fester Betrag nach einem Maßstab, der keinen Bezug zu dem jeweiligen Unternehmen hat, in das das Geld investiert wurde. Jede Rendite sollte erst nach der Produktion erfolgen, nicht vorher.

Geschäftsleute glaubten, man könne alles erreichen, indem man es „finanziert". Wenn es bei der ersten Finanzierung nicht klappte, dann war die Idee, es „umzufinanzieren". Der Prozess der „Umfinanzierung" war einfach das Spiel, gutes Geld schlechtem hinterherzuschicken. In den meisten Fällen ergibt sich die Notwendigkeit einer Umfinanzierung aus schlechtem Management, und die Wirkung der Umfinanzierung besteht einfach darin, die schlechten Manager dafür zu bezahlen, dass sie ihr schlechtes Management noch ein wenig länger aufrechterhalten. Es ist lediglich eine Verschiebung des Tages des Jüngsten Gerichts . Diese provisorische Umfinanzierung ist ein Trick spekulativer Finanziers. Ihr Geld nützt ihnen nichts, wenn sie es nicht mit einem Ort verbinden können, an dem wirklich Arbeit geleistet wird, und das können sie nur tun, wenn dieser Ort irgendwie schlecht geführt wird. Daher geben sich die spekulativen Finanziers der Illusion hin, dass sie ihr Geld sinnvoll einsetzen. Das tun sie nicht; sie verschwenden es.

Ich war fest entschlossen, nie einer Firma beizutreten, in der die Finanzen Vorrang vor der Arbeit haben oder in der Banker oder Finanziers eine Rolle spielen. Und außerdem, wenn es keine Möglichkeit gäbe, in einem Geschäft Fuß zu fassen, das meiner Meinung nach im Interesse der Öffentlichkeit geführt werden könnte, dann würde ich einfach gar nicht erst anfangen. Denn meine eigene kurze Erfahrung und das, was ich um mich herum sah, waren völlig ausreichende Beweise dafür, dass das Geschäft als reines Geldverdienspiel nicht viel Nachdenken wert war und eindeutig nichts für einen Mann war, der etwas erreichen wollte. Außerdem schien es mir nicht der Weg zu sein, Geld zu verdienen. Mir muss noch bewiesen werden, dass es der Weg ist. Denn die einzige Grundlage eines echten Geschäfts ist die Dienstleistung.

Ein Hersteller ist mit seinem Kunden noch nicht fertig, wenn ein Verkauf abgeschlossen ist. Er hat dann gerade erst mit seinem Kunden begonnen. Bei einem Automobil ist der Verkauf der Maschine nur so etwas wie eine Einführung. Wenn die Maschine nicht funktioniert, ist es für den Hersteller besser, wenn er nie eingeführt wurde, denn er wird die schlimmste aller Werbungen haben – einen unzufriedenen Kunden. In den frühen Tagen des

Automobils gab es mehr als nur die Tendenz, den Verkauf einer Maschine als die eigentliche Leistung anzusehen und danach zu glauben, dass es egal sei, was mit dem Käufer passiert. Das ist die kurzsichtige Einstellung eines Verkäufers auf Provision. Wenn ein Verkäufer nur für das bezahlt wird, was er verkauft, kann man nicht erwarten, dass er sich große Mühe für einen Kunden gibt, von dem er keine Provision mehr bekommt. Und genau in diesem Punkt haben wir später das größte Verkaufsargument für den Ford vorgebracht. Der Preis und die Qualität des Autos hätten zweifellos einen Markt geschaffen, und zwar einen großen Markt. Wir gingen darüber hinaus. Ein Mann, der eines unserer Autos kaufte, hatte meiner Meinung nach Anspruch auf die ununterbrochene Nutzung dieses Autos, und wenn er also eine Panne irgendeiner Art hatte, war es unsere Pflicht, dafür zu sorgen, dass seine Maschine so schnell wie möglich wieder in Schuss gebracht wurde. Für den Erfolg des Ford-Autos war die frühzeitige Bereitstellung von Service ein herausragendes Element. Die meisten teuren Autos dieser Zeit waren schlecht mit Servicestationen ausgestattet. Wenn Ihr Auto eine Panne hatte, war man auf den örtlichen Reparaturdienst angewiesen – obwohl man Anspruch darauf hatte, sich auf den Hersteller zu verlassen. Wenn der örtliche Reparaturdienst ein vorausschauender Mensch war und einen guten Vorrat an Ersatzteilen vorrätig hatte (obwohl die Teile bei vielen Autos nicht austauschbar waren), hatte der Besitzer Glück. Aber wenn der Reparaturdienst ein arbeitsscheuer Mensch mit ausreichenden Kenntnissen über Autos und einem übermäßigen Wunsch war, aus jedem Auto, das zur Reparatur zu ihm kam, etwas Gutes zu machen, dann bedeutete selbst eine leichte Panne Wochen des Stillstehens und eine gewaltige Reparaturrechnung, die bezahlt werden musste, bevor das Auto abgeholt werden konnte. Die Reparaturdienste waren eine Zeit lang die größte Bedrohung für die Automobilindustrie. Noch 1910 und 1911 galt der Besitzer eines Autos als reicher Mann, dem man sein Geld wegnehmen sollte. Wir haben uns dieser Situation von Anfang an gestellt. Wir wollten nicht zulassen, dass unsere Verteilung durch dumme, gierige Menschen blockiert wird.

Das ist zwar ein paar Jahre vorweg, aber es ist die Kontrolle durch die Finanzwelt, die den Service zerstört, weil sie auf den unmittelbaren Dollar ausgerichtet ist. Wenn die oberste Überlegung darin besteht, einen bestimmten Geldbetrag zu verdienen, dann muss man – es sei denn, es läuft durch einen glücklichen Zufall besonders gut und es gibt einen Überschuss für den Service, sodass die Arbeiter eine Chance haben – zukünftige Geschäfte für den Dollar des Tages opfern.

Und ich bemerkte auch, dass viele Geschäftsleute das Gefühl hatten, ihr Schicksal sei hart – sie arbeiteten gegen den Tag, an dem sie in Rente gehen und von einem Einkommen leben könnten – und aus dem Streit herauskommen wollten. Für sie war das Leben ein Kampf, den es so schnell wie möglich zu beenden galt. Das war ein weiterer Punkt, den ich nicht verstehen konnte, denn meiner Meinung nach ist das Leben kein Kampf, außer gegen unsere eigene Tendenz, durch den Niedergang des „Einlebens" zu schwächeln. Wenn Versteinerung Erfolg bedeutet, muss man nur der faulen Seite des Geistes nachgeben , wenn aber Wachstum Erfolg bedeutet, muss man jeden Morgen neu aufstehen und den ganzen Tag wach bleiben. Ich sah, wie große Unternehmen nur noch der Schatten eines Namens wurden, weil jemand dachte, sie könnten genauso geführt werden, wie sie immer geführt wurden, und obwohl das Management zu seiner Zeit vielleicht am besten war, bestand seine Exzellenz in seiner Wachsamkeit gegenüber seiner Zeit und nicht in der sklavischen Befolgung der Gestern. Das Leben ist, wie ich es sehe, kein Ort, sondern eine Reise. Selbst der Mann, der sich am meisten „sesshaft" fühlt, ist nicht sesshaft – er schwächelt wahrscheinlich. Alles ist im Fluss und das war auch so vorgesehen. Das Leben fließt. Wir wohnen vielleicht in derselben Hausnummer, aber es ist nie derselbe Mann, der dort wohnt.

Und aus der Wahnvorstellung, das Leben sei ein Kampf, den man durch eine falsche Bewegung verlieren könne, erwächst, wie ich bemerkt habe, eine große Liebe zur Regelmäßigkeit. Die Menschen verfallen der halblebigen Gewohnheit. Selten wendet der Schuster die neumodische Art an, Schuhe zu besohlen, und selten wendet der Handwerker freiwillig neue Methoden in seinem Beruf an. Gewohnheit führt zu einer gewissen Trägheit, und jede Störung davon wirkt sich wie ein Problem auf den Geist aus. Man wird sich erinnern, dass eine Studie über Werkstattmethoden, mit der die Arbeiter lernen könnten, mit weniger nutzloser Bewegung und Ermüdung zu arbeiten, von den Arbeitern selbst am stärksten abgelehnt wurde. Obwohl sie vermuteten, dass es einfach ein Spiel war, um mehr aus ihnen herauszuholen, ärgerte sie am meisten, dass es die ausgetretenen Spuren störte, in denen sie sich zu bewegen gewohnt waren. Geschäftsleute gehen mit ihren Geschäften unter, weil ihnen die alte Art so gut gefällt, dass sie sich nicht zu einer Veränderung durchringen können. Man sieht sie überall – Menschen, die nicht wissen, dass gestern vergangen ist, und die heute Morgen mit den Ideen des letzten Jahres aufgewacht sind. Man könnte es fast als Formel aufschreiben: Wenn ein Mensch anfängt zu glauben, dass er endlich seine Methode gefunden hat, sollte er besser eine gründliche Selbstuntersuchung beginnen, um zu sehen, ob nicht ein Teil seines Gehirns eingeschlafen ist. Es birgt eine subtile Gefahr darin, wenn ein Mensch glaubt, er sei für sein Leben „festgelegt". Es deutet darauf hin, dass der nächste Ruck des Rades des Fortschritts ihn abwerfen wird.

Es besteht auch die große Angst, für dumm gehalten zu werden. So viele Menschen haben Angst davor, für dumm gehalten zu werden. Ich gebe zu, dass die öffentliche Meinung ein mächtiger Polizeieinfluss für diejenigen ist, die ihn brauchen. Vielleicht ist es wahr, dass die Mehrheit der Menschen die Zurückhaltung der öffentlichen Meinung braucht. Die öffentliche Meinung kann einen Menschen besser machen, als er sonst wäre – wenn nicht moralisch besser, so doch zumindest, was seine soziale Erwünschtheit betrifft. Aber es ist nichts Schlechtes, um der Gerechtigkeit willen ein Narr zu sein. Das Beste daran ist, dass solche Narren normalerweise lange genug leben, um zu beweisen, dass sie keine Narren waren – oder dass die Arbeit, die sie begonnen haben, lange genug lebt, um zu beweisen, dass sie keine Narren waren.

Der Einfluss des Geldes – der Druck, mit einer „Investition" Gewinn zu machen – und die daraus folgende Vernachlässigung oder Verknappung von Arbeit und damit von Dienstleistungen zeigte sich mir auf viele Arten. Er schien die Ursache der meisten Probleme zu sein. Er war die Ursache für niedrige Löhne – denn ohne gut geleitete Arbeit können keine hohen Löhne gezahlt werden. Und wenn der Arbeit nicht die ganze Aufmerksamkeit gewidmet wird, kann sie auch nicht gut geleitet werden. Die meisten Menschen wollen frei arbeiten können; unter dem geltenden System konnten sie nicht frei arbeiten. Während meiner ersten Erfahrung war ich nicht frei – ich konnte meinen Ideen nicht freien Lauf lassen. Alles musste geplant werden, um Geld zu verdienen; die Arbeit war die letzte Überlegung. Und das Merkwürdigste an der ganzen Sache war die Beharrlichkeit, dass es das Geld und nicht die Arbeit war, die zählte. Es schien niemandem unlogisch zu erscheinen, dass Geld vor Arbeit gestellt werden sollte – obwohl jeder zugeben musste, dass der Gewinn aus der Arbeit kommen musste. Der Wunsch schien darin zu bestehen, eine Abkürzung zum Geld zu finden und die offensichtliche Abkürzung zu umgehen – nämlich über die Arbeit.

Nehmen wir den Wettbewerb. Ich fand heraus, dass Wettbewerb eine Bedrohung darstellte und dass ein guter Manager seine Konkurrenten umging, indem er sich mit künstlichen Mitteln ein Monopol verschaffte. Die Idee war, dass es nur eine bestimmte Anzahl von Leuten gab, die kaufen konnten, und dass es notwendig war, mit seinem Geschäft einen Vorsprung vor anderen zu erlangen. Einige werden sich erinnern, dass sich später viele Automobilhersteller unter dem Selden-Patent zusammenschlossen, nur um die Preis- und Produktionskontrolle von Autos legal zu ermöglichen. Sie hatten dieselbe Idee wie so viele Gewerkschaften – die lächerliche Vorstellung, dass man mit weniger Arbeit mehr Gewinn machen kann als mit mehr. Ich glaube, dieser Plan ist sehr veraltet. Ich konnte damals nicht erkennen und kann es immer noch nicht erkennen, dass nicht immer genug für den Mann da ist, der seine Arbeit macht. Zeit, die man damit verbringt, gegen die Konkurrenz zu kämpfen, ist verschwendet; man sollte sie besser damit verbringen, die Arbeit zu erledigen. Es gibt immer genug Leute, die bereit und begierig sind zu kaufen, vorausgesetzt, man liefert ihnen, was sie wollen, und zwar zum richtigen Preis – und das gilt für persönliche Dienstleistungen ebenso wie für Waren.

Während dieser Zeit des Nachdenkens war ich alles andere als untätig. Wir machten mit einem Vierzylindermotor weiter und bauten zwei große Rennwagen. Ich hatte viel Zeit, denn ich verließ mein Geschäft nie. Ich glaube nicht, dass ein Mann sein Geschäft jemals verlassen kann. Er sollte tagsüber daran denken und nachts davon träumen. Es ist schön, seine Arbeit während der Bürozeiten zu planen, sie morgens aufzunehmen, sie abends fallen zu lassen – und sich bis zum nächsten Morgen keine Sorgen zu machen. Das ist durchaus möglich, wenn man so beschaffen ist, dass man sein ganzes Leben lang bereit ist, Anweisungen anzunehmen, ein Angestellter zu sein, möglicherweise ein verantwortlicher Angestellter, aber kein Direktor oder Manager von irgendetwas. Ein Arbeiter muss eine Arbeitszeitbegrenzung haben, sonst verausgabt er sich. Wenn er beabsichtigt, immer ein Arbeiter zu bleiben , sollte er seine Arbeit vergessen, wenn die Pfeife ertönt, aber wenn er vorhat, voranzukommen und etwas zu tun, ist die Pfeife nur ein Signal, über die Arbeit des Tages nachzudenken, um herauszufinden, wie sie besser erledigt werden könnte.

Der Mensch mit der größten Arbeits- und Denkfähigkeit ist der Mensch, der zwangsläufig Erfolg hat. Ich kann nicht behaupten, dass der Mensch, der immer arbeitet, der seine Arbeit nie verlässt, der unbedingt vorankommen will und deshalb auch vorankommt, sowohl für sein Gehirn als auch für seine Hände glücklicher ist als der Mensch, der stundenlang im Büro arbeitet. Es ist nicht nötig, dass jemand diese Frage entscheidet. Eine Maschine mit zehn PS zieht nicht so viel wie eine mit zwanzig. Der Mensch, der stundenlang im Büro arbeitet, begrenzt seine PS-Zahl. Wenn er damit zufrieden ist, nur die Last zu ziehen, die er hat, ist das seine Sache – aber er darf sich nicht beschweren, wenn ein anderer, der mehr PS hat, mehr zieht als er. Freizeit und Arbeit bringen unterschiedliche Ergebnisse. Wenn ein Mensch Freizeit will und sie bekommt, dann hat er keinen Grund sich zu beschweren. Aber er kann nicht gleichzeitig Freizeit und die Ergebnisse der Arbeit haben.

Was mir in diesem Jahr konkret am meisten über das Geschäft klar wurde – und ich habe jedes Jahr mehr gelernt, ohne es für notwendig zu halten, meine ersten Schlussfolgerungen zu revidieren – ist Folgendes:

(1) Dass den Finanzen ein höherer Stellenwert als der Arbeit eingeräumt wird und sie deshalb dazu neigen, die Arbeit zunichte zu machen und die Grundlage des Dienstes zu zerstören.

(2) Wenn man zuerst an Geld und nicht an Arbeit denkt, entsteht Angst vor dem Scheitern, und diese Angst blockiert jede Geschäftsmöglichkeit. Der

Mensch hat Angst vor der Konkurrenz, davor, seine Methoden zu ändern oder irgendetwas zu tun, was seine Lage ändern könnte.

(3) Dass der Weg frei ist für jeden , der zuerst an den Dienst denkt – daran, die Arbeit auf die bestmögliche Weise zu erledigen.

KAPITEL III

START DES ECHTEN GESCHÄFTS

In der kleinen Ziegelwerkstatt in Park Place 81 hatte ich reichlich Gelegenheit, das Design und einige der Herstellungsmethoden eines neuen Autos auszuarbeiten. Selbst wenn es möglich wäre, genau die Art von Unternehmen zu gründen, die ich wollte – eines, in dem gute Arbeit und die Zufriedenheit der Öffentlichkeit entscheidende Faktoren wären –, wurde deutlich, dass ich mit den bestehenden, simpel aufgebauten Herstellungsmethoden nie ein wirklich gutes Auto herstellen könnte, das zu einem niedrigen Preis verkauft werden könnte.

Jeder weiß, dass man etwas beim zweiten Mal immer besser machen kann. Ich weiß nicht, warum dies damals in der Fertigung nicht allgemein als grundlegende Tatsache anerkannt wurde – es sei denn, die Hersteller waren so in Eile, etwas zu verkaufen, dass sie sich nicht die Zeit für eine angemessene Vorbereitung nahmen. Die Fertigung „auf Bestellung" statt in großen Mengen ist, wie ich vermute, eine Gewohnheit, eine Tradition, die aus der Zeit des alten Handwerks stammt. Fragen Sie hundert Leute, wie sie einen bestimmten Artikel haben möchten. Ungefähr achtzig werden es nicht wissen; sie werden es Ihnen überlassen. Fünfzehn werden denken, dass sie etwas sagen müssen, während fünf wirklich Vorlieben und Gründe haben werden. Die fünfundneunzig, bestehend aus denen, die es nicht wissen und zugeben, und den fünfzehn, die es nicht wissen, es aber nicht zugeben, bilden den wahren Markt für jedes Produkt. Die fünf, die etwas Besonderes wollen, können den Preis für eine besondere Arbeit vielleicht bezahlen, vielleicht aber auch nicht. Wenn sie den Preis haben, können sie die Arbeit bekommen, aber sie bilden einen speziellen und begrenzten Markt. Von den fünfundneunzig werden vielleicht zehn oder fünfzehn einen Preis für Qualität bezahlen. Von den Verbliebenen kaufen einige nur nach dem Preis und ohne Rücksicht auf die Qualität. Ihre Zahl wird täglich geringer. Die Käufer lernen, wie man einkauft. Die Mehrheit wird auf Qualität achten und Qualität kaufen, die den höchsten Preis wert ist . Wenn Sie also herausfinden, was diesen 95 Prozent der Menschen den besten Rundum-Service bietet, und dann dafür sorgen, dass die Produkte in allerhöchster Qualität hergestellt und zum allerniedrigsten Preis verkauft werden, werden Sie eine Nachfrage befriedigen, die so groß ist, dass man sie als universell bezeichnen kann.

Das ist keine Standardisierung. Die Verwendung des Wortes „Standardisierung" kann leicht zu Problemen führen, da es eine gewisse Fixierung von Design und Methode impliziert und normalerweise dazu führt, dass der Hersteller den Artikel auswählt, den er am einfachsten herstellen und mit dem höchsten Gewinn verkaufen kann. Die Öffentlichkeit wird weder beim Design noch beim Preis berücksichtigt. Der Gedanke hinter den meisten Standardisierungen ist, einen größeren Gewinn erzielen zu können. Das Ergebnis ist, dass der Hersteller mit den Einsparungen, die unvermeidlich sind, wenn man nur eine Sache herstellt, immer mehr Gewinn erzielt. Seine Produktion wird ebenfalls größer – seine Anlagen produzieren mehr – und ehe er es merkt, sind seine Märkte überfüllt mit Waren , die sich nicht verkaufen lassen. Diese Waren würden sich verkaufen, wenn der Hersteller einen niedrigeren Preis dafür verlangen würde. Es ist immer Kaufkraft vorhanden – aber diese Kaufkraft reagiert nicht immer auf Preissenkungen. Wenn ein Artikel zu einem zu hohen Preis verkauft wurde und dann wegen stagnierender Geschäfte der Preis plötzlich gesenkt wird, ist die Reaktion manchmal äußerst enttäuschend. Und das aus einem sehr guten Grund. Die Öffentlichkeit ist misstrauisch. Man denkt, die Preissenkung sei ein Schwindel und wartet auf eine echte Senkung. Davon haben wir im letzten Jahr viel gesehen. Wenn sich dagegen die Produktionseinsparungen sofort auf den Preis übertragen und wenn allgemein bekannt ist, dass dies die Politik des Herstellers ist, wird die Öffentlichkeit Vertrauen in ihn haben und reagieren. Sie wird darauf vertrauen, dass er einen ehrlichen Wert bietet. Standardisierung kann also als schlechtes Geschäft erscheinen, wenn sie nicht den Plan beinhaltet, den Preis, zu dem der Artikel verkauft wird, ständig zu senken. Und der Preis muss (das ist sehr wichtig) wegen der Produktionseinsparungen gesenkt werden, die eingetreten sind, und nicht, weil die sinkende Nachfrage der Öffentlichkeit darauf hinweist, dass sie mit dem Preis nicht zufrieden ist. Die Öffentlichkeit sollte sich immer fragen, wie es möglich ist, so viel für das Geld zu zahlen.

Standardisierung (um das Wort so zu verwenden, wie ich es verstehe) bedeutet nicht, sich einfach auf den meistverkauften Artikel zu konzentrieren. Es geht darum, Tag und Nacht und wahrscheinlich jahrelang zu planen, zunächst darüber, was am besten für die Öffentlichkeit geeignet ist, und dann darüber, wie es hergestellt werden soll. Die genauen Herstellungsverfahren werden sich von selbst entwickeln. Wenn wir dann die Produktion von der Gewinn- auf die Dienstleistungsbasis verlagern, werden wir ein echtes Geschäft haben, in dem die Gewinne so hoch sein werden, wie man es sich nur wünschen kann.

All das scheint mir selbstverständlich. Es ist die logische Grundlage jedes Unternehmens, das 95 Prozent der Gemeinschaft dienen will. Es ist die logische Art und Weise, wie die Gemeinschaft sich selbst dienen kann. Ich kann nicht verstehen, warum nicht alle Unternehmen auf dieser Grundlage arbeiten. Um dies zu übernehmen, muss man nur die Gewohnheit überwinden, nach dem nächsten Dollar zu greifen, als wäre es der einzige Dollar auf der Welt. Diese Gewohnheit ist bis zu einem gewissen Grad bereits überwunden. Alle großen und erfolgreichen Einzelhandelsgeschäfte in diesem Land arbeiten auf der Grundlage eines einzigen Preises. Der einzige weitere erforderliche Schritt besteht darin, die Idee, die Preise auf der Grundlage dessen festzulegen, was der Verkehr tragen kann, über Bord zu werfen und stattdessen auf die vernünftige Grundlage überzugehen, die Preise auf der Grundlage der Herstellungskosten festzulegen und dann die Herstellungskosten zu senken. Wenn das Design des Produkts ausreichend untersucht wurde, werden Änderungen daran sehr langsam erfolgen. Aber Änderungen in den Herstellungsprozessen werden sehr schnell und ganz natürlich erfolgen. Das ist unsere Erfahrung bei allem, was wir unternommen haben. Wie natürlich das alles zustande gekommen ist, werde ich später darlegen. Ich möchte hier darauf hinweisen, dass es unmöglich ist, ein Produkt zu erhalten, auf das man sich konzentrieren kann, wenn man nicht vorher unbegrenzt viel studiert. Das ist nicht nur die Arbeit eines Nachmittags.

Diese Ideen formten sich in diesem Jahr des Experimentierens bei mir. Die meisten Experimente flossen in den Bau von Rennwagen. Damals war man der Meinung, dass ein erstklassiges Auto auch ein Rennwagen sein sollte. Ich habe nie viel über Rennen nachgedacht, aber die Hersteller waren der Fahrradidee folgend der Ansicht, dass der Sieg bei einem Rennen auf einer Rennstrecke dem Publikum etwas über die Vorzüge eines Automobils verriet – obwohl ich mir kaum einen Test vorstellen kann, der weniger aussagen würde.

Aber wie die anderen es taten, musste auch ich es tun. 1903 baute ich mit Tom Cooper zwei Autos, die nur auf Geschwindigkeit ausgelegt waren. Sie waren sich ziemlich ähnlich. Eines nannten wir „999" und das andere „Arrow". Wenn ein Automobil für seine Geschwindigkeit bekannt sein sollte, dann wollte ich ein Auto bauen, das überall bekannt sein würde, wo Geschwindigkeit bekannt war. Und das waren diese Autos. Ich baute vier riesige Zylinder mit 80 PS ein – was bis dahin undenkbar gewesen war. Allein das Dröhnen dieser Zylinder hätte einen Mann fast umgebracht. Es gab nur einen Sitz. Ein Leben für ein Auto war genug. Ich probierte die Autos aus. Cooper probierte die Autos aus. Wir ließen sie mit voller Geschwindigkeit losfahren. Ich kann das Gefühl nicht ganz beschreiben. Über die Niagarafälle zu fahren wäre nach einer Fahrt in einem dieser Autos nur ein Zeitvertreib gewesen. Ich wollte nicht die Verantwortung übernehmen, mit dem „999", den wir zuerst aufstellten, an einem Rennen teilzunehmen, und Cooper auch nicht. Cooper sagte, er kenne einen Mann, der von Geschwindigkeit lebe und dem nichts zu schnell sein könne. Er schickte ein Telegramm nach Salt Lake City und dort kam ein professioneller Radrennfahrer namens Barney Oldfield. Er war noch nie Auto gefahren, aber die Idee, es einmal zu versuchen, gefiel ihm. Er sagte, er würde alles einmal ausprobieren.

Wir brauchten nur eine Woche, um ihm das Fahren beizubringen. Der Mann wusste nicht, was Angst war. Er musste nur lernen, das Monster zu kontrollieren. Das schnellste Auto von heute zu kontrollieren war nichts im Vergleich dazu, dieses Auto zu kontrollieren. An das Lenkrad hatte man damals noch nicht gedacht. Alle Autos, die ich vorher gebaut hatte, hatten einfach nur Lenkräder. An dieses hier montierte ich ein Zweihandlenkrad, denn um das Auto in der Spur zu halten, brauchte man die ganze Kraft eines starken Mannes. Das Rennen, für das wir arbeiteten, war ein drei Meilen langes Rennen auf der Grosse Point-Strecke. Wir hielten unsere Autos für einen Außenseiter. Die Vorhersagen überließen wir den anderen. Die Strecken waren damals nicht wissenschaftlich abgeschrägt. Man wusste nicht, wie viel Geschwindigkeit ein Auto entwickeln konnte. Niemand wusste besser als Oldfield, was die Kurven bedeuteten, und als er seinen Platz einnahm, während ich das Auto für den Start ankurbelte, bemerkte er fröhlich: „Nun, dieser Wagen kann mich umbringen, aber hinterher werden sie sagen, dass ich wie der Teufel gefahren bin, als er mich über die Böschung brachte."

Und er fuhr … Er wagte es nicht, sich umzuschauen. Er schaltete in den Kurven nicht ab. Er ließ das Auto einfach los – und es fuhr los. Am Ende des Rennens war er etwa eine halbe Meile vor dem nächsten Fahrer!

Die „999" tat, was sie tun sollte: Sie machte Werbung für die Tatsache, dass ich ein schnelles Auto bauen konnte. Eine Woche nach dem Rennen gründete ich die Ford Motor Company. Ich war Vizepräsident, Konstrukteur, Mechanikermeister, Superintendent und Generaldirektor. Das Kapital der Firma betrug 100.000 Dollar, und davon besaß ich 25,5 Prozent. Der Gesamtbetrag der Bareinlagen betrug etwa 28.000 Dollar – das ist das einzige Geld, das die Firma je für den Kapitalfonds erhalten hat, das nicht aus dem operativen Geschäft stammt. Anfangs dachte ich, dass es trotz meiner früheren Erfahrung möglich sei, mit einer Firma weiterzumachen, an der ich weniger als die Mehrheitsbeteiligung besaß. Ich stellte sehr bald fest, dass ich die Kontrolle haben musste, und deshalb kaufte ich 1906 mit den Mitteln, die ich in der Firma verdient hatte, genug Aktien, um meinen Anteil auf 51 Prozent zu bringen, und etwas später kaufte ich genug mehr, um auf 58,5 Prozent zu kommen. Die neue Ausrüstung und der gesamte Fortschritt der Firma wurden immer aus den Gewinnen finanziert. 1919 kaufte mein Sohn Edsel die restlichen 41,5 Prozent der Aktien, weil einige der Minderheitsaktionäre mit meiner Politik nicht einverstanden waren. Für diese Aktien zahlte er 12.500 Dollar für jeden Nennwert von 100 Dollar und zahlte insgesamt etwa 75 Millionen.

Das ursprüngliche Unternehmen und seine Ausrüstung waren, wie man sich vorstellen kann, nicht aufwendig. Wir mieteten Strelows Tischlerwerkstatt in der Mack Avenue. Bei der Erstellung meiner Entwürfe hatte ich auch die

Herstellungsmethoden ausgearbeitet, aber da wir uns damals keine Maschinen leisten konnten, wurde das gesamte Auto nach meinen Entwürfen hergestellt, allerdings von verschiedenen Herstellern, und wir mussten, selbst bei der Montage, nur die Räder, Reifen und die Karosserie anbringen. Das wäre wirklich die wirtschaftlichste Herstellungsmethode, wenn man nur sicher sein könnte, dass alle verschiedenen Teile nach dem oben beschriebenen Herstellungsplan hergestellt würden. Die wirtschaftlichste Herstellung der Zukunft wird die sein, bei der ein Artikel nicht vollständig unter einem Dach hergestellt wird – es sei denn natürlich, es handelt sich um einen sehr einfachen Artikel. Die moderne – oder besser gesagt, die zukünftige – Methode besteht darin, jedes Teil dort herstellen zu lassen, wo es am besten hergestellt werden kann, und die Teile dann an den Verbrauchsorten zu einer vollständigen Einheit zusammenzusetzen. Dies ist die Methode, die wir jetzt verfolgen und die wir voraussichtlich ausweiten werden. Es würde keinen Unterschied machen, ob ein Unternehmen oder eine Einzelperson alle Fabriken besitzt, die die Einzelteile eines einzelnen Produkts herstellen, oder ob ein solches Teil in unserer unabhängigen Fabrik hergestellt wird, *wenn nur alle dieselben Servicemethoden anwenden würden* . Wenn wir ein Teil von so guter Qualität kaufen können, wie wir es selbst herstellen können, und das Angebot ausreichend und der Preis angemessen ist, versuchen wir nicht, es selbst herzustellen – oder jedenfalls mehr als einen Notvorrat herzustellen. Tatsächlich könnte es besser sein, die Eigentumsverhältnisse weit gestreut zu haben.

Ich hatte hauptsächlich mit der Gewichtsreduzierung experimentiert. Übergewicht tötet jedes selbstangetriebene Fahrzeug. Es gibt viele dumme Vorstellungen über Gewicht. Wenn man darüber nachdenkt, ist es merkwürdig, wie manche dummen Begriffe in den heutigen Gebrauch gelangen. Da ist der Ausdruck „Schwergewicht" im Zusammenhang mit dem geistigen Apparat eines Menschen! Was bedeutet das? Niemand möchte dick und schwer sein – warum also im Kopf? Aus irgendeinem ungeschickten Grund verwechseln wir Kraft mit Gewicht. Die primitiven Methoden der frühen Bauweise hatten zweifellos viel damit zu tun. Der alte Ochsenkarren wog eine Tonne – und er war so schwer, dass er schwach war! Um ein paar Tonnen Menschen von New York nach Chicago zu transportieren, baut die Eisenbahn einen Zug, der viele hundert Tonnen wiegt, und das Ergebnis ist ein absoluter Verlust an echter Kraft und die verschwenderische Verschwendung von unzähligen Millionen in Form von Energie. Das Gesetz der abnehmenden Erträge beginnt an dem Punkt zu wirken, an dem Kraft zu Gewicht wird. Gewicht mag bei einer Dampfwalze wünschenswert sein, aber sonst nirgendwo. Kraft hat nichts mit Gewicht zu tun. Die Mentalität des Menschen, der Dinge in der Welt tut, ist beweglich, leicht und stark. Die schönsten Dinge der Welt sind jene, von denen alles Übergewicht entfernt wurde. Stärke ist nie nur Gewicht – weder bei Menschen noch bei Dingen.

Immer wenn mir jemand vorschlägt, das Gewicht zu erhöhen oder ein Teil hinzuzufügen, versuche ich, das Gewicht zu verringern und ein Teil wegzulassen! Das Auto, das ich entworfen habe, war leichter als jedes andere Auto, das bis dahin gebaut worden war. Es wäre leichter gewesen, wenn ich gewusst hätte, wie man es herstellt – später bekam ich die Materialien, um das leichtere Auto zu bauen.

In unserem ersten Jahr bauten wir „Modell A" und verkauften das Sportauto für 850 Dollar und die Tonneau-Version für 100 Dollar mehr. Dieses Modell hatte einen Zweizylinder-Boxermotor mit 8 PS. Es hatte einen Kettenantrieb, einen Radstand von 72 Zoll – was lang sein sollte – und ein Tankvolumen von 5 Gallonen. Wir haben im ersten Jahr 1.708 Autos gebaut und verkauft. So gut hat das Publikum reagiert.

Jedes dieser „Modell A" hat eine Geschichte. Nehmen wir zum Beispiel Nr. 420. Colonel DC Collier aus Kalifornien kaufte es 1904. Er benutzte es ein paar Jahre lang, verkaufte es und kaufte einen neuen Ford. Nr. 420 wechselte häufig den Besitzer, bis es 1907 von einem gewissen Edmund Jacobs gekauft wurde, der in der Nähe von Ramona im Herzen der Berge lebte. Er fuhr es mehrere Jahre lang bei härtesten Arbeiten. Dann kaufte er einen neuen Ford und verkaufte seinen alten. 1915 gelangte Nr. 420 in die Hände eines Mannes namens Cantello , der den Motor ausbaute, ihn an eine Wasserpumpe anhängte, Wellen am Fahrgestell anbrachte und nun, während der Motor beim Pumpen von Wasser tuckert, fungiert das von einem Esel gezogene Fahrgestell als Buggy. Die Moral der Geschichte ist natürlich, dass man einen Ford zwar zerlegen, aber nicht töten kann.

In unserer ersten Anzeige sagten wir:

> Unser Ziel ist es, ein Automobil zu bauen und auf den Markt zu bringen, das speziell für den alltäglichen Gebrauch im Geschäfts-, Berufs- und Familienbereich konzipiert ist; ein Automobil, das eine für den Durchschnittsmenschen ausreichende Geschwindigkeit erreicht, ohne jene halsbrecherischen Geschwindigkeiten zu erreichen, die so allgemein verurteilt werden; eine Maschine, die von Männern, Frauen und Kindern gleichermaßen bewundert wird wegen ihrer Kompaktheit, ihrer Einfachheit, ihrer Sicherheit, ihrer allgemeinen Benutzerfreundlichkeit und – nicht zuletzt – ihres überaus vernünftigen Preises, der es für viele Tausende erschwinglich macht, die sich nicht vorstellen könnten, die vergleichsweise sagenhaften Preise zu zahlen, die für die meisten Maschinen verlangt werden.

Und das sind die Punkte, die wir hervorgehoben haben:

Gutes Material.

Einfachheit – die Bedienung der meisten Autos dieser Zeit erforderte beträchtliches Geschick.

Der Motor.

Die Zündung wurde durch zwei Sätze mit je sechs Trockenbatterien gewährleistet.

Die automatische Ölung.

Die Einfachheit und leichte Steuerung des Getriebes, bei dem es sich um ein Planetengetriebe handelte.

Die Verarbeitung.

Wir haben den Reiz des Vergnügens nicht geschaffen. Das haben wir nie getan. In der ersten Werbung haben wir gezeigt, dass ein Auto ein Gebrauchsgegenstand ist. Wir sagten:

Wir hören oft das alte Sprichwort „Zeit ist Geld" – und doch handeln nur wenige Geschäftsleute und Fachleute so, als ob sie wirklich an diese Wahrheit glaubten.

Männer, die sich ständig über Zeitmangel beschweren und die wenigen Tage in der Woche beklagen – Männer, für die jede vergeudete Minute einen weggeworfenen Dollar bedeutet – Männer, für die fünf Minuten Verspätung manchmal den Verlust von vielen Dollar bedeuten –, sind immer noch auf die unflexiblen, unbequemen und begrenzten Transportmöglichkeiten angewiesen, die Straßenbahnen usw. bieten, während die Investition eines äußerst moderaten Betrags in den Kauf eines ausgereiften, leistungsfähigen Automobils der Spitzenklasse Ängste und Unpünktlichkeit ausräumen und ihnen ein luxuriöses Fortbewegungsmittel bieten würde, das ihnen jederzeit zur Verfügung steht.

Immer bereit, immer sicher.

Entwickelt, um Ihnen Zeit und damit Geld zu sparen.

Gebaut, um Sie überall hinzubringen, wo Sie hin möchten, und Sie pünktlich wieder zurückzubringen.

Entwickelt, um Ihren Ruf für Pünktlichkeit zu stärken und dafür zu sorgen, dass Ihre Kunden gut gelaunt und in Kauflaune bleiben.

Gebaut für geschäftliche oder private Zwecke – genau wie Sie sagen.

Auch zum Wohle Ihrer Gesundheit gebaut – um Sie „ ohne Erschütterungen " über alle halbwegs anständigen Straßen zu bringen, Ihr Gehirn mit dem Luxus von viel „ Aufenthalt im Freien" zu erfrischen und Ihre Lungen mit dem „Stärkungsmittel aller Stärkungsmittel" – der richtigen Art von Atmosphäre.

Auch bei der Geschwindigkeit haben Sie die Wahl. Sie können – wenn Sie möchten – gemütlich durch schattige Alleen schlendern oder den Fußhebel so lange durchdrücken, bis Ihnen die Landschaft überall gleich vorkommt und Sie die Augen offen halten müssen, um die vorbeifahrenden Meilensteine zu zählen.

Ich gebe den Kern dieser Anzeige wieder, um zu zeigen, dass es uns von Anfang an um die Bereitstellung von Dienstleistungen ging – wir haben uns nie mit der Herstellung eines „Sportwagens" beschäftigt.

Das Geschäft lief wie von Zauberhand. Die Autos erlangten den Ruf, robust zu sein. Sie waren robust, einfach und gut verarbeitet. Ich arbeitete an meinem Entwurf für ein universelles Einzelmodell, aber ich hatte die Entwürfe noch nicht fertig und wir hatten auch nicht das Geld, um die richtige Fabrik für die Fertigung zu bauen und auszurüsten. Ich hatte nicht genug Geld, um die allerbesten und leichtesten Materialien zu finden. Wir mussten uns immer noch mit den Materialien zufrieden geben, die der Markt anbot – wir bekamen das Beste, was es gab, aber wir hatten keine Einrichtungen für die wissenschaftliche Untersuchung von Materialien oder für eigenständige Forschung.

Meine Kollegen waren nicht davon überzeugt, dass es möglich war, unsere Autos auf ein einziges Modell zu beschränken. Der Automobilhandel folgte dem alten Fahrradhandel, in dem jeder Hersteller es für notwendig hielt, jedes Jahr ein neues Modell herauszubringen und es so anders zu machen als alle vorherigen Modelle, dass diejenigen, die die vorherigen Modelle gekauft hatten, das alte loswerden und das neue kaufen wollten. Das sollte ein gutes Geschäft sein. Es ist dieselbe Idee, der sich Frauen in Bezug auf ihre Kleidung und Hüte unterwerfen. Das ist kein Service – es versucht nur, etwas Neues anzubieten, nicht etwas Besseres. Es ist erstaunlich, wie fest die Vorstellung verwurzelt ist, dass das Geschäft – der kontinuierliche Verkauf – nicht darauf beruht, den Kunden ein für alle Mal zufriedenzustellen, sondern zuerst sein Geld für einen Artikel zu bekommen und ihn dann zu überzeugen, dass er einen neuen und anderen kaufen sollte. Der Plan, den ich damals im Hinterkopf hatte, den wir aber noch nicht weit genug fortgeschritten waren, um ihn umzusetzen, war, dass, wenn man sich auf ein Modell geeinigt hatte, jede Verbesserung an diesem Modell mit dem alten Modell austauschbar sein sollte, sodass ein Auto nie veraltet sein sollte. Mein Ziel ist es, dass jede Maschine oder jedes andere nicht verbrauchbare Produkt, das ich herstelle, so robust und hochwertig ist, dass niemand jemals ein zweites kaufen muss. Eine gute Maschine jeder Art sollte so lange halten wie eine gute Uhr.

Im zweiten Jahr verteilten wir unsere Energie auf drei Modelle. Wir bauten einen Vierzylinder-Tourenwagen, „Modell B", der für zweitausend Dollar verkauft wurde; „Modell C", ein leicht verbessertes „Modell A", das für fünfzig Dollar mehr als den vorherigen Preis verkauft wurde; und „Modell F", einen Tourenwagen, der für tausend Dollar verkauft wurde. Das heißt, wir verteilten unsere Energie und erhöhten die Preise – und verkauften deshalb weniger Autos als im ersten Jahr. Der Absatz lag bei 1.695 Autos.

Für dieses „Modell B" – das erste Vierzylinderauto für den allgemeinen Straßengebrauch – musste geworben werden. Ein Rennen zu gewinnen oder einen Rekord aufzustellen, war damals die beste Art der Werbung. Also reparierte ich den „Arrow", den Zwilling des alten „999" – er war praktisch ein Neuaufbau – und fuhr ihn eine Woche vor der New York Automobile Show selbst über eine vermessene Meile geradeaus auf dem Eis. Ich werde dieses Rennen nie vergessen. Das Eis schien glatt genug, so glatt, dass wir, wenn ich den Versuch abgesagt hätte, eine Unmenge der falschen Art von Werbung bekommen hätten, aber statt glatt zu sein, war das Eis von Rissen durchzogen, von denen ich wusste, dass sie Ärger bedeuten würden, sobald ich auf Geschwindigkeit kam. Aber ich konnte nichts anderes tun, als den Versuch durchzuziehen, und ich ließ den alten „Arrow" los. Bei jedem Riss sprang das Auto in die Luft. Ich wusste nie, wie es herunterkam. Wenn ich nicht in der Luft war, rutschte ich, aber irgendwie blieb ich oben und auf der Strecke und stellte einen Rekord auf, der um die ganze Welt ging! Damit war „Modell B" auf der Landkarte – aber nicht so bekannt, dass es die Preissteigerungen wettmachen konnte. Kein Trick und keine Werbung wird einen Artikel für längere Zeit verkaufen. Das Geschäft ist kein Spiel. Die Moral kommt gleich.

Unsere kleine Holzwerkstatt war angesichts unseres Geschäfts völlig unzureichend geworden, und 1906 nahmen wir aus unserem Betriebskapital genügend Geld, um an der Ecke Piquette Street und Beaubien Street eine dreistöckige Fabrik zu bauen, die uns zum ersten Mal echte Produktionsanlagen bot. Wir begannen, eine ganze Reihe von Teilen herzustellen und zusammenzubauen, obwohl wir immer noch hauptsächlich eine Montagewerkstatt waren. 1905-1906 stellten wir nur zwei Modelle her – ein Vierzylinderauto für 2.000 Dollar und ein weiteres Tourenauto für 1.000 Dollar, beides Modelle des Vorjahres – und unsere Verkäufe sanken auf 1.599 Autos.

Manche sagten, es liege daran, dass wir keine neuen Modelle herausgebracht hätten. Ich dachte, es liege daran, dass unsere Autos zu teuer seien – sie gefielen den 95 Prozent nicht. Ich änderte die Politik im nächsten Jahr – nachdem ich zunächst die Kontrolle über die Lagerbestände erlangt hatte. 1906-1907 stellten wir die Herstellung von Tourenwagen vollständig ein und stellten drei Modelle von Kleinwagen und Roadstern her, von denen sich keines im Herstellungsprozess oder in den Einzelteilen wesentlich vom anderen unterschied, sich aber im Aussehen etwas unterschieden. Das große Ding war, dass das billigste Auto für 600 Dollar und das teuerste für nur 750 Dollar verkauft wurde, und genau da wurde deutlich, was der Preis bedeutet. Wir verkauften 8.423 Autos – fast fünfmal so viele wie in unserem erfolgreichsten Vorjahr. Unsere Rekordwoche war die des 15. Mai 1908, als wir in sechs Arbeitstagen 311 Autos zusammenbauten. Unsere Anlagen waren damit fast überlastet. Der Vorarbeiter hatte eine Strichliste , auf der er jedes Auto notierte, wenn es fertig war und den Testern übergeben wurde. Die Strichliste war der Aufgabe kaum gewachsen. An einem Tag im darauffolgenden Juni versammelten wir sogar einhundert Autos.

Im nächsten Jahr wichen wir von dem so erfolgreichen Programm ab und ich entwarf ein großes Auto – 50 PS, sechs Zylinder – das die Straßen zum Glühen bringen würde. Wir bauten weiterhin unsere Kleinwagen, aber die Panik von 1907 und die Umstellung auf das teurere Modell ließen die Verkäufe auf 6.398 Autos sinken.

Wir hatten eine fünfjährige Experimentierphase hinter uns. Die Autos wurden gerade in Europa verkauft. Das Geschäft galt, wie man es damals als Automobilgeschäft bezeichnen konnte, als außerordentlich erfolgreich. Wir hatten jede Menge Geld. Seit dem ersten Jahr hatten wir praktisch immer jede Menge Geld. Wir verkauften gegen Bargeld, wir liehen uns kein Geld und wir verkauften direkt an den Käufer. Wir hatten keine uneinbringlichen Schulden und achteten bei allem darauf, was wir taten. Ich habe meine Mittel immer gut im Rahmen gehalten. Ich habe es nie für nötig befunden, sie zu strapazieren, denn wenn man sich auf Arbeit und Service konzentriert, vermehren sich die Mittel zwangsläufig schneller, als man Mittel und Wege finden kann, sie zu veräußern.

Wir wählten unsere Verkäufer sorgfältig aus. Anfangs war es sehr schwierig, gute Verkäufer zu finden, da der Automobilhandel nicht als stabil galt. Es galt als Luxusgut – als Freizeitfahrzeug. Schließlich ernannten wir Vertreter, wählten die allerbesten Leute aus, die wir finden konnten, und zahlten ihnen dann ein Gehalt, das höher war, als sie im Geschäft selbst verdienen konnten. Anfangs hatten wir nicht viel Gehalt gezahlt. Wir tasteten uns heran, aber als wir wussten, was unser Ziel war, übernahmen wir die Politik, die allerhöchste Belohnung für den Service zu zahlen und dann darauf zu bestehen, den besten Service zu bekommen. Zu den Anforderungen an einen Vertreter legten wir Folgendes fest:

(1) Ein fortschrittlicher, moderner Mann, der sich der Möglichkeiten der Geschäftswelt sehr bewusst ist.

(2) Ein geeigneter Geschäftssitz, der sauber und würdevoll aussieht.

(3) Ein ausreichender Ersatzteilbestand, um alle Ford-Fahrzeuge in seinem Zuständigkeitsbereich umgehend austauschen und betriebsbereit halten zu können.

(4) Eine angemessen ausgerüstete Reparaturwerkstatt, die über die richtigen Maschinen für alle notwendigen Reparaturen und Einstellungen verfügt.

(5) Mechaniker, die mit der Konstruktion und Funktionsweise von Ford-Fahrzeugen bestens vertraut sind.

(6) Ein umfassendes Buchführungssystem und ein System zur Nachverfolgung der Verkäufe, so dass die finanzielle Situation der verschiedenen Abteilungen seines Unternehmens, der Zustand und die Größe seines Lagerbestands, die derzeitigen Fahrzeugbesitzer und die Zukunftsaussichten sofort ersichtlich sind.

(7) Absolute Sauberkeit in allen Abteilungen. Es darf keine ungeputzten Fenster, staubigen Möbel oder schmutzigen Böden geben.

(8) Ein geeignetes Anzeigeschild.

(9) Die Einführung von Strategien, die eine absolut ehrliche Geschäftsabwicklung und höchste Wirtschaftsethik gewährleisten.

Und dies ist die allgemeine Anweisung, die herausgegeben wurde:

> Ein Händler oder Verkäufer sollte die Namen aller möglichen Autokäufer in seinem Gebiet kennen, auch all derer, die sich noch nie Gedanken über die Sache gemacht haben. Er sollte dann jeden Mann auf der Liste persönlich ansprechen, wenn möglich durch einen Besuch – zumindest durch Korrespondenz – und dann die erforderlichen Notizen machen, um die Automobilsituation in Bezug auf jeden so angesprochenen Einwohner zu kennen. Wenn Ihr Gebiet zu groß ist, um dies zuzulassen, haben Sie zu viel Gebiet.

Der Weg war nicht leicht. Wir wurden durch eine große Klage gegen das Unternehmen bedrängt, mit der man uns auf Linie mit einem Verband von Automobilherstellern bringen wollte, die nach dem falschen Prinzip operierten, dass es nur einen begrenzten Markt für Automobile gäbe und ein Monopol auf diesem Markt unabdingbar sei. Dies war der berühmte Selden-Patentprozess. Zeitweise war die Unterstützung unserer Verteidigung eine große Belastung für unsere Ressourcen. Herr Selden, der erst vor kurzem gestorben ist, hatte mit dem Prozess wenig zu tun. Es war der Verband, der ein Monopol unter dem Patent anstrebte. Die Situation war folgende:

George B. Selden, ein Patentanwalt, reichte bereits 1879 einen Patentantrag ein, dessen Gegenstand die „Herstellung einer sicheren, einfachen und billigen Straßenlokomotive mit geringem Gewicht, einfacher Steuerung und ausreichender Kraft zum Überwinden einer gewöhnlichen Neigung" war. Dieser Antrag wurde im Patentamt mit Methoden aufrechterhalten, die vollkommen legal sind, bis das Patent 1895 erteilt wurde. 1879, als der Antrag eingereicht wurde, war das Automobil der breiten Öffentlichkeit praktisch unbekannt, aber als das Patent erteilt wurde, kannte jeder selbstfahrende Fahrzeuge, und die meisten Männer, darunter auch ich, die jahrelang an Motorantrieben gearbeitet hatten, waren überrascht zu erfahren, dass das, was wir praktisch gemacht hatten, durch einen Antrag von vor Jahren abgedeckt war, obwohl der Antragsteller seine Idee lediglich als Idee behalten hatte. Er hatte nichts unternommen, um sie in die Praxis umzusetzen.

Die spezifischen Ansprüche des Patents waren in sechs Gruppen unterteilt, und ich glaube, dass selbst 1879, als die Anmeldung eingereicht wurde, keine einzige davon eine wirklich neue Idee war. Das Patentamt ließ eine Kombination zu und erteilte ein sogenanntes „Kombinationspatent", in dem entschieden wurde, dass die Kombination (a) eines Wagens mit Karosserie, Maschinerie und Lenkrad, mit (b) Antriebsmechanismus, Kupplung und Getriebe und schließlich (c) dem Motor ein gültiges Patent darstellt.

All das machte uns keine Sorgen. Ich war der Meinung, dass mein Motor überhaupt nichts mit dem zu tun hatte, was Selden im Sinn hatte. Die mächtige Vereinigung von Herstellern, die sich selbst als „lizenzierte Hersteller" bezeichneten, weil sie unter Lizenzen des Patentinhabers arbeiteten, reichte Klage gegen uns ein, sobald wir anfingen, eine Rolle in der Motorenproduktion zu spielen. Die Klage zog sich hin. Sie sollte uns aus dem Geschäft drängen. Wir nahmen unzählige Zeugenaussagen auf, und der Schlag kam am 15. September 1909, als Richter Hough vor dem US-Bezirksgericht ein Urteil gegen uns fällte. Sofort begann diese lizenzierte Vereinigung Werbung zu machen und potenzielle Käufer vor unseren Autos zu warnen. Dasselbe hatten sie 1903 zu Beginn der Klage getan, als man dachte, wir könnten aus dem Geschäft gedrängt werden. Ich war fest davon überzeugt, dass wir unsere Klage letztendlich gewinnen würden. Ich wusste einfach, dass wir Recht hatten, aber es war ein schwerer Schlag, als die erste Entscheidung gegen uns fiel, denn wir glaubten, dass viele Käufer – auch wenn keine einstweilige Verfügung gegen uns erging – wegen der Androhung von Gerichtsverfahren gegen einzelne Besitzer vom Kauf abschrecken würden. Es wurde die Vorstellung verbreitet, dass, wenn die Klage schließlich gegen mich entschieden würde, jeder Ford-Besitzer strafrechtlich verfolgt würde. Einige meiner enthusiastischeren Gegner, soviel ich weiß, gaben im Privaten bekannt, dass es sowohl strafrechtliche als auch zivilrechtliche Klagen geben würde und dass ein Mann, der einen Ford kauft, genauso gut ein Ticket ins Gefängnis kaufen könnte. Wir antworteten mit einer Anzeige, die wir in den wichtigsten Zeitungen des Landes auf vier Seiten abdruckten.

Wir legten unseren Fall dar – wir legten unsere Zuversicht dar, dass wir siegen würden – und sagten zum Schluss:

Abschließend möchten wir allen potenziellen Autokäufern, die sich durch die Behauptungen unserer Gegner eingeschüchtert fühlen, mitteilen, dass wir ihnen zusätzlich zum Schutz der Ford Motor Company mit ihren Vermögenswerten in Höhe von etwa 6.000.000,00 US-Dollar eine individuelle Anleihe gewähren, die durch ein Unternehmen mit Vermögenswerten von mehr als 6.000.000,00 US-Dollar abgesichert ist, sodass jeder einzelne Besitzer eines Ford-Autos geschützt ist, bis mindestens 12.000.000,00 US-Dollar an Vermögenswerten von denjenigen vernichtet wurden, die diese wunderbare Branche kontrollieren und monopolisieren wollen.

Sie müssen nur danach fragen und können sich deshalb keine minderwertigen Autos zu übertriebenen Preisen andrehen lassen, nur weil diese „göttliche" Institution etwas anderes behauptet.

NB: Die Ford Motor Company wird diesen Kampf nicht ohne den Rat und die Beratung der fähigsten Patentanwälte des Ostens und des Westens führen.

Wir dachten, die Anleihe würde den Käufern Sicherheit geben – sie brauchten Vertrauen. Das war nicht der Fall. Wir verkauften über 18.000 Autos – fast doppelt so viel wie im Vorjahr – und ich glaube, etwa 50 Käufer fragten nach Anleihen – vielleicht waren es auch weniger.

Tatsächlich hat wohl nichts den Ford-Wagen und die Ford Motor Company so gut beworben wie dieser Prozess. Es schien, als wären wir der Außenseiter und hätten die Sympathie der Öffentlichkeit. Der Verband verfügte über siebzig Millionen Dollar – wir hatten zu Beginn nicht einmal die Hälfte dieser Tausende. Ich hatte nie Zweifel am Ausgang, aber dennoch schwebte ein Schwert über unseren Köpfen, auf das wir genauso gut verzichten konnten. Diesen Prozess zu führen war wahrscheinlich eine der kurzsichtigsten Taten, die je eine Gruppe amerikanischer Geschäftsleute begangen hat. In all seinen Nebenaspekten betrachtet ist er das beste Beispiel dafür, wie man sich unabsichtlich zusammenschließt, um ein Geschäft zu ruinieren. Ich betrachte es als ein großes Glück für die Automobilhersteller des Landes, dass wir schließlich gewannen und der Verband aufhörte, ein ernstzunehmender Faktor im Geschäft zu sein. Doch 1908 waren wir trotz dieses Prozesses an einem Punkt angelangt, an dem es möglich war, die Art von Auto, die ich bauen wollte, anzukündigen und in Produktion zu geben.

KAPITEL IV

DAS GEHEIMNIS DER HERSTELLUNG UND DES SERVIERENS

Ich schildere die Karriere der Ford Motor Company nicht aus persönlichen Gründen. Ich sage nicht: „Geh und tu es genauso." Ich möchte nur betonen, dass die gewöhnliche Art, Geschäfte zu machen, nicht die beste ist. Ich komme nun zu dem Punkt, an dem ich mich völlig von den gewöhnlichen Methoden abwende. Von diesem Punkt an datiert der außerordentliche Erfolg des Unternehmens.

Wir hatten uns ziemlich an die Gepflogenheiten der Branche gehalten. Unser Auto war weniger komplex als jedes andere. Wir hatten kein Fremdkapital in das Unternehmen gesteckt. Aber abgesehen von diesen beiden Punkten unterschieden wir uns nicht wesentlich von den anderen Automobilunternehmen, außer dass wir etwas erfolgreicher waren und strikt die Politik verfolgten, alle Barrabatte zu nehmen, unsere Gewinne wieder in das Unternehmen zu stecken und einen hohen Kassenbestand zu halten. Wir nahmen an allen Rennen teil. Wir machten Werbung und trieben unsere Verkäufe voran. Abgesehen von der Einfachheit der Konstruktion des Autos bestand unser Hauptunterschied im Design darin, dass wir keine Vorkehrungen für das reine „Vergnügungsauto" trafen. Wir waren genauso ein Vergnügungsauto wie jedes andere Auto auf dem Markt, aber wir schenkten reinen Luxusmerkmalen keine Beachtung. Wir würden für einen Käufer Spezialarbeiten erledigen, und ich nehme an, dass wir ein spezielles Auto zu einem bestimmten Preis gebaut hätten. Wir waren ein erfolgreiches Unternehmen. Wir hätten uns leicht hinsetzen und sagen können: „Jetzt sind wir angekommen. Lassen Sie uns behalten, was wir haben."

Tatsächlich gab es einige Tendenzen, diese Haltung einzunehmen. Einige der Aktionäre waren ernsthaft beunruhigt, als unsere Produktion 100 Autos pro Tag erreichte. Sie wollten etwas tun, um mich davon abzuhalten, die Firma zu ruinieren, und als ich darauf antwortete, dass 100 Autos pro Tag nur eine Kleinigkeit seien und ich hoffte, bald 1000 pro Tag zu machen, waren sie unsagbar schockiert und erwogen meines Wissens ernsthaft, gerichtlich gegen sie vorzugehen. Wäre ich der allgemeinen Meinung meiner Partner gefolgt, hätte ich das Geschäft so belassen, wie es war, unsere Mittel in ein schönes Verwaltungsgebäude gesteckt, versucht, mit zu aktiven Konkurrenten zu verhandeln, von Zeit zu Zeit neue Designs entworfen, um die Aufmerksamkeit der Öffentlichkeit zu erregen, und wäre im Allgemeinen in die Position eines ruhigen, respektablen Bürgers mit einem ruhigen, respektablen Geschäft übergegangen.

Die Versuchung, aufzuhören und an dem festzuhalten, was man hat, ist ganz natürlich. Ich kann den Wunsch, ein aktives Leben aufzugeben und sich in ein bequemes Leben zurückzuziehen, vollkommen nachvollziehen. Ich habe diesen Drang selbst nie verspürt, aber ich kann verstehen, was er ist – obwohl ich denke, dass ein Mann, der in den Ruhestand geht, sich ganz aus dem Geschäft zurückziehen sollte. Es besteht eine Neigung, sich zurückzuziehen und die Kontrolle zu behalten. Es war jedoch nicht Teil meines Plans, so etwas zu tun. Ich betrachtete unseren Fortschritt lediglich als eine Einladung, mehr zu tun – als ein Anzeichen dafür, dass wir einen Punkt erreicht hatten, an dem wir anfangen konnten, einen echten Dienst zu leisten. Ich hatte in diesen Jahren jeden Tag auf ein Universalauto hingearbeitet. Die Öffentlichkeit hatte ihre Reaktion auf die verschiedenen Modelle geäußert. Die Autos im Einsatz, die Rennen und die Straßentests lieferten hervorragende Hinweise auf die Änderungen, die vorgenommen werden sollten, und schon 1905 hatte ich die Spezifikationen der Art von Auto, das ich bauen wollte, ziemlich genau im Kopf. Aber mir fehlte das Material, um Festigkeit ohne Gewicht zu verleihen. Ich bin fast zufällig auf dieses Material gestoßen.

1905 war ich bei einem Autorennen in Palm Beach. Es gab einen großen Unfall und ein französisches Auto wurde zerstört. Wir hatten unser „Modell K" angemeldet – den leistungsstarken Sechszylinder. Ich dachte, die ausländischen Autos hätten kleinere und bessere Teile, als wir wussten. Nach dem Unfall nahm ich einen kleinen Ventilschaft auf. Er war sehr leicht und sehr stark. Ich fragte, woraus er gemacht war. Niemand wusste es. Ich gab den Schaft meinem Assistenten.

„Informieren Sie sich darüber", sagte ich ihm. „Das ist die Art von Material, die wir in unseren Autos haben sollten."

Schließlich fand er heraus, dass es französischer Stahl war und dass er Vanadium enthielt. Wir versuchten es bei jedem Stahlhersteller in Amerika – keiner konnte Vanadiumstahl herstellen. Ich schickte nach England und ließ einen Mann kommen, der verstand, wie man den Stahl kommerziell herstellt. Als nächstes musste ich eine Fabrik finden, die den Stahl herstellte. Das war ein weiteres Problem. Für Vanadium braucht man 3.000 Grad Fahrenheit. Ein gewöhnlicher Ofen konnte nicht heißer als 2.700 Grad werden. Ich fand eine kleine Stahlfirma in Canton, Ohio. Ich bot ihnen eine Garantie gegen Verluste an, wenn sie einen Schmelzvorgang für uns durchführen würden. Sie stimmten zu. Der erste Schmelzvorgang war ein Fehlschlag. Im Stahl war nur sehr wenig Vanadium zurückgeblieben. Ich ließ sie es noch einmal versuchen, und beim zweiten Mal funktionierte der Stahl. Bis dahin mussten wir uns mit Stahl mit einer Zugfestigkeit zwischen 60.000 und 70.000 Pfund zufrieden geben. Mit Vanadium stieg die Festigkeit auf 170.000 Pfund.

Mit Vanadium in der Hand nahm ich unsere Modelle auseinander und testete im Detail, welche Stahlsorte für jedes Teil am besten geeignet war – ob wir harten, zähen oder elastischen Stahl wollten. Ich glaube, wir haben zum ersten Mal in der Geschichte großer Konstruktionen die genaue Stahlqualität wissenschaftlich bestimmt. Als Ergebnis wählten wir dann zwanzig verschiedene Stahlsorten für die verschiedenen Stahlteile aus. Etwa zehn davon waren Vanadium. Vanadium wurde überall dort verwendet, wo Festigkeit und Leichtigkeit erforderlich waren. Natürlich handelt es sich nicht immer um dieselbe Art von Vanadiumstahl. Die anderen Elemente variieren, je nachdem, ob das Teil starker Beanspruchung standhalten oder Federung benötigen soll – kurz gesagt, je nachdem, was es benötigt. Vor diesen Experimenten wurden meines Wissens im Automobilbau nie mehr als vier verschiedene Stahlsorten verwendet. Durch weitere Experimente, insbesondere in Bezug auf die Wärmebehandlung, konnten wir die Festigkeit des Stahls noch weiter erhöhen und damit das Gewicht des Autos verringern. Im Jahr 1910 nahm das französische Handels- und Industrieministerium eine unserer Lenkspindel-Pleuelgabeln – es wurde als lebenswichtige Einheit ausgewählt – und verglich sie mit einem ähnlichen Teil aus dem seiner Ansicht nach besten französischen Auto. Bei jedem Test erwies sich unser Stahl als der stärkere.

Der Vanadiumstahl machte einen Großteil des Gewichts aus. Die anderen Voraussetzungen für ein Universalauto hatte ich bereits ausgearbeitet und viele davon bereits in der Praxis umgesetzt. Das Design musste ausgewogen sein. Menschen sterben, weil ein Teil versagt. Maschinen gehen kaputt, weil manche Teile schwächer sind als andere. Ein Teil des Problems beim Entwurf eines Universalautos bestand daher darin, alle Teile in Anbetracht ihres Zwecks – einen Motor in ein Einspänner-Gespann einzubauen – so gleichmäßig wie möglich zu stabilisieren. Außerdem musste es narrensicher sein. Das war schwierig, weil ein Benzinmotor im Grunde ein empfindliches Instrument ist und es für jeden , der so denkt, eine wunderbare Möglichkeit gibt, es zu ruinieren. Ich übernahm diesen Slogan:

„Wenn eines meiner Autos eine Panne hat, weiß ich, dass ich schuld bin.“

Von dem Tag an, als das erste Auto auf den Straßen erschien, schien es mir eine Notwendigkeit zu sein. Dieses Wissen und diese Gewissheit führten mich dazu, ein Auto zu bauen, das den Wünschen der Massen gerecht wird. Alle meine Bemühungen waren damals und sind immer noch auf die Produktion eines einzigen Autos gerichtet – eines einzigen Modells. Und Jahr für Jahr stand und steht der Druck, es zu verbessern, zu verfeinern und zu verbessern, bei gleichzeitiger zunehmender Preissenkung. Das Universalauto musste diese Eigenschaften haben:

(1) Hochwertiges Material, das im Gebrauch seine Dienste leistet. Vanadiumstahl ist der stärkste, zäheste und haltbarste Stahl. Er bildet das Fundament und die Überstruktur der Autos. In dieser Hinsicht ist es der hochwertigste Stahl der Welt, unabhängig vom Preis.

(2) Einfachheit in der Handhabung – denn die Massen sind keine Mechanik.

(3) Leistung in ausreichender Menge.

(4) Absolute Zuverlässigkeit – aufgrund der vielfältigen Einsatzmöglichkeiten der Fahrzeuge und der Vielzahl der Straßen, auf denen sie fahren werden.

(5) Leichtigkeit. Beim Ford müssen pro Kubikzoll Hubraum nur 7,95 Pfund transportiert werden. Dies ist einer der Gründe, warum Ford-Autos „immer unterwegs" sind, wo und wann immer man sie sieht – durch Sand und Schlamm, durch Matsch, Schnee und Wasser, bergauf, über Felder und weglose Ebenen.

(6) Kontrolle – um die Geschwindigkeit immer unter Kontrolle zu halten und jedem Notfall und jeder Eventualität ruhig und sicher zu begegnen, sei es in den überfüllten Straßen der Stadt oder auf gefährlichen Straßen. Das Planetengetriebe des Ford ermöglichte diese Kontrolle und jeder konnte es bedienen. Das ist der Grund für das Sprichwort: „Jeder kann einen Ford fahren." Er kann fast überall wenden.

(7) Je mehr ein Auto wiegt, desto mehr Kraftstoff und Schmiermittel werden beim Fahren verbraucht; je leichter das Auto ist, desto geringer sind die Betriebskosten. Das geringe Gewicht des Ford-Autos wurde in seinen Anfangsjahren als Argument gegen ihn angeführt. Jetzt hat sich das alles geändert.

Der Entwurf, für den ich mich entschied, wurde „Modell T" genannt. Das wichtige Merkmal des neuen Modells – das, wenn es angenommen würde, wie ich dachte, das einzige Modell sein sollte und dann mit der eigentlichen Produktion beginnen sollte – war seine Einfachheit. Es gab nur vier Baueinheiten im Auto – das Triebwerk, den Rahmen, die Vorderachse und die Hinterachse. Alle diese waren leicht zugänglich und so konstruiert, dass für ihre Reparatur oder ihren Austausch keine besonderen Fähigkeiten erforderlich waren. Ich glaubte damals, obwohl ich wegen der Neuheit der Idee sehr wenig darüber sprach, dass es möglich sein müsste, Teile so einfach und so billig zu haben, dass die Gefahr teurer Reparaturarbeiten von Hand völlig ausgeschlossen wäre. Die Teile könnten so billig hergestellt werden, dass es weniger teuer wäre, neue zu kaufen, als alte reparieren zu lassen. Sie könnten in Baumärkten genauso erhältlich sein wie Nägel oder Bolzen. Ich dachte, es sei meine Aufgabe als Designer, das Auto so einfach zu gestalten, dass es für jeden verständlich sei.

Das funktioniert in beide Richtungen und ist für alles gültig. Je weniger komplex ein Artikel ist, desto einfacher ist seine Herstellung, desto billiger kann er verkauft werden und desto mehr davon können verkauft werden.

Es ist nicht notwendig, auf die technischen Details der Konstruktion einzugehen, aber vielleicht ist dies ein ebenso guter Ort wie jeder andere, um die verschiedenen Modelle zu besprechen, denn „Modell T" war das letzte Modell und die damit verbundene Politik führte dazu, dass dieses Geschäft aus dem normalen Geschäftsfeld herausfiel. Die Anwendung derselben Idee würde jedes Geschäft aus dem normalen Geschäftsfeld herausführen.

Ich habe vor „Modell T" insgesamt acht Modelle entworfen. Es waren: „Modell A", „Modell B", „Modell C", „Modell F", „Modell N", „Modell R", „Modell S" und „Modell K". Von diesen hatten die Modelle „A", „C" und „F" zweizylindrige horizontale Boxermotoren. Bei „Modell A" befand sich der Motor hinter dem Fahrersitz. Bei allen anderen Modellen befand er sich in einer Haube vorne. Die Modelle „B", „N", „R" und „S" hatten Motoren vom Typ vierzylindriger vertikaler Bauart. „Modell K" hatte sechs Zylinder. „Modell A" leistete acht PS. „Modell B" leistete vierundzwanzig PS mit einem 4 1/2-Zoll-Zylinder und einem 5-Zoll-Hub. Die höchste Leistung hatte „Modell K", das Sechszylinderauto, das vierzig PS leistete. Die größten Zylinder waren die von „Modell B". Die kleinsten waren in den Modellen „N", „R" und „S" mit einem Durchmesser von 3 3/4 Zoll und einem Hub von 3 3/8 Zoll. „Modell T" hat einen 3 3/4 Zoll großen Zylinder mit einem Hub von 4 Zoll. Die Zündung erfolgte bei allen Modellen durch Trockenbatterien, mit Ausnahme von „Modell B", das Akkumulatoren hatte, und bei „Modell K", das sowohl Batterien als auch Magnetzünder hatte. Beim aktuellen Modell ist der Magnetzünder Teil des Antriebs und eingebaut. Die Kupplung war bei den ersten vier Modellen vom Kegeltyp; bei den letzten vier und beim aktuellen Modell vom Mehrscheibentyp. Das Getriebe war bei allen Autos ein Planetengetriebe. „Modell A" hatte einen Kettenantrieb. „Modell B" hatte einen Kardanantrieb. Die nächsten beiden Modelle hatten Kettenantriebe. Seitdem hatten alle Autos Kardanantriebe. „Modell A" hatte einen Radstand von 72 Zoll. Modell „B", das ein extrem gutes Auto war, hatte 92 Zoll. „Modell K" hatte 120 Zoll. „Modell C" hatte 78 Zoll. Die anderen hatten 84 Zoll, und das aktuelle Auto hat 100 Zoll. Bei den ersten fünf Modellen war die gesamte Ausstattung extra. Die nächsten drei wurden mit Teilausstattung verkauft. Das aktuelle Auto wird mit Vollausstattung verkauft. Modell „A" wog 1.250 Pfund. Die leichtesten Autos waren die Modelle „N" und „R". Sie wogen 1.050 Pfund, aber sie waren beides Kleinwagen. Das schwerste Auto war der Sechszylinder, der 2.000 Pfund wog. Das aktuelle Auto wiegt 1.200 Pfund.

Das „Modell T" hatte praktisch keine Merkmale, die nicht auch in einem der vorherigen Modelle vorhanden waren. Jedes Detail war in der Praxis gründlich getestet worden. Es gab keine Vermutungen darüber, ob es ein erfolgreiches Modell werden würde oder nicht. Es musste eins werden. Es konnte nicht anders, denn es war nicht an einem Tag gebaut worden. Es enthielt alles, was ich damals in ein Auto einbauen konnte, plus das Material, das ich zum ersten Mal beschaffen konnte. Wir brachten das „Modell T" für die Saison 1908-1909 heraus.

Das Unternehmen war damals fünf Jahre alt. Die ursprüngliche Fabrikfläche betrug 0,28 Acre. Im ersten Jahr beschäftigten wir durchschnittlich 311 Mitarbeiter, bauten 1.708 Autos und hatten eine Niederlassung. Im Jahr 1908 war die Fabrikfläche auf 2,65 Acre angewachsen und das Gebäude gehörte uns. Die durchschnittliche Mitarbeiterzahl war auf 1.908 gestiegen. Wir bauten 6.181 Autos und hatten vierzehn Niederlassungen. Es war ein erfolgreiches Geschäft.

Während der Saison 1908-1909 produzierten wir weiterhin die Modelle „R" und „S", Vierzylinder-Runabouts und Roadster, die Modelle, die zuvor so erfolgreich gewesen waren und für 700 bzw. 750 Dollar verkauft wurden. Aber „Modell T" überflügelte sie haushoch. Wir verkauften 10.607 Autos – mehr als je ein anderer Hersteller. Der Preis für den Tourenwagen betrug 850 Dollar. Auf demselben Fahrgestell montierten wir einen Stadtwagen für 1.000 Dollar, einen Roadster für 825 Dollar, ein Coupé für 950 Dollar und ein Landaulet für 950 Dollar.

Diese Saison hat mir eindeutig gezeigt, dass es an der Zeit war, die neue Richtlinie in Kraft zu setzen. Die Verkäufer waren schon vor meiner Ankündigung der Richtlinie durch die großartigen Verkäufe angespornt worden und dachten, dass wir noch mehr verkaufen könnten, wenn wir nur mehr Modelle hätten. Es ist seltsam, wie jemand, sobald ein Artikel erfolgreich wird, anfängt zu denken, dass er noch erfolgreicher wäre, wenn er nur anders wäre. Es besteht die Tendenz, ständig mit Stilen herumzuspielen und eine gute Sache durch Änderungen zu verderben. Die Verkäufer bestanden darauf, das Sortiment zu erweitern. Sie hörten auf die 5 Prozent, die Spezialkunden, die sagen konnten, was sie wollten, und vergaßen völlig die 95 Prozent, die einfach kauften, ohne Aufhebens zu machen. Kein Geschäft kann sich verbessern, wenn es Beschwerden und Vorschlägen nicht die größtmögliche Aufmerksamkeit schenkt. Wenn es einen Mangel im Service gibt, muss das sofort und gründlich untersucht werden, aber wenn der Vorschlag nur den Stil betrifft, muss man sich vergewissern, dass es sich nicht nur um eine persönliche Laune handelt, die geäußert wird. Verkäufer wollen immer auf Launen eingehen, statt sich ausreichend Wissen über ihr Produkt anzueignen, um dem Kunden mit der Laune erklären zu können, dass das, was sie haben, alle seine Bedürfnisse erfüllt – vorausgesetzt natürlich, dass das, was sie haben, diese Bedürfnisse tatsächlich erfüllt.

Deshalb verkündete ich eines Morgens im Jahr 1909 ohne Vorwarnung, dass wir in Zukunft nur noch ein Modell bauen würden, nämlich das „Modell T", und dass das Fahrgestell für alle Autos genau gleich sein würde. Und ich bemerkte:

„Jeder Kunde kann sein Auto in jeder gewünschten Farbe lackieren lassen , solange es schwarz ist."

Ich kann nicht sagen, dass irgendjemand mir zustimmte. Die Verkäufer konnten natürlich nicht erkennen, welche Vorteile ein einzelnes Modell für die Produktion bringen würde. Mehr noch, es war ihnen ziemlich egal. Sie dachten, unsere Produktion sei so gut genug, wie sie war, und es herrschte die entschiedene Meinung, dass eine Senkung des Verkaufspreises den Verkäufen schaden würde, dass die Leute, die Qualität wollten, vertrieben würden und dass es niemanden geben würde, der sie ersetzen könnte. Es gab nur sehr wenig Vorstellungen von der Automobilindustrie. Ein Auto wurde immer noch als eine Art Luxus angesehen. Die Hersteller taten viel, um diese Idee zu verbreiten. Einige kluge Leute erfanden den Namen „Vergnügungsauto" und die Werbung betonte die Vergnügungsmerkmale. Die Verkäufer hatten Grund für ihre Einwände, insbesondere als ich die folgende Ankündigung machte:

„Ich werde ein Auto für die große Masse bauen. Es wird groß genug für die Familie sein, aber klein genug, damit der Einzelne es fahren und pflegen kann. Es wird aus den besten Materialien gebaut, von den besten Leuten, die man anheuern kann, nach den einfachsten Entwürfen, die die moderne Technik hervorbringen kann. Aber es wird so günstig sein, dass es sich jeder, der ein gutes Gehalt verdient, leisten kann, eins zu besitzen – und mit seiner Familie die Segnung vergnüglicher Stunden in Gottes großen offenen Räumen zu genießen."

Diese Ankündigung wurde nicht ohne Freude aufgenommen. Der allgemeine Kommentar war:

"Wenn Ford das tut, wird er in sechs Monaten pleite sein."

den Eindruck, dass man ein gutes Auto nicht zu einem niedrigen Preis bauen konnte und dass es ohnehin keinen Sinn hatte, ein billiges Auto zu bauen, weil nur reiche Leute auf dem Automarkt waren. Die Verkäufe von über zehntausend Autos in den Jahren 1908 und 1909 hatten mich davon überzeugt, dass wir eine neue Fabrik brauchten. Wir hatten bereits eine große, moderne Fabrik – das Werk in der Piquette Street. Es war so gut wie jede andere Automobilfabrik im Land, vielleicht sogar ein bisschen besser. Aber ich sah nicht, wie es die unvermeidlichen Verkäufe und die Produktion bewältigen sollte. Also kaufte ich 60 Morgen Land in Highland Park, das damals als weit draußen auf dem Land von Detroit lag. Die Menge des gekauften Landes und die Pläne für eine größere Fabrik, als die Welt je gesehen hatte, stießen auf Widerstand. Die Frage wurde bereits gestellt:

"Wie schnell wird Ford pleitegehen?"

Niemand weiß, wie viele tausend Mal diese Frage seitdem gestellt wurde. Sie wird nur gestellt, weil man nicht versteht, dass hier nicht ein Individuum, sondern ein Prinzip am Werk ist, und dass das Prinzip so einfach ist, dass es einem rätselhaft erscheint.

Um das neue Grundstück und die Gebäude zu bezahlen, erhöhte ich die Preise für 1909-1910 leicht. Das ist vollkommen gerechtfertigt und bringt dem Käufer einen Vorteil, keinen Schaden. Genau dasselbe tat ich vor ein paar Jahren – oder besser gesagt, in diesem Fall senkte ich den Preis nicht, wie ich es jedes Jahr tue, um das River Rouge-Werk zu bauen. Das zusätzliche Geld hätte in jedem Fall durch Kredite aufgebracht werden können, aber dann hätten wir eine dauerhafte Belastung für das Unternehmen gehabt und alle nachfolgenden Autos hätten diese Belastung tragen müssen. Der Preis aller Modelle wurde um 100 $ erhöht, mit Ausnahme des Roadsters, der nur um 75 $ erhöht wurde, und des Landaulets und des Stadtautos, die um 150 $ bzw. 200 $ erhöht wurden. Wir verkauften 18.664 Autos, und dann senkte ich für 1910-1911 mit den neuen Einrichtungen den Preis des Tourenwagens von 950 $ auf 780 $ und wir verkauften 34.528 Autos. Damit beginnt die kontinuierliche Senkung der Autopreise angesichts immer höherer Materialkosten und Löhne.

Vergleichen Sie das Jahr 1908 mit dem Jahr 1911. Die Fabrikfläche wuchs von 2,65 auf 32 Acres. Die durchschnittliche Mitarbeiterzahl stieg von 1.908 auf 4.110 und die Zahl der gebauten Autos stieg von etwas über 6.000 auf fast 35.000. Sie werden feststellen, dass die Zahl der beschäftigten Männer nicht im Verhältnis zur Produktion stand.

Es scheint, als wären wir fast über Nacht in eine großartige Produktion eingestiegen. Wie kam es dazu?

Einfach durch die Anwendung eines unvermeidlichen Prinzips. Durch den Einsatz intelligent gesteuerter Kraft und Maschinen. In einem kleinen dunklen Laden in einer Seitenstraße hatte ein alter Mann jahrelang daran gearbeitet , Axtstiele herzustellen. Er fertigte sie aus abgelagertem Hickoryholz mit Hilfe eines Ziehhobels, eines Meißels und eines Vorrats an Schleifpapier. Jeder Stiel wurde sorgfältig gewogen und ausgewogen. Keine zwei Stiele waren gleich. Die Krümmung musste genau in die Hand passen und der Maserung des Holzes entsprechen. Von morgens bis abends arbeitete der alte Mann . Seine durchschnittliche Produktion betrug acht Stiele pro Woche, für die er jeweils anderthalb Dollar erhielt. Und oft waren einige davon unverkäuflich – weil die Balance nicht stimmte.

Heute können Sie für ein paar Cent einen besseren Axtstiel kaufen, der maschinell hergestellt wurde. Und Sie müssen sich keine Sorgen um die Balance machen. Sie sind alle gleich – und jeder ist perfekt. Moderne Methoden, die in großem Maßstab angewendet werden, haben nicht nur die Kosten für Axtstiele auf einen Bruchteil ihrer früheren Kosten gesenkt, sondern das Produkt auch enorm verbessert.

Die Anwendung dieser Methoden bei der Herstellung des Ford-Autos senkte von Anfang an die Preise und erhöhte die Qualität. Wir entwickelten einfach eine Idee. Der Kern eines Unternehmens kann eine Idee sein. Das heißt, ein Erfinder oder ein aufmerksamer Arbeiter entwickelt eine neue und bessere Möglichkeit, ein bestehendes menschliches Bedürfnis zu befriedigen. Die Idee empfiehlt sich und die Menschen wollen sie nutzen. Auf diese Weise kann sich ein einzelner Mensch durch seine Idee oder Entdeckung als Kern eines Unternehmens erweisen. Aber die Schaffung des Körpers und der Masse dieses Unternehmens wird von allen geteilt, die etwas damit zu tun haben. Kein Hersteller kann sagen: „Ich habe dieses Unternehmen aufgebaut" – wenn er dabei die Hilfe von Tausenden von Männern benötigt hat. Es ist eine Gemeinschaftsproduktion. Jeder, der darin beschäftigt ist, hat etwas dazu beigetragen. Indem sie arbeiten und produzieren, ermöglichen sie es der Käuferwelt, weiterhin zu diesem Unternehmen zu kommen, um die Art von Dienstleistungen zu erhalten, die es bietet, und so helfen sie, eine Sitte, einen Handel, eine Gewohnheit zu etablieren, die ihnen ihren Lebensunterhalt sichert. Auf diese Weise ist unser Unternehmen gewachsen, und genau das werde ich im nächsten Kapitel zu erklären beginnen.

Inzwischen war das Unternehmen weltweit tätig geworden. Wir hatten Niederlassungen in London und Australien. Wir lieferten in alle Teile der Welt, und insbesondere in England begannen wir, ebenso bekannt zu werden wie in Amerika. Die Einführung des Automobils in England war aufgrund des Misserfolgs des amerikanischen Fahrrads etwas schwierig. Da das amerikanische Fahrrad nicht für englische Zwecke geeignet war, wurde es von den Händlern als selbstverständlich angesehen und betont, dass kein amerikanisches Fahrzeug den britischen Markt ansprechen würde. Zwei „Modell A" fanden 1903 ihren Weg nach England. Die Zeitungen weigerten sich, sie zu beachten. Die Automobilhändler zeigten nicht das geringste Interesse. Es ging das Gerücht um , dass die Hauptbestandteile seiner Herstellung aus Schnur und Reifendraht bestanden und dass ein Käufer froh sein konnte, wenn es vierzehn Tage lang zusammenhielt! Im ersten Jahr wurden insgesamt etwa ein Dutzend Autos verwendet; das zweite war nur ein wenig besser. Und was die Zuverlässigkeit dieses „Modells A" angeht, kann ich sagen, dass die meisten von ihnen nach fast zwanzig Jahren immer noch in irgendeiner Form in England im Einsatz sind.

1905 nahm unser Vertreter mit einem „Modell C" an den schottischen Zuverlässigkeitstests teil. Damals waren Zuverlässigkeitstests in England beliebter als Autorennen. Vielleicht ahnte man damals noch nicht, dass ein Automobil letztlich nicht nur ein Spielzeug war. Die schottischen Tests führten über 1.300 Kilometer hügelige, schwere Straßen. Der Ford kam mit nur einer unfreiwilligen Unterbrechung durch. Damit begann der Ford-Verkauf in England. Im selben Jahr wurden erstmals Ford-Taxis in London aufgestellt. In den nächsten Jahren stiegen die Verkäufe an. Die Autos nahmen an jedem Ausdauer- und Zuverlässigkeitstest teil und gewannen jeden einzelnen davon. Der Händler in Brighton ließ zwei Tage lang zehn Fords in einer Art Hindernisrennen über die South Downs fahren und jeder von ihnen kam durch. Als Ergebnis wurden in diesem Jahr 600 Autos verkauft. 1911 fuhr Henry Alexander mit einem „Modell T" auf den 4.600 Fuß hohen Gipfel des Ben Nevis. In diesem Jahr wurden in England 14.060 Autos verkauft, und seitdem war es nie mehr nötig, irgendeine Art von Stunt durchzuführen. Schließlich eröffneten wir unsere eigene Fabrik in Manchester. Zunächst war es eine reine Montageanlage. Doch im Laufe der Jahre haben wir nach und nach immer größere Teile des Autos hergestellt.

KAPITEL V

EINSTIEG IN DIE PRODUKTION

Auch wenn eine Vorrichtung nur 10 % Zeit sparen oder die Ergebnisse um 10 % steigern würde, so bedeutet ihr Fehlen immer eine 10-prozentige Steuer . Wenn die Zeit eines Menschen 50 Cent pro Stunde wert ist, dann sind 10 % Einsparung 5 Cent pro Stunde wert. Wenn der Besitzer eines Wolkenkratzers sein Einkommen um 10 % steigern könnte, würde er bereitwillig die Hälfte dieser Erhöhung zahlen, nur um zu erfahren, wie. Der Grund, warum er einen Wolkenkratzer besitzt, liegt darin, dass die Wissenschaft bewiesen hat, dass sich durch bestimmte Materialien, wenn sie auf eine bestimmte Weise verwendet werden, Platz sparen und die Mieteinnahmen steigern lassen. Ein dreißig Stockwerke hohes Gebäude benötigt nicht mehr Grundfläche als ein fünfstöckiges. Die alte Architektur kostet den Mann mit den fünf Stockwerken das Einkommen von 25 Stockwerken. Sparen Sie für jeden von zwölftausend Angestellten zehn Schritte pro Tag, und Sie sparen fünfzig Meilen an vergeudeter Bewegung und falsch eingesetzter Energie.

Das sind die Prinzipien, auf denen die Produktion meines Werks basierte. Sie sind alle praktisch selbstverständlich. Am Anfang versuchten wir, Maschinisten zu bekommen. Als der Produktionsbedarf zunahm, stellte sich heraus, dass nicht nur nicht genügend Maschinisten zu haben waren, sondern auch, dass in der Produktion keine Facharbeiter nötig waren, und daraus entwickelte sich ein Prinzip, das ich später ausführlich darstellen möchte.

Es ist offensichtlich, dass die Mehrheit der Menschen auf der Welt geistig — wenn auch körperlich — nicht in der Lage ist, ihren Lebensunterhalt zu verdienen. Das heißt, sie sind nicht in der Lage, mit ihren eigenen Händen eine ausreichende Menge der Güter zu produzieren, die diese Welt braucht, um ihr eigenes Produkt gegen die Güter eintauschen zu können, die sie brauchen. Ich habe gehört, dass wir das Können aus der Arbeit genommen haben, und ich glaube sogar, dass es ein ganz aktueller Gedanke ist. Das haben wir nicht. Wir haben Können eingesetzt. Wir haben ein höheres Können in Planung, Management und Werkzeugbau gesteckt, und die Ergebnisse dieses Könnens kommen dem Menschen zugute, der kein Können hat. Darauf werde ich später noch näher eingehen.

Wir müssen die Ungleichheiten in der geistigen Ausstattung der Menschen anerkennen . Wenn jede Arbeit bei uns Fachkenntnisse erfordern würde, hätte es diesen Ort nie gegeben. In hundert Jahren hätte man nicht genügend qualifizierte Arbeiter ausbilden können. Eine Million Arbeiter, die von Hand arbeiten, könnten nicht einmal annähernd unsere heutige Tagesleistung erreichen. Niemand könnte eine Million Arbeiter verwalten. Aber was noch wichtiger ist: Das Produkt der bloßen Hände dieser Millionen Arbeiter könnte nicht zu einem Preis verkauft werden, der der Kaufkraft entspricht. Und selbst wenn es möglich wäre, sich eine solche Ansammlung und ihre Verwaltung und Korrelation vorzustellen, denken Sie nur an die Fläche, die sie einnehmen müsste! Wie viele Arbeiter wären nicht mit der Produktion beschäftigt, sondern würden nur das von den anderen Arbeitern produzierte von Ort zu Ort transportieren? Ich kann mir nicht vorstellen, wie man den Arbeitern unter solchen Bedingungen mehr als zehn oder zwanzig Cent pro Tag zahlen könnte – denn natürlich ist es nicht der Arbeitgeber, der die Löhne zahlt. Er verwaltet nur das Geld. Es ist das Produkt, das die Löhne zahlt, und es ist die Geschäftsleitung, die die Produktion so organisiert, dass das Produkt die Löhne zahlt.

Die wirtschaftlicheren Produktionsmethoden kamen nicht auf einmal. Sie begannen allmählich – so wie wir allmählich begannen, unsere eigenen Teile herzustellen. „Modell T" war der erste Motor, den wir selbst herstellten. Die großen Einsparungen begannen in der Montage und dehnten sich dann auf andere Bereiche aus, so dass wir heute zwar viele qualifizierte Mechaniker haben, diese aber keine Autos herstellen – sie machen es anderen leicht, sie herzustellen. Unsere qualifizierten Männer sind die Werkzeugmacher, die Versuchsarbeiter, die Maschinisten und die Modellbauer. Sie sind so gut wie jeder andere Mensch auf der Welt – so gut, dass sie nicht damit verschwendet werden sollten, Dinge zu tun, die die Maschinen, die sie konstruieren, besser können. Die einfachen Männer kommen ungelernt zu uns; sie lernen ihre Arbeit innerhalb weniger Stunden oder Tage. Wenn sie es in dieser Zeit nicht lernen, werden sie für uns nie von Nutzen sein. Viele dieser Männer sind Ausländer, und alles, was man braucht, bevor man sie einstellt, ist, dass sie potenziell genug Arbeit leisten können, um die Gemeinkosten für die von ihnen belegte Grundfläche zu decken. Sie müssen keine arbeitsfähigen Männer sein. Wir haben Berufe, die große körperliche Kraft erfordern – obwohl es immer weniger davon gibt; wir haben andere Berufe, die überhaupt keine Kraft erfordern – Berufe, die, was die Kraft betrifft, von einem dreijährigen Kind ausgeübt werden könnten.

Ohne tief in die technischen Vorgänge einzutauchen, ist es nicht möglich, die gesamte Entwicklung der Fertigung Schritt für Schritt und in der Reihenfolge darzustellen, in der jedes einzelne Ding entstanden ist. Ich glaube nicht, dass dies möglich wäre, denn fast jeden Tag ist etwas geschehen und niemand kann den Überblick behalten. Nehmen wir einfach eine Reihe von Veränderungen. Sie geben uns nicht nur eine Vorstellung davon, was passieren wird, wenn diese Welt auf Produktionsbasis gestellt wird, sondern zeigen uns auch, wie viel mehr wir für Dinge bezahlen, als wir sollten, wie viel niedriger die Löhne sind, als sie sein sollten, und welch großes Feld noch erforscht werden muss. Die Ford Company ist auf diesem Weg erst ein kleines Stück vorangekommen.

Ein Ford-Auto besteht aus etwa fünftausend Einzelteilen – Schrauben, Muttern und alles andere mitgerechnet. Einige der Teile sind ziemlich sperrig und andere sind fast so groß wie Uhrenteile. Bei unserer ersten Montage begannen wir einfach, ein Auto an einer Stelle auf dem Boden zusammenzusetzen, und Arbeiter brachten die Teile dorthin, wenn sie benötigt wurden, genau so, wie man ein Haus baut. Als wir anfingen, Teile herzustellen, war es natürlich, eine einzelne Abteilung der Fabrik zu schaffen, um dieses Teil herzustellen, aber normalerweise führte ein Arbeiter alle notwendigen Arbeitsschritte an einem kleinen Teil aus. Der schnelle Produktionsdruck machte es notwendig, Produktionspläne zu entwickeln, die verhinderten, dass die Arbeiter übereinander herfielen. Der ungelenkte Arbeiter verbringt mehr Zeit damit, herumzulaufen, um Materialien und Werkzeuge zu holen, als mit Arbeiten; er bekommt wenig Lohn, weil das Gehen kein gut bezahlter Beruf ist.

Der erste Fortschritt in der Montage kam, als wir begannen, die Arbeit zu den Männern zu bringen, anstatt die Männer zur Arbeit. Wir haben jetzt zwei allgemeine Prinzipien bei allen Tätigkeiten – dass ein Mann nie mehr als einen Schritt machen muss, wenn es möglich ist, und dass sich niemand jemals bücken muss.

Die Grundsätze der Montage sind folgende:

(1) Platzieren Sie die Werkzeuge und Mitarbeiter in der Reihenfolge der Arbeitsschritte, so dass jedes Einzelteil während des Endbearbeitungsprozesses die kürzestmögliche Strecke zurücklegt.

(2) Benutzen Sie Werkstückrutschen oder andere Träger, so dass der Arbeiter das Teil nach Abschluss seiner Arbeit stets an der gleichen Stelle ablegen kann - und zwar immer an der für seine Hand günstigsten Stelle - und dass das Teil wenn möglich durch die Schwerkraft zum nächsten Arbeiter transportiert wird, der für seinen Vorgang ebenfalls zuständig ist.

(3) Verwenden Sie gleitende Montagelinien, auf denen die zu montierenden Teile in geeigneten Abständen angeliefert werden.

Das Nettoergebnis der Anwendung dieser Prinzipien ist die Verringerung der Notwendigkeit des Denkens seitens des Arbeiters und die Reduzierung seiner Bewegungen auf ein Minimum. Er tut so weit wie möglich nur eine Sache mit nur einer Bewegung. Die Montage des Fahrgestells ist aus der Sicht des nicht-mechanischen Verstandes unsere interessanteste und vielleicht bekannteste Tätigkeit, und einst war sie eine außerordentlich wichtige Tätigkeit. Heute versenden wir die Teile zur Montage an den Verteilungsort.

Ungefähr am 1. April 1913 haben wir zum ersten Mal ein Fließbandexperiment durchgeführt. Wir haben es bei der Montage der Schwungrad-Magnetzündung ausprobiert. Wir haben alles zunächst in kleinem Maßstab ausprobiert – wir werden alles wieder rausreißen, sobald wir eine bessere Methode entdecken, aber wir müssen absolut sicher sein, dass die neue Methode besser sein wird als die alte, bevor wir drastische Maßnahmen ergreifen.

Ich glaube, dass dies die erste jemals installierte Fließbandlinie war. Die Idee stammte im Wesentlichen von der Überkopf-Laufkatze, die die Chicagoer Fleischverpacker zum Zerlegen von Rindfleisch verwenden. Wir hatten zuvor die Schwungrad-Magnetzündung nach der üblichen Methode zusammengebaut. Ein Arbeiter, der einen kompletten Auftrag erledigte, konnte an einem neunstündigen Tag 35 bis 40 Teile herstellen, oder etwa 20 Minuten pro Montage. Was er allein machte, wurde dann auf 29 Arbeitsgänge verteilt; das verkürzte die Montagezeit auf 13 Minuten und 10 Sekunden. Dann erhöhten wir die Höhe des Bandes um 20 cm – das war im Jahr 1914 – und verkürzten die Zeit auf sieben Minuten. Weitere Experimente mit der Geschwindigkeit, mit der sich das Werkstück bewegen sollte, verkürzten die Zeit auf fünf Minuten. Kurz gesagt, das Ergebnis ist folgendes: Mithilfe wissenschaftlicher Studien kann ein Mann heute etwas mehr tun, als noch vor vergleichsweise wenigen Jahren vier Mann konnten. Dieses Band stellte die Effizienz der Methode unter Beweis und wir verwenden sie heute überall. Die Montage des Motors, die früher von einem Mann durchgeführt wurde, ist jetzt in 84 Schritte unterteilt. Diese Männer erledigen die Arbeit, die früher dreimal so viele Männer erledigten. In kurzer Zeit probierten wir den Plan am Fahrgestell aus.

Das Beste, was wir bei der stationären Chassismontage erreicht hatten, waren durchschnittlich zwölf Stunden und achtundzwanzig Minuten pro Chassis. Wir versuchten es mit dem Experiment, das Chassis mit einem Seil und einer Winde eine 60 Meter lange Linie entlang zu ziehen. Sechs Monteure fuhren mit dem Chassis und nahmen die Teile von Stapeln auf, die entlang der Linie aufgestellt waren. Dieser grobe Versuch reduzierte die Zeit auf fünf Stunden und fünfzig Minuten pro Chassis. Anfang 1914 erhöhten wir das Fließband. Wir hatten die Politik der „Mannhöhe" übernommen; wir hatten eine Linie 66,3/4 Zoll und eine andere 64,5 Zoll über dem Boden – um Trupps unterschiedlicher Größe gerecht zu werden. Die hüfthohe Anordnung und eine weitere Unterteilung der Arbeit, so dass jeder Mann weniger Bewegungen ausführen musste, verkürzten die Arbeitszeit pro Chassis auf eine Stunde und dreiunddreißig Minuten. Nur das Chassis wurde dann in der Linie zusammengebaut. Die Karosserie wurde in der „John R. Street" aufgesetzt – der berühmten Straße, die durch unsere Highland Park-Fabriken führt. Jetzt wird das ganze Auto an der Linie zusammengebaut.

Man darf sich jedoch nicht vorstellen, dass das alles so schnell ging, wie es klingt. Die Geschwindigkeit des bewegten Werkstücks musste sorgfältig ausprobiert werden; bei der Schwungrad-Magnetzündung hatten wir zuerst eine Geschwindigkeit von 60 Zoll pro Minute. Das war zu schnell. Dann versuchten wir es mit 18 Zoll pro Minute. Das war zu langsam. Schließlich entschieden wir uns für 44 Zoll pro Minute. Die Idee ist, dass ein Mann bei seiner Arbeit nicht gehetzt werden darf – er muss jede notwendige Sekunde haben, aber keine einzige unnötige Sekunde. Wir haben Geschwindigkeiten für jede Baugruppe ausgearbeitet, denn der Erfolg der Fahrgestellmontage veranlasste uns, unsere gesamte Fertigungsmethode schrittweise zu überarbeiten und alle Montagearbeiten in mechanisch angetriebene Linien zu verlegen. Die Fahrgestellmontagelinie beispielsweise läuft mit einer Geschwindigkeit von sechs Fuß pro Minute; die Vorderachsmontagelinie läuft mit einhundertneunundachtzig Zoll pro Minute. Bei der Fahrgestellmontage gibt es fünfundvierzig separate Arbeitsgänge oder Stationen. Die ersten Männer befestigen vier Kotflügelhalterungen am Fahrgestellrahmen; der Motor kommt beim zehnten Arbeitsgang an und so weiter im Detail. Manche Männer erledigen nur ein oder zwei kleine Operationen, andere mehr. Der Mann, der ein Teil einsetzt, befestigt es nicht – das Teil sitzt möglicherweise erst nach mehreren Operationen richtig an seinem Platz. Der Mann, der eine Schraube einsetzt, setzt die Mutter nicht auf; der Mann, der die Mutter aufsetzt, zieht sie nicht fest. Bei Operation Nummer 34 bekommt der Motor Benzin; er wurde zuvor geschmiert; bei Operation Nummer 44 wird der Kühler mit Wasser gefüllt und bei Operation Nummer 45 fährt das Auto auf die John R. Street.

Im Wesentlichen wurden dieselben Ideen auf die Montage des Motors angewandt. Im Oktober 1913 waren neun Stunden und vierundfünfzig Minuten Arbeitszeit erforderlich, um einen Motor zusammenzubauen; sechs Monate später war diese Zeit durch die Methode der bewegten Montage auf fünf Stunden und sechsundfünfzig Minuten reduziert worden. Jedes Werkstück in den Werkstätten bewegt sich; es kann an Haken an Überkopfketten bewegt werden und in der genauen Reihenfolge, in der die Teile benötigt werden, zur Montage gebracht werden; es kann auf einer beweglichen Plattform fahren oder durch Schwerkraft bewegt werden, aber der Punkt ist, dass außer den Materialien nichts angehoben oder transportiert wird. Die Materialien werden auf kleinen Lastwagen oder Anhängern mit abgespeckten Ford-Fahrgestellen angeliefert, die beweglich und schnell genug sind, um in jeden Gang hinein- und wieder hinauszufahren, in den sie gebracht werden müssen. Kein Arbeiter hat etwas damit zu tun, etwas zu bewegen oder anzuheben. Das ist alles einer separaten Abteilung unterstellt – der Transportabteilung.

Wir begannen, ein Auto in einer einzigen Fabrik zusammenzubauen. Als wir dann begannen, Teile herzustellen, begannen wir, die Abteilungen so zu gliedern, dass jede Abteilung nur noch eine Aufgabe hatte. So wie die Fabrik jetzt organisiert ist, stellt jede Abteilung nur ein einziges Teil her oder montiert ein Teil. Eine Abteilung ist eine kleine Fabrik für sich. Das Teil kommt als Rohmaterial oder als Gussteil in sie, durchläuft die Abfolge von Maschinen und Wärmebehandlungen oder was auch immer erforderlich sein mag, und verlässt diese Abteilung fertig. Nur aus Transportgründen wurden die Abteilungen zusammengefasst, als wir mit der Herstellung begannen. Ich wusste nicht, dass so kleine Unterteilungen möglich sein würden; aber als unsere Produktion wuchs und die Abteilungen sich vermehrten, wechselten wir tatsächlich von der Herstellung von Autos zur Herstellung von Teilen. Dann stellten wir fest, dass wir eine weitere neue Entdeckung gemacht hatten, nämlich dass keineswegs alle Teile in einer Fabrik hergestellt werden mussten. Es war nicht wirklich eine Entdeckung – es war so etwas wie eine Kreisbewegung zu meiner ersten Herstellung, als ich die Motoren und wahrscheinlich neunzig Prozent der Teile kaufte. Als wir begannen, unsere eigenen Teile herzustellen, nahmen wir es praktisch als selbstverständlich an, dass sie alle in einer Fabrik hergestellt werden mussten – dass es einen besonderen Vorteil hatte, die gesamte Autoproduktion unter einem Dach zu haben. Davon haben wir uns inzwischen entfernt. Wenn wir noch mehr große Fabriken bauen, dann nur, weil die Herstellung eines einzelnen Teils in so großen Mengen erfolgen muss, dass man dafür eine große Einheit braucht. Ich hoffe, dass das große Werk in Highland Park im Laufe der Zeit nur noch ein oder zwei Dinge tun wird. Die Gussteile wurden bereits von dort abgezogen und in das Werk in River Rouge gebracht. Jetzt sind wir also wieder auf dem Weg dorthin, wo wir angefangen haben – mit der Ausnahme, dass wir unsere Teile nicht mehr von außerhalb kaufen, sondern sie nun in unseren eigenen Fabriken außerhalb herstellen.

Diese Entwicklung hat außergewöhnliche Konsequenzen, denn sie bedeutet, wie ich in einem späteren Kapitel noch näher ausführen werde, dass sich hoch standardisierte, stark unterteilte Industrie nicht mehr in großen Fabriken konzentrieren muss, mit all den Transport- und Wohnproblemen, die große Fabriken behindern. Tausend oder fünfhundert Arbeiter sollten in einer einzigen Fabrik ausreichen; dann gäbe es kein Problem, sie zur Arbeit oder von der Arbeit weg zu transportieren, und es gäbe keine Slums oder andere unnatürliche Lebensweisen, die mit der Überbelegung einhergehen, die entstehen muss, wenn die Arbeiter in angemessener Entfernung zu einer sehr großen Fabrik leben sollen.

Highland Park verfügt jetzt über fünfhundert Abteilungen. In unserem Werk in Piquette hatten wir nur achtzehn Abteilungen, und früher hatten wir in

Highland Park nur einhundertfünfzig Abteilungen. Dies zeigt, wie weit wir bei der Herstellung von Teilen gekommen sind.

Es vergeht kaum eine Woche, ohne dass an irgendeiner Maschine oder an einem Prozess Verbesserungen vorgenommen werden, und manchmal geschieht dies unter Missachtung der sogenannten „besten Werkstattpraxis". Ich erinnere mich, dass einmal ein Maschinenhersteller zu einer Konferenz einberufen wurde, um eine Spezialmaschine zu bauen. Die Spezifikationen verlangten eine Leistung von zweihundert Stück pro Stunde.

„Das ist ein Irrtum", sagte der Hersteller, „Sie meinen zweihundert pro Tag – keine Maschine kann dazu gezwungen werden, zweihundert pro Stunde zu schaffen."

Der Firmenchef ließ den Mann kommen, der die Maschine entworfen hatte, und machte ihn auf die Spezifikation aufmerksam. Er sagte:

„Ja, was ist damit?"

„Das geht nicht", sagte der Hersteller bestimmt, „keine Maschine kann das – das kommt nicht in Frage."

„Das kommt nicht in Frage!", rief der Ingenieur. „Wenn Sie ins Erdgeschoss kommen, werden Sie sehen, wie einer das macht. Wir haben einen gebaut, um zu sehen, ob es geht, und jetzt wollen wir noch mehr davon."

Die Fabrik führt keine Aufzeichnungen über Experimente. Die Vorarbeiter und Aufseher erinnern sich daran, was getan wurde. Wenn eine bestimmte Methode früher einmal ausprobiert wurde und fehlschlug, wird sich jemand daran erinnern – aber ich lege keinen besonderen Wert darauf, dass sich die Arbeiter daran erinnern, was jemand anders in der Vergangenheit versucht hat, denn dann würden sich schnell zu viele Dinge ansammeln, die nicht getan werden konnten. Das ist eines der Probleme mit umfangreichen Aufzeichnungen. Wenn Sie alle Ihre Misserfolge aufzeichnen, werden Sie bald eine Liste haben, die zeigt, dass Sie nichts mehr versuchen können – während aus dem Misserfolg eines Mannes bei einer bestimmten Methode keineswegs folgt, dass ein anderer Mann keinen Erfolg haben wird.

Man sagte uns, wir könnten mit unserem Endloskettenverfahren kein Grauguss gießen, und ich glaube, es gibt eine Reihe von Misserfolgen. Aber wir tun es. Der Mann, der unsere Arbeit durchführte, kannte die vorherigen Zahlen entweder nicht oder beachtete sie nicht. Ebenso wurde uns gesagt, es käme nicht in Frage, das heiße Eisen direkt aus dem Hochofen in eine Form zu gießen . Die übliche Methode besteht darin, das Eisen in Masseln zu gießen, sie eine Zeit lang trocknen zu lassen und sie dann zum Gießen erneut einzuschmelzen . Aber im Werk River Rouge gießen wir direkt aus Kuppeln, die aus den Hochöfen gefüllt werden. Außerdem hält eine Reihe von

Misserfolgen – insbesondere wenn es sich um eine würdige und gut beglaubigte Aufzeichnung handelt – einen jungen Mann von einem Versuch ab. Einige unserer besten Ergebnisse erzielen wir, indem wir Narren in Gebiete vordringen lassen, wo sich keine Engel hinwagen.

Keiner unserer Männer ist ein „Experte". Leider mussten wir einen Mann entlassen, sobald er sich für einen Experten hielt – denn niemand hält sich für einen Experten, wenn er seine Arbeit wirklich versteht. Ein Mann, der seine Arbeit versteht, sieht so viel mehr zu tun, als er bereits getan hat, dass er immer weiter voranschreitet und keinen Augenblick darüber nachdenkt, wie gut und effizient er ist. Immer nach vorne zu denken und immer daran zu denken, mehr zu tun, führt zu einem Geisteszustand, in dem nichts unmöglich ist. Sobald man in den Geisteszustand des „Experten" gerät, werden viele Dinge unmöglich.

Ich weigere mich, anzuerkennen, dass es Unmöglichkeiten gibt. Ich kann nicht erkennen, dass irgendjemand genug über irgendetwas auf dieser Erde weiß, um definitiv sagen zu können, was möglich ist und was nicht. Die richtige Art von Erfahrung, die richtige Art von technischer Ausbildung sollte den Geist erweitern und die Zahl der Unmöglichkeiten verringern. Leider tut sie nichts dergleichen. Die meisten technischen Ausbildungen und der Durchschnitt dessen, was wir Erfahrung nennen, liefern eine Aufzeichnung früherer Misserfolge, und anstatt diese Misserfolge als das zu akzeptieren, was sie wert sind, werden sie als absolute Hindernisse für den Fortschritt angesehen. Wenn ein Mann, der sich selbst als Autorität bezeichnet, sagt, dass dies oder jenes nicht getan werden kann, stimmt eine Horde gedankenloser Anhänger den Chor an: „Das geht nicht."

Nehmen wir zum Beispiel Gussteile. Gussteile waren schon immer ein verschwenderischer Prozess und sind so alt, dass sich viele Traditionen angesammelt haben, die Verbesserungen außerordentlich schwierig machen. Ich glaube, eine Autorität auf dem Gebiet des Formenbaus hat – bevor wir mit unseren Experimenten begannen – erklärt, dass jeder, der behauptet, er könne die Kosten innerhalb eines halben Jahres senken, ein Betrüger sei.

Unsere Gießerei war früher ganz ähnlich wie andere Gießereien. Als wir 1910 die ersten Zylinder des Modells T gossen, wurde alles von Hand gemacht; Schaufeln und Schubkarren waren überall vorhanden. Die Arbeit war damals entweder gelernt oder ungelernt; wir hatten Former und wir hatten Arbeiter . Heute haben wir etwa fünf Prozent durch und durch gelernte Former und Kerneinrichter, aber die restlichen 95 Prozent sind ungelernt, oder, um es genauer zu sagen, sie müssen genau eine einzige Operation beherrschen, die selbst der dümmste Mensch in zwei Tagen lernen kann. Das Formen wird vollständig maschinell ausgeführt. Jedes Teil, das wir gießen müssen, hat eine oder mehrere eigene Einheiten – je nach der im Produktionsplan geforderten

Anzahl. Die Maschinen der Einheit sind auf den einzelnen Guss abgestimmt; daher führt jeder der Männer in der Einheit eine einzelne Operation aus, die immer dieselbe ist. Eine Einheit besteht aus einer Hängebahn, an der in Abständen kleine Plattformen für die Formen hängen . Ohne auf technische Details einzugehen, möchte ich sagen, dass die Herstellung der Formen und Kerne sowie das Verpacken der Kerne während der Arbeit auf den Plattformen erfolgt. Das Metall wird an einem anderen Punkt gegossen, während sich die Arbeit bewegt, und bis die Form , in die das Metall gegossen wurde, das Terminal erreicht, ist sie kühl genug, um automatisch mit der Reinigung, Bearbeitung und Montage zu beginnen. Und die Plattform bewegt sich für eine neue Ladung.

Nehmen wir die Entwicklung der Kolbenstangenmontage. Selbst nach dem alten Plan dauerte dieser Vorgang nur drei Minuten und schien kein großer Aufwand zu sein. Es gab zwei Werkbänke und insgesamt 28 Männer; sie montierten an einem Neun-Stunden-Tag 175 Kolben und Stangen – das heißt, jeder von ihnen benötigte nur fünf Sekunden über drei Minuten. Es gab keine Inspektion, und viele der Kolben- und Stangenbaugruppen kamen als defekt vom Fließband zurück. Es ist ein sehr einfacher Vorgang. Der Arbeiter drückte den Stift aus dem Kolben, ölte den Stift, schob die Stange an ihren Platz, steckte den Stift durch Stange und Kolben, zog eine Schraube fest und öffnete eine andere Schraube. Das war der ganze Vorgang. Der Vorarbeiter, der den Vorgang untersuchte, konnte nicht herausfinden, warum er drei Minuten dauern sollte. Er analysierte die Bewegungen mit einer Stoppuhr. Er fand heraus, dass er von einem Neun-Stunden-Tag vier Stunden mit Gehen verbrachte. Der Monteur ging nirgendwohin, aber er musste seine Füße bewegen, um sein Material einzusammeln und sein fertiges Stück wegzuschieben. Während der gesamten Aufgabe führte jeder Mann sechs Vorgänge aus. Der Vorarbeiter entwickelte einen neuen Plan. Er teilte die Arbeit in drei Abteilungen auf, stellte eine Rutsche auf die Werkbank und stellte drei Männer auf jede Seite und einen Inspektor ans Ende. Anstatt dass ein Mann die ganze Arbeit ausführte, führte ein Mann nur ein Drittel der Arbeit aus – er führte nur so viel aus, wie er konnte, ohne seine Füße zu bewegen. Sie reduzierten die Truppe von 28 auf 14 Männer. Der frühere Rekord von 28 Männern lag bei 175 Baugruppen pro Tag. Jetzt stellen sieben Männer 2600 Baugruppen in 8 Stunden her. Es ist nicht notwendig, die Einsparungen hier auszurechnen!

Das Lackieren der Hinterachse war früher mit einigen Schwierigkeiten verbunden. Sie wurde von Hand in ein Emaillebecken getaucht. Dies erforderte mehrere Handgriffe und die Dienste von zwei Männern. Jetzt erledigt ein Mann alles an einer Spezialmaschine, die in der Fabrik entworfen und gebaut wurde. Der Mann hängt die Baugruppe jetzt nur noch an eine bewegliche Kette, die sie über das Emaillebecken befördert, dann schieben zwei Hebel Hülsen über die Enden des Pfannenschafts, das Farbbecken hebt sich sechs Fuß hoch, taucht die Achse ein, kehrt in Position zurück und die Achse wird in den Trockenofen befördert. Der gesamte Arbeitszyklus dauert jetzt nur noch dreizehn Sekunden.

Der Heizkörper ist eine komplexe Angelegenheit und das Löten war früher eine Frage des Könnens. Ein Heizkörper hat 95 Rohre. Das Einsetzen und Löten dieser Rohre ist eine langwierige Handarbeit, die sowohl Geschick als auch Geduld erfordert. Heute erledigt das alles eine Maschine, die in acht Stunden zwölfhundert Heizkörperkerne herstellt; dann werden sie an Ort und Stelle gelötet, indem sie auf einem Förderband durch einen Ofen befördert werden. Es sind keine Blechschmiedarbeiten und daher auch keine Fähigkeiten erforderlich.

Früher haben wir die Kurbelgehäusearme mit dem Kurbelgehäuse vernietet, wobei wir pneumatische Hämmer verwendeten, die angeblich die neueste Entwicklung darstellten. Sechs Männer waren nötig, um die Hämmer zu halten, und sechs Männer, um die Gehäuse zu halten, und der Lärm war fürchterlich. Heute erledigt eine automatische Presse, die von einem Mann bedient wird, der sonst nichts tut, an einem Tag fünfmal so viel Arbeit wie diese zwölf Männer.

Im Werk Piquette legte der Zylinderguss während der Endbearbeitung eine Strecke von viertausend Metern zurück; jetzt legt er nur noch etwas über dreihundert Meter zurück.

Es gibt keine manuelle Materialhandhabung. Es gibt keine einzige Handarbeit. Wenn eine Maschine automatisiert werden kann, wird sie automatisiert. Keine einzige Operation wird jemals als die beste oder billigste Art und Weise angesehen. Dabei sind nur etwa zehn Prozent unserer Werkzeuge Spezialmaschinen; die anderen sind normale Maschinen, die an die jeweilige Arbeit angepasst sind. Und sie stehen fast nebeneinander. Wir stellen mehr Maschinen pro Quadratmeter Bodenfläche auf als jede andere Fabrik der Welt – jeder Fuß ungenutzten Raums verursacht Gemeinkosten. Wir wollen keine solche Verschwendung. Und doch ist genug Platz vorhanden – kein Mensch hat zu viel Platz und keiner hat zu wenig Platz. Aufteilung und Unterteilung von Operationen, Aufrechterhaltung der Arbeit – das sind die Grundzüge der Produktion. Aber man darf auch nicht vergessen, dass alle Teile so konstruiert sind, dass sie möglichst einfach hergestellt werden können. Und die Einsparung? Obwohl der Vergleich nicht ganz fair ist, ist er verblüffend. Wenn wir bei unserer gegenwärtigen Produktionsrate die gleiche Anzahl von Arbeitern pro Auto beschäftigen würden wie zu Beginn im Jahr 1903 – und diese Arbeiter wären nur für die Montage zuständig –, bräuchten wir heute eine Belegschaft von mehr als zweihunderttausend. Auf unserem Höhepunkt, bei rund viertausend Autos

pro Tag, haben wir weniger als fünfzigtausend Arbeiter in der
Automobilproduktion!

- 68 -

pro Tag, haben wir weniger als fünfzigtausend Arbeiter in der
Automobilproduktion!

KAPITEL VI

Maschinen und Menschen

Das, wogegen man am stärksten ankämpfen muss, wenn man eine große Zahl von Menschen zusammenbringt, um gemeinsam zu arbeiten, ist übermäßige Organisation und die daraus resultierende Bürokratie. Meiner Meinung nach gibt es keine gefährlichere Geisteshaltung als die, die manchmal als „Organisationstalent" bezeichnet wird. Das Ergebnis davon ist normalerweise die Geburt eines großen Diagramms, das nach Art eines Stammbaums zeigt, wie sich die Autorität verzweigt. Der Baum ist voll von schönen runden Beeren, von denen jede den Namen eines Mannes oder eines Amtes trägt. Jeder Mann hat einen Titel und bestimmte Pflichten, die streng durch den Umfang seiner Beere begrenzt sind.

Wenn ein Strohmann dem Generaldirektor etwas mitteilen möchte, muss seine Nachricht durch den Untervorarbeiter, den Vorarbeiter, den Abteilungsleiter und alle stellvertretenden Vorarbeiter, bevor sie im Laufe der Zeit den Generaldirektor erreicht. Zu diesem Zeitpunkt ist das, worüber er sprechen wollte, wahrscheinlich bereits Geschichte. Es dauert etwa sechs Wochen, bis die Nachricht eines Mannes, der in einer Beere in der unteren linken Ecke der Tabelle lebt, den Präsidenten oder Vorstandsvorsitzenden erreicht, und wenn sie jemals einen dieser erlauchten Beamten erreicht, hat sie bis dahin etwa ein Pfund Kritik, Vorschläge und Kommentare angesammelt. Nur sehr wenige Dinge werden jemals „offiziell geprüft", bis sie lange nach dem Zeitpunkt, an dem sie eigentlich hätten erledigt werden sollen, erledigt sind. Die Verantwortung wird hin und her geschoben und jeder Einzelne weicht jeder Verantwortung aus – nach der lahmen Vorstellung, dass zwei Köpfe besser sind als einer.

Ein Unternehmen ist meiner Ansicht nach keine Maschine. Es ist eine Ansammlung von Menschen, die zusammenkommen, um zu arbeiten, und nicht, um einander Briefe zu schreiben. Es ist nicht notwendig, dass eine Abteilung weiß, was eine andere Abteilung tut. Wenn ein Mann seine Arbeit tut, hat er keine Zeit, sich einer anderen Arbeit zu widmen. Es ist die Aufgabe derjenigen, die die gesamte Arbeit planen, dafür zu sorgen, dass alle Abteilungen ordnungsgemäß auf dasselbe Ziel hinarbeiten. Es ist nicht notwendig, Besprechungen abzuhalten, um ein gutes Gefühl zwischen Einzelpersonen oder Abteilungen herzustellen. Es ist nicht notwendig, dass die Menschen einander mögen, um zusammenzuarbeiten. Zu viel Kameradschaft kann tatsächlich eine sehr schlechte Sache sein, denn es kann dazu führen, dass einer versucht, die Fehler eines anderen zu vertuschen. Das ist schlecht für beide.

Wenn wir arbeiten, sollten wir arbeiten. Wenn wir spielen, sollten wir spielen. Es hat keinen Sinn, beides zu vermischen. Das einzige Ziel sollte sein, die Arbeit zu erledigen und dafür bezahlt zu werden. Wenn die Arbeit erledigt ist, kann das Spiel beginnen, aber nicht vorher. Und so gibt es in den Fabriken und Unternehmen von Ford keine Organisation, keine spezifischen Pflichten, die mit einer Position verbunden sind, keine Nachfolge- oder Autoritätslinie, sehr wenige Titel und keine Konferenzen. Wir haben nur die Bürohilfe, die unbedingt erforderlich ist; wir haben keinerlei komplizierte Aufzeichnungen und folglich auch keine Bürokratie.

Wir machen die individuelle Verantwortung vollständig. Der Arbeiter ist uneingeschränkt für seine Arbeit verantwortlich. Der Vorarbeiter ist für die ihm unterstellten Arbeiter verantwortlich. Der Vorarbeiter ist für seine Gruppe verantwortlich. Der Abteilungsleiter ist für die Abteilung verantwortlich. Der Generalaufseher ist für die gesamte Fabrik verantwortlich. Jeder Mann muss wissen, was in seinem Bereich vor sich geht. Ich sage „Generalaufseher". Einen solchen formellen Titel gibt es nicht. Ein Mann leitet die Fabrik, und zwar schon seit Jahren. Er hat zwei Männer bei sich, die, ohne dass ihre Aufgaben in irgendeiner Weise definiert sind, bestimmte Arbeitsabschnitte für sich allein genommen haben. Mit ihnen sind etwa ein halbes Dutzend anderer Männer in der Art von Assistenten, aber ohne spezifische Aufgaben. Sie haben sich alle ihre eigenen Arbeitsplätze geschaffen – aber es gibt keine Grenzen für ihre Arbeit. Sie arbeiten einfach dort, wo sie am besten hineinpassen. Ein Mann jagt Lagerbeständen und Engpässen hinterher. Ein anderer hat die Inspektion übernommen und so weiter.

Das mag willkürlich erscheinen, ist es aber nicht. Eine Gruppe von Männern, die ganz darauf bedacht ist, ihre Arbeit zu erledigen, hat keine Schwierigkeiten, dafür zu sorgen, dass die Arbeit auch erledigt wird. Sie geraten nicht in Schwierigkeiten wegen der Grenzen der Autorität, weil sie nicht an Titel denken. Wenn sie Ämter und dergleichen hätten, würden sie bald ihre Zeit der Büroarbeit widmen und sich fragen, warum sie kein besseres Amt haben als jemand anderes.

Da es keine Titel und keine Grenzen der Autorität gibt, gibt es keine bürokratischen Hürden oder Übergriffe. Jeder Arbeiter kann zu jedem gehen, und es hat sich so etabliert, dass ein Vorarbeiter nicht sauer wird, wenn ein Arbeiter über ihn hinweg direkt zum Fabrikleiter geht. Der Arbeiter tut das selten, denn ein Vorarbeiter weiß so gut wie seinen eigenen Namen, dass, wenn er ungerecht war, dies sehr schnell herauskommt und er kein Vorarbeiter mehr sein wird. Eines der Dinge, die wir nicht tolerieren, ist Ungerechtigkeit jeglicher Art. Sobald ein Mann anfängt, mit Autorität aufzublähen, wird er entdeckt und er geht oder kehrt an eine Maschine zurück. Ein großer Teil der Arbeitsunruhen entsteht durch die ungerechte

Ausübung von Autorität durch diejenigen in untergeordneten Positionen, und ich fürchte, dass es in viel zu vielen Fertigungsbetrieben für einen Arbeiter wirklich nicht möglich ist, fair behandelt zu werden.

Die Arbeit und nur die Arbeit kontrolliert uns. Das ist einer der Gründe, warum wir keine Titel haben. Die meisten Männer können sich einen Job sichern, aber ein Titel macht sie fertig. Die Wirkung eines Titels ist sehr eigenartig. Er wird zu oft als Zeichen der Emanzipation von der Arbeit verwendet. Er ist fast gleichbedeutend mit einem Abzeichen mit der Aufschrift:

„Dieser Mann kann nichts anderes tun, als sich selbst als wichtig und alle anderen als minderwertig zu betrachten.“

Ein Titel schadet nicht nur oft dem Träger, sondern hat auch Auswirkungen auf andere. Es gibt wohl keine größere Quelle persönlicher Unzufriedenheit unter Menschen als die Tatsache, dass die Titelträger nicht immer die wahren Führer sind. Jeder erkennt einen wahren Führer an – einen Mann, der in der Lage ist, zu planen und zu befehligen. Und wenn Sie einen wahren Führer finden, der einen Titel trägt, müssen Sie jemand anderen fragen, welchen Titel er trägt. Er prahlt nicht damit.

Titel wurden in der Wirtschaft stark übertrieben und die Wirtschaft hat darunter gelitten. Eine der schlechten Eigenschaften ist die Aufteilung der Verantwortung nach Titeln, die so weit geht, dass sie einer völligen Beseitigung der Verantwortung gleichkommt. Wo die Verantwortung in viele kleine Teile zerlegt und auf viele Abteilungen verteilt ist, jede Abteilung unter ihrem eigenen nominellen Leiter, der wiederum von einer Gruppe umgeben ist, die ihre netten Untertitel trägt, ist es schwierig, jemanden zu finden , der sich wirklich verantwortlich fühlt. Jeder weiß, was „die Verantwortung abschieben“ bedeutet. Das Spiel muss in Industrieorganisationen entstanden sein, in denen die Abteilungen die Verantwortung einfach weiterschieben. Die Gesundheit jeder Organisation hängt davon ab, dass jedes Mitglied – egal, wo es steht – das Gefühl hat, dass alles, was ihm im Zusammenhang mit dem Wohl des Unternehmens auffällt, seine eigene Aufgabe ist. Die Eisenbahnen sind unter den Augen von Abteilungen, die sagen, den Bach runtergegangen:

„Oh, das gehört nicht zu unserem Ressort. Das ist im Ressort X, 100 Meilen entfernt, zuständig.“

Früher wurde Beamten oft geraten, sich nicht hinter ihren Titeln zu verstecken. Die Notwendigkeit dieses Ratschlags zeigte jedoch, dass es mehr als nur einen Ratschlag brauchte, um ihn zu korrigieren. Und die Korrektur besteht einfach darin, die Titel abzuschaffen. Einige davon mögen rechtlich notwendig sein; einige mögen nützlich sein, um der Öffentlichkeit zu zeigen, wie sie mit dem Unternehmen Geschäfte machen soll, aber für den Rest ist die beste Regel einfach: „Schaffen Sie sie ab."

Tatsächlich ist die derzeitige Geschäftsbilanz im Allgemeinen so, dass sie den Wert von Titeln stark mindert. Niemand würde sich damit brüsten, Präsident einer bankrotten Bank zu sein. Das Geschäft wurde im Großen und Ganzen nicht so geschickt gesteuert, dass den Steuermännern viel Raum für Stolz blieb. Die Männer, die heute Titel tragen und etwas wert sind, vergessen ihre Titel und suchen im Fundament des Geschäfts nach den Schwachstellen. Sie sind wieder an den Orten, von denen sie aufgestiegen sind – und versuchen, von Grund auf neu aufzubauen. Und wenn ein Mann wirklich bei der Arbeit ist, braucht er keinen Titel. Seine Arbeit ehrt ihn.

Alle unsere Leute kommen über die Arbeitsvermittlungsstellen in die Fabrik oder in die Büros. Wie ich bereits sagte, stellen wir keine Experten ein – wir stellen auch keine Leute aufgrund früherer Erfahrungen oder für andere Positionen als die niedrigsten ein. Da wir einen Mann nicht aufgrund seiner Vergangenheit einstellen, lehnen wir ihn auch nicht aufgrund seiner Vergangenheit ab. Ich habe noch nie einen Mann getroffen, der durch und durch schlecht war. Es steckt immer etwas Gutes in ihm – wenn er eine Chance bekommt. Aus diesem Grund kümmern wir uns nicht im Geringsten um die Vorgeschichte eines Mannes – wir stellen einen Mann nicht aufgrund seiner Vergangenheit ein, wir stellen ihn ein. Wenn er im Gefängnis war, ist das kein Grund zu sagen, dass er wieder im Gefängnis landen wird. Ich denke im Gegenteil, er wird, wenn er eine Chance bekommt, sehr wahrscheinlich besondere Anstrengungen unternehmen, um nicht ins Gefängnis zu kommen. Unser Arbeitsvermittlungsamt schließt einen Mann nicht wegen irgendetwas aus, was er zuvor getan hat – er ist gleichermaßen akzeptiert, egal ob er in Sing Sing oder in Harvard war, und wir fragen nicht einmal, an welcher Schule er seinen Abschluss gemacht hat. Alles, was er braucht, ist der Wunsch zu arbeiten. Wenn er nicht arbeiten möchte, ist es sehr unwahrscheinlich, dass er sich um eine Stelle bewirbt, denn es ist so ziemlich klar, dass ein Mann im Ford-Werk arbeitet.

Es ist uns, um es noch einmal zu wiederholen, egal, was ein Mann gemacht hat. Wenn er aufs College gegangen ist, sollte er schneller vorankommen können, aber er muss ganz unten anfangen und seine Fähigkeiten beweisen. Die Zukunft eines jeden Mannes hängt einzig und allein von ihm selbst ab. Es wird viel zu viel darüber geredet, dass Männer keine Anerkennung erlangen können. Bei uns ist sich jeder Mann ziemlich sicher, genau die Anerkennung zu bekommen, die er verdient.

Natürlich gibt es bestimmte Faktoren im Streben nach Anerkennung, mit denen man rechnen muss. Das gesamte moderne Industriesystem hat dieses Streben so verzerrt, dass es jetzt fast zu einer Obsession geworden ist. Es gab eine Zeit, in der der persönliche Aufstieg eines Menschen ganz und gar von seiner Arbeit und nicht von der Gunst anderer abhing; aber heutzutage hängt er oft viel zu sehr vom Glück des Einzelnen ab, die Aufmerksamkeit einer einflussreichen Person zu erregen. Dagegen haben wir erfolgreich gekämpft. Die Menschen arbeiten mit der Absicht, die Aufmerksamkeit von jemandem zu erregen; sie arbeiten mit der Vorstellung, dass sie, wenn sie für ihre Arbeit keine Anerkennung bekommen, es genauso gut schlecht oder gar nicht getan haben könnten. So wird die Arbeit manchmal zur Nebensache. Die Arbeit, um die es geht – der Artikel, um die es geht, die besondere Art der Dienstleistung – stellt sich als nicht die Hauptarbeit heraus. Die Hauptarbeit wird zum persönlichen Aufstieg – zu einer Plattform, von der aus man die Aufmerksamkeit von jemandem erregen kann. Diese Gewohnheit, die Arbeit zweitrangig und die Anerkennung vorrangig zu machen, ist der Arbeit gegenüber unfair. Sie macht Anerkennung und Anerkennung zur eigentlichen Arbeit. Und das hat auch eine unglückliche Auswirkung auf den Arbeiter. Es fördert eine besondere Art von Ehrgeiz, die weder schön noch produktiv ist. Es bringt die Art von Menschen hervor, die glauben, sie würden vorankommen, wenn sie „für den Chef einspringen". Jeder Laden kennt diese Art von Menschen. Und das Schlimmste daran ist, dass es im gegenwärtigen Industriesystem einige Dinge gibt, die den Eindruck erwecken, dass sich das Spiel wirklich auszahlt. Vorarbeiter sind auch nur Menschen. Es ist natürlich, dass sie sich geschmeichelt fühlen, wenn man ihnen vormacht, sie hätten das Wohl oder Wehe der Arbeiter in ihren Händen. Es ist auch natürlich, dass ihre selbstsüchtigen Untergebenen, die für Schmeicheleien offen sind, ihnen noch mehr schmeicheln, um ihre Gunst zu erlangen und davon zu profitieren. Deshalb möchte ich so wenig wie möglich vom persönlichen Element haben.

Besonders leicht ist es für einen Mann, der nie alles weiß, bei uns in eine höhere Position aufzusteigen. Manche Männer arbeiten hart, aber sie besitzen nicht die Fähigkeit zu denken und vor allem nicht, schnell zu denken. Solche Männer kommen so weit, wie ihre Fähigkeiten es verdienen. Ein Mann mag aufgrund seines Fleißes eine Beförderung verdienen, aber sie kann ihm unmöglich gewährt werden, wenn er nicht auch über ein gewisses Maß an Führungsqualitäten verfügt. Wir leben nicht in einer Traumwelt. Ich denke, dass jeder Mann im Einarbeitungsprozess unserer Fabrik letztendlich dort landet, wo er hingehört.

Wir sind nie zufrieden mit der Art und Weise, wie in irgendeinem Teil der Organisation alles gemacht wird; wir denken immer, es müsste besser gemacht werden und dass es irgendwann besser gemacht wird. Der Geist der Überfüllung zwingt den Mann, der die Qualitäten für eine höhere Position hat, diese schließlich auch zu bekommen. Er würde die Position vielleicht nicht bekommen, wenn die Organisation – ein Wort, das ich nicht gerne verwende – irgendwann starr würde, so dass es Routineschritte und tote Männer gäbe. Aber wir haben so wenige Titel, dass ein Mann, der etwas besser machen sollte, als er es tut, es sehr bald tut – er wird nicht dadurch zurückgehalten, dass keine Position vor ihm „offen" ist – denn es gibt keine „Positionen". Wir haben keine vorgefertigten Positionen – unsere besten Leute schaffen sich ihre Positionen. Das ist leicht genug, denn es gibt immer Arbeit, und wenn man daran denkt, die Arbeit zu erledigen, anstatt einen Titel zu finden, der zu einem Mann passt, der befördert werden möchte, dann gibt es keine Schwierigkeiten mit der Beförderung. Die Beförderung selbst ist nicht formell; der Mann findet sich einfach dabei wieder, etwas anderes zu tun als das, was er bisher getan hat, und mehr Geld zu bekommen.

Alle unsere Leute sind also von unten nach oben gekommen. Der Fabrikleiter begann als Maschinist. Der Mann, der für das große Werk in River Rouge verantwortlich war, begann als Modellbauer. Ein anderer Mann, der eine der Hauptabteilungen beaufsichtigte, begann als Reinigungskraft. Es gibt in der Fabrik keinen einzigen Mann, der nicht einfach von der Straße hereingekommen wäre. Alles, was wir entwickelt haben, wurde von Männern gemacht, die sich bei uns qualifiziert haben. Glücklicherweise haben wir keine Traditionen geerbt und begründen auch keine. Wenn wir eine Tradition haben, dann ist es diese:

Alles kann immer besser gemacht werden, als es gemacht wird.

Dieses Streben, die Arbeit immer besser und schneller zu erledigen, löst fast jedes Fabrikproblem. Eine Abteilung erhält ihre Bewertung durch ihre Produktionsrate. Die Produktionsrate und die Produktionskosten sind unterschiedliche Elemente. Die Vorarbeiter und Betriebsleiter würden nur Zeit verschwenden, wenn sie die Kosten in ihren Abteilungen im Auge behalten würden. Es gibt bestimmte Kosten – wie den Lohnsatz, die Gemeinkosten, die Materialpreise und dergleichen –, die sie in keiner Weise kontrollieren können, also kümmern sie sich nicht darum. Was sie kontrollieren können, ist die Produktionsrate in ihren eigenen Abteilungen. Die Bewertung einer Abteilung erhält man, indem man die Anzahl der produzierten Teile durch die Anzahl der arbeitenden Hände teilt. Jeder Vorarbeiter überprüft seine eigene Abteilung täglich – er trägt die Zahlen immer bei sich. Der Betriebsleiter führt eine tabellarische Übersicht über alle Bewertungen; wenn in einer Abteilung etwas nicht stimmt, zeigt die Ergebnisbewertung es sofort, der Betriebsleiter stellt Nachforschungen an und der Vorarbeiter sieht nach. Ein beträchtlicher Teil des Anreizes für bessere Methoden ist direkt auf diese einfache Faustregelmethode zur Bewertung der Produktion zurückzuführen. Der Vorarbeiter muss kein Kostenrechner sein – er ist deshalb kein besserer Vorarbeiter. Er ist für die Maschinen und Menschen in seiner Abteilung verantwortlich. Wenn sie optimal arbeiten, hat er seinen Dienst getan. Er orientiert sich an seiner

Produktionsrate. Es gibt keinen Grund für ihn, seine Energie auf Nebenthemen zu verschwenden.

Dieses Bewertungssystem zwingt einen Vorarbeiter einfach dazu, Persönlichkeiten zu vergessen – alles andere als die anstehende Arbeit zu vergessen. Wenn er die Leute auswählt, die er mag, statt die Leute, die die Arbeit am besten erledigen können, wird dies in seinen Abteilungsunterlagen schnell deutlich.

Es ist nicht schwierig, die richtigen Leute auszuwählen. Sie wählen sich selbst aus, weil der Durchschnittsarbeiter – obwohl man viel über mangelnde Aufstiegsmöglichkeiten hört – mehr an einem festen Arbeitsplatz als an Aufstieg interessiert ist. Kaum mehr als fünf Prozent der Lohnarbeiter haben zwar den Wunsch, mehr Geld zu bekommen, sind aber auch bereit, die zusätzliche Verantwortung und die zusätzliche Arbeit zu übernehmen, die mit höheren Positionen verbunden sind. Nur etwa fünfundzwanzig Prozent sind sogar bereit, Chef zu sein, und die meisten von ihnen nehmen diese Position an, weil sie mehr Geld einbringt als die Arbeit an einer Maschine. Männer mit einer eher mechanischen Denkweise, aber ohne Verlangen nach Verantwortung, gehen in die Werkzeugbauabteilungen, wo sie erheblich mehr verdienen als in der eigentlichen Produktion. Aber die überwiegende Mehrheit der Männer möchte an ihrem Platz bleiben. Sie möchten geführt werden. Sie möchten, dass alles für sie getan wird, und möchten keine Verantwortung tragen. Trotz der großen Masse an Männern besteht die Schwierigkeit daher nicht darin, Männer zu finden, die aufsteigen können, sondern Männer, die bereit sind, aufzusteigen.

Die allgemein akzeptierte Theorie ist, dass alle Menschen auf Aufstieg aus sind, und darauf aufbauend wurden viele schöne Pläne entwickelt. Ich kann nur sagen, dass dies bei uns nicht der Fall ist. Die Amerikaner in unseren Angestellten wollen zwar aufsteigen, aber sie wollen keineswegs immer bis ganz nach oben. Die Ausländer sind im Allgemeinen zufrieden damit, als Strohmänner zu bleiben. Warum das so ist, weiß ich nicht. Ich gebe die Fakten wieder.

Wie ich bereits sagte, ist jeder hier vor Ort offen für die Art und Weise, wie jede Arbeit erledigt wird. Wenn es eine feste Theorie – eine feste Regel – gibt, dann ist es die, dass keine Arbeit gut genug erledigt wird. Die gesamte Fabrikleitung ist immer offen für Vorschläge, und wir haben ein informelles Vorschlagssystem, mit dem jeder Arbeiter jede Idee, die ihm einfällt, mitteilen und umsetzen kann.

Die Einsparung von einem Cent pro Stück kann sich durchaus lohnen . Eine Einsparung von einem Cent pro Teil entspricht bei unserer gegenwärtigen Produktionsrate zwölftausend Dollar pro Jahr. Ein Cent, der pro Teil eingespart wird, würde Millionen pro Jahr ausmachen. Daher werden beim

Vergleich der Einsparungen die Berechnungen auf den Tausendstel eines Cents genau durchgeführt. Wenn die vorgeschlagene neue Methode eine Einsparung zeigt und sich die Kosten für die Änderung innerhalb einer angemessenen Zeit amortisieren – sagen wir innerhalb von drei Monaten –, wird die Änderung praktisch als selbstverständlich vorgenommen. Diese Änderungen sind keineswegs auf Verbesserungen beschränkt, die die Produktion steigern oder die Kosten senken. Sehr viele – vielleicht die meisten – zielen darauf ab, die Arbeit zu erleichtern. Wir wollen keine harte, menschenvernichtende Arbeit vor Ort, und davon gibt es derzeit sehr wenig. Und normalerweise ergibt sich so, dass die Wahl der Methode, die für die Menschen einfacher ist, auch die Kosten senkt. Es besteht ein sehr enger Zusammenhang zwischen Anstand und guten Geschäften. Wir untersuchen auch bis zur letzten Dezimalstelle, ob es billiger ist, ein Teil herzustellen oder zu kaufen.

Die Vorschläge kommen von überall her. Die polnischen Arbeiter scheinen von allen Ausländern die klügsten zu sein, wenn es darum geht, sie zu machen. Einer, der kein Englisch konnte, meinte, dass das Werkzeug seiner Maschine länger halten würde, wenn es in einem anderen Winkel eingestellt wäre. In der vorliegenden Stellung hielt es nur vier oder fünf Schnitte durch. Er hatte recht, und das Schleifen sparte eine Menge Geld. Ein anderer Pole, der eine Bohrmaschine bediente, baute eine kleine Vorrichtung, um das Anfassen des Teils nach dem Bohren zu sparen. Das wurde allgemein übernommen und führte zu erheblichen Einsparungen. Die Männer probieren oft selbst kleine Aufsätze aus, denn wenn sie sich auf eine Sache konzentrieren, können sie, wenn sie so denken, normalerweise eine Verbesserung finden. Auch die Sauberkeit der Maschine eines Mannes – obwohl das Reinigen einer Maschine nicht zu seinen Aufgaben gehört – ist normalerweise ein Hinweis auf seine Intelligenz.

Hier einige der Vorschläge: Durch den Vorschlag, die Gussteile über eine Hängeförderanlage von der Gießerei zur Maschinenwerkstatt zu transportieren, konnten in der Transportabteilung siebzig Männer eingespart werden. Früher - und das war zu einer Zeit, als die Produktion noch kleiner war - waren siebzehn Männer damit beschäftigt, die Grate von den Zahnrädern zu entfernen, und das war eine harte, unangenehme Arbeit. Ein Mann entwarf grob eine Spezialmaschine. Seine Idee wurde ausgearbeitet und die Maschine gebaut. Jetzt können vier Männer ein Vielfaches der Leistung der siebzehn Männer erreichen - und das ohne überhaupt harte Arbeit zu verrichten. Die Umstellung von massiven auf geschweißte Stäbe in einem Teil des Fahrgestells bewirkte eine sofortige Einsparung von etwa einer halben Million pro Jahr bei einer kleineren Produktion als heute. Die Herstellung bestimmter Rohre aus flachen Blechen statt sie auf die übliche Weise zu ziehen, bewirkte weitere enorme Einsparungen.

Das alte Verfahren zur Herstellung eines bestimmten Zahnrads umfasste vier Arbeitsgänge, und 12 Prozent des Stahls gingen als Schrott verloren. Wir verwenden den größten Teil unseres Schrotts und werden ihn schließlich vollständig verwenden, aber das ist kein Grund, den Schrott nicht zu reduzieren – die bloße Tatsache, dass nicht jeder Abfall ein Totalverlust ist, ist keine Entschuldigung dafür, Abfall zuzulassen. Einer der Arbeiter entwickelte ein sehr einfaches neues Verfahren zur Herstellung dieses Zahnrads, bei dem der Schrott nur ein Prozent betrug. Auch die Nockenwelle muss einer Wärmebehandlung unterzogen werden, um die Oberfläche hart zu machen; die Nockenwellen kamen immer etwas verzogen aus dem Wärmebehandlungsofen, und schon 1918 beschäftigten wir 37 Männer, nur um die Wellen zu begradigen. Einige unserer Männer experimentierten etwa ein Jahr lang und entwickelten schließlich eine neue Art von Ofen, in dem sich die Wellen nicht verziehen konnten. 1921, als die Produktion viel größer war als 1918, beschäftigten wir im gesamten Betrieb nur acht Männer.

Und dann besteht der Druck, die Notwendigkeit von Fachkenntnissen bei jeder Arbeit zu beseitigen. Der Werkzeughärter von früher war ein Experte. Er musste die Heiztemperaturen einschätzen. Es war eine reine Glückssache. Dass er so oft ins Schwarze traf, ist ein Wunder. Die Wärmebehandlung beim Härten von Stahl ist äußerst wichtig – vorausgesetzt, man kennt genau die richtige Hitze, die man anwenden muss. Das kann man nicht mit Faustregeln wissen. Es muss gemessen werden. Wir haben ein System eingeführt, bei dem der Mann am Ofen überhaupt nichts mit der Hitze zu tun hat. Er sieht das Pyrometer nicht – das Instrument, das die Temperatur registriert. Farbige elektrische Lichter geben ihm seine Signale.

Keine unserer Maschinen wird je willkürlich gebaut. Die Idee wird im Detail untersucht, bevor sie umgesetzt wird. Manchmal werden Holzmodelle gebaut oder die Teile in Originalgröße auf einer Tafel gezeichnet. Wir sind nicht an Präzedenzfälle gebunden, aber wir überlassen nichts dem Zufall, und wir haben noch nie eine Maschine gebaut, die die Arbeit, für die sie konzipiert wurde, nicht erledigt hätte. Etwa neunzig Prozent aller Experimente waren erfolgreich.

Die Fertigkeiten, die sich in der Fertigung entwickelt haben, sind den Menschen zu verdanken. Ich glaube, wenn die Menschen nicht behindert werden und wissen, dass sie dienen, werden sie auch die trivialsten Aufgaben mit ganzem Verstand und ganzem Willen erledigen.

KAPITEL VII

Der Terror der Maschine

Wiederholte Arbeit – das wiederholte und immer gleiche Tun derselben Sache – ist für bestimmte Geistestypen eine erschreckende Aussicht. Für mich ist sie erschreckend. Ich könnte unmöglich Tag für Tag dasselbe tun, aber für andere Geistestypen, vielleicht könnte ich sagen, für die Mehrheit der Geistestypen, sind sich wiederholende Tätigkeiten nicht furchtbar. Tatsächlich ist Denken für einige Geistestypen absolut entsetzlich. Für sie ist der ideale Job einer, bei dem der kreative Instinkt nicht zum Ausdruck kommen muss. Jobs, bei denen man sowohl den Verstand als auch die Muskeln einsetzen muss, finden nur sehr wenige Interessenten – wir brauchen immer Männer, die eine Arbeit mögen, weil sie schwierig ist. Der Durchschnittsarbeiter, das muss ich leider sagen, möchte einen Job, bei dem er sich nicht groß körperlich anstrengen muss – vor allem möchte er einen Job, bei dem er nicht denken muss. Wer sozusagen einen kreativen Geistestyp besitzt und Monotonie zutiefst verabscheut, neigt dazu, zu der Vorstellung zu kommen, alle anderen Geister seien ebenso ruhelos, und bringt deshalb dem Arbeiter , der Tag für Tag fast genau dieselbe Arbeit verrichtet, ganz unerwünschtes Mitgefühl entgegen.

Wenn man es genau betrachtet, sind die meisten Jobs repetitiv. Ein Geschäftsmann hat eine Routine, der er mit großer Genauigkeit folgt; die Arbeit eines Bankpräsidenten ist fast ausschließlich Routine; die Arbeit von Unteroffizieren und Angestellten in einer Bank ist reine Routine. Tatsächlich ist es für die meisten Zwecke und die meisten Menschen notwendig, eine Art Routine zu etablieren und die meisten Bewegungen rein repetitiv zu machen – sonst wird der Einzelne nicht genug erledigen, um von seinen eigenen Anstrengungen leben zu können. Es gibt keinen Grund, warum jemand mit einem kreativen Geist eine monotone Arbeit verrichten sollte, denn überall besteht ein dringender Bedarf an kreativen Menschen. Es wird nie einen Mangel an Stellen für qualifizierte Menschen geben, aber wir müssen erkennen, dass der Wille, qualifiziert zu werden, nicht allgemein vorhanden ist. Und selbst wenn der Wille vorhanden ist, fehlt der Mut, die Ausbildung durchzuziehen. Man kann nicht durch bloßes Wünschen qualifiziert werden.

Es gibt viel zu viele Annahmen darüber, wie die menschliche Natur sein sollte, und nicht genug Forschung darüber, was sie ist. Nehmen wir zum Beispiel an, dass kreative Arbeit nur im Bereich der Vision geleistet werden kann. Wir sprechen von kreativen „Künstlern" in der Musik, der Malerei und den anderen Künsten. Wir beschränken die kreativen Funktionen scheinbar auf Produktionen, die an Galeriewänden hängen oder in Konzertsälen gespielt oder anderweitig ausgestellt werden können, wo sich müßige und anspruchsvolle Menschen versammeln, um die Kultur des anderen zu bewundern. Aber wenn ein Mann ein Feld für lebendige kreative Arbeit sucht, soll er dorthin kommen, wo er sich mit höheren Gesetzen als denen des Klangs, der Linie oder der Farbe auseinandersetzt ; soll er dorthin kommen, wo er sich mit den Gesetzen der Persönlichkeit auseinandersetzen kann. Wir wollen Künstler in industriellen Beziehungen. Wir wollen Meister der industriellen Methode – sowohl vom Standpunkt des Produzenten als auch des Produkts aus. Wir wollen diejenigen, die die politische, soziale, industrielle und moralische Masse zu einem gesunden und formschönen Ganzen formen können . Wir haben die kreative Fähigkeit zu sehr eingeschränkt und sie für zu triviale Zwecke eingesetzt. Wir wollen Männer, die den Arbeitsentwurf für alles schaffen können, was in unserem Leben richtig und gut und wünschenswert ist. Gute Absichten und gut durchdachte Arbeitsentwürfe können in die Praxis umgesetzt und zum Erfolg geführt werden. Es ist möglich, das Wohlergehen des Arbeiters zu steigern – nicht indem man ihn weniger arbeiten lässt, sondern indem man ihm hilft, mehr zu tun. Wenn die Welt ihre Aufmerksamkeit, ihr Interesse und ihre Energie der Ausarbeitung von Plänen widmet, die dem anderen Menschen in seiner jetzigen Form zugute kommen, dann können solche Pläne auf einer praktischen Arbeitsbasis umgesetzt werden. Solche Pläne werden Bestand haben – und sie werden sowohl in menschlicher als auch in finanzieller Hinsicht bei weitem die profitabelsten sein. Was diese Generation braucht, ist ein tiefer Glaube, eine tiefe Überzeugung von der Durchführbarkeit von Rechtschaffenheit, Gerechtigkeit und Menschlichkeit in der Arbeit. Wenn wir diese Eigenschaften nicht haben können, dann sind wir ohne Arbeit besser dran. Tatsächlich sind die Tage der Arbeit gezählt, wenn wir diese Eigenschaften nicht erlangen können. Aber wir können sie erlangen. Wir erlangen sie.

Wenn ein Mensch seinen Lebensunterhalt nicht ohne die Hilfe von Maschinen verdienen kann, ist es dann von Vorteil für ihn, diese Maschinen zurückzuhalten, weil die Bedienung eintönig sein könnte? Und ihn verhungern zu lassen? Oder ist es besser, ihm ein gutes Leben zu ermöglichen? Ist ein Mensch glücklicher, wenn er verhungert? Wenn er glücklicher ist, wenn er eine Maschine nicht bis zu ihrer Kapazität nutzt, ist er dann glücklicher, wenn er weniger produziert, als er könnte, und folglich weniger als seinen Anteil an den Gütern der Welt dafür bekommt?

Ich konnte nicht feststellen, dass sich wiederholende Arbeit auf irgendeine Weise schädlich auf den Menschen auswirkt. Von Salonexperten wurde mir gesagt, dass sich wiederholende Arbeit sowohl für die Seele als auch für den Körper schädlich ist, aber das war nicht das Ergebnis unserer Untersuchungen. Es gab einen Fall eines Mannes, der den ganzen Tag lang kaum etwas anderes tat, als auf einen Pedalauslöser zu treten. Er dachte, dass die Bewegung ihn einseitig machte; die ärztliche Untersuchung ergab nicht, dass er davon betroffen war, aber natürlich wurde er auf eine andere Arbeit versetzt, bei der andere Muskeln eingesetzt wurden. Nach ein paar Wochen wollte er wieder seine alte Arbeit haben. Es wäre vernünftig anzunehmen, dass die tägliche Ausführung derselben Bewegungsabläufe über acht Stunden hinweg einen abnormalen Körper hervorbringt, aber wir hatten noch nie einen solchen Fall. Wir versetzen Männer, wann immer sie darum bitten, und wir würden sie gerne regelmäßig versetzen – das wäre durchaus machbar, wenn die Männer es nur so wollten. Sie mögen keine Veränderungen, die sie nicht selbst vorschlagen. Einige der Tätigkeiten sind zweifellos monoton – so monoton, dass es kaum möglich erscheint, dass irgendein Mann lange in derselben Arbeit verharren möchte. Die wahrscheinlich eintönigste Aufgabe in der ganzen Fabrik ist die, bei der ein Mann mit einem Stahlhaken ein Zahnrad aufhebt, es in einem Ölfass schüttelt und es dann in einen Korb wirft. Die Bewegung ändert sich nie. Die Zahnräder kommen immer genau an die gleiche Stelle, er schüttelt jedes gleich oft und lässt es in einen Korb fallen, der immer an der gleichen Stelle steht. Dazu ist keine Muskelkraft erforderlich, keine Intelligenz. Er tut kaum mehr, als seine Hände sanft hin und her zu bewegen – die Stahlstange ist so leicht. Und doch macht der Mann, der diese Arbeit verrichtet, sie seit vollen acht Jahren. Er hat sein Geld gespart und investiert, bis er jetzt etwa vierzigtausend Dollar hat – und er widersetzt sich hartnäckig jedem Versuch, ihn zu einer besseren Arbeit zu drängen!

Selbst bei gründlichster Forschung ist kein einziger Fall zutage getreten, in dem der Geist eines Mannes durch die Arbeit verdreht oder abgestumpft worden wäre. Wer monotone Arbeit nicht mag, muss nicht dabei bleiben. Die Arbeit in jeder Abteilung wird je nach Attraktivität und Können in die Klassen „A", „B" und „C" eingeteilt, wobei jede Klasse zwischen zehn und dreißig verschiedene Tätigkeiten umfasst. Ein Mann kommt direkt vom Arbeitsamt in die „Klasse C". Wenn er besser wird, wechselt er in die „Klasse B" und so weiter in die „Klasse A" und aus der „Klasse A" in den Werkzeugbau oder eine andere leitende Funktion. Es liegt an ihm, sich selbst zu platzieren. Wenn er in der Produktion bleibt, dann deshalb, weil es ihm gefällt.

In einem früheren Kapitel habe ich darauf hingewiesen, dass niemand, der sich um eine Arbeit bewirbt, aufgrund seines körperlichen Zustands abgelehnt wird. Diese Richtlinie trat am 12. Januar 1914 in Kraft, als der Mindestlohn auf fünf Dollar pro Tag und der Arbeitstag auf acht Stunden festgelegt wurden. Sie brachte die weitere Bedingung mit sich, dass niemand aufgrund seines körperlichen Zustands entlassen werden sollte, außer natürlich im Falle einer ansteckenden Krankheit. Ich denke, wenn eine Industrieeinrichtung ihre gesamte Rolle erfüllen soll, sollte es möglich sein, dass ein Querschnitt ihrer Beschäftigten ungefähr die gleichen Proportionen aufweist wie ein Querschnitt der Gesellschaft im Allgemeinen. Wir haben immer die Verstümmelten und Lahmen unter uns. Es besteht eine äußerst großzügige Neigung, all diese Menschen, die körperlich arbeitsunfähig sind, als Belastung für die Gesellschaft zu betrachten und sie durch Wohltätigkeit zu unterstützen. Es gibt Fälle, in denen ich mir vorstelle, dass die Unterstützung durch Wohltätigkeit erfolgen muss – wie zum Beispiel bei einem Idioten. Aber solche Fälle sind außerordentlich selten, und wir haben festgestellt, dass es unter der großen Zahl verschiedener Aufgaben, die irgendwo in der Firma erledigt werden müssen, möglich ist, für fast jede eine Stelle zu finden, und zwar auf der Grundlage der Produktion. Der Blinde oder Krüppel kann an dem bestimmten Ort, an dem er eingesetzt wird, genauso viel Arbeit leisten und genau den gleichen Lohn erhalten wie ein voll arbeitsfähiger Mensch. Wir bevorzugen Krüppel nicht – aber wir haben bewiesen, dass sie den vollen Lohn verdienen können.

Es wäre völlig im Widerspruch zu dem, was wir zu tun versuchen, wenn wir Männer einstellen würden, weil sie verkrüppelt sind, ihnen einen niedrigeren Lohn zahlen und uns mit einer geringeren Leistung zufrieden geben würden. Damit würden wir den Männern vielleicht direkt helfen, aber nicht auf die beste Weise. Die beste Methode ist immer die, durch die sie produktiv auf eine Stufe mit arbeitsfähigen Männern gestellt werden können. Ich glaube, dass es in dieser Welt nur sehr wenig Anlass für Wohltätigkeit gibt – das heißt Wohltätigkeit im Sinne von Geschenken. Ganz sicher lassen sich Geschäft und Wohltätigkeit nicht kombinieren; der Zweck einer Fabrik ist es, zu produzieren, und sie dient der Gemeinschaft als Ganzes nichts, wenn sie nicht mit dem Äußersten ihrer Kapazitäten produziert. Wir sind zu schnell bereit, ohne Nachforschung anzunehmen, dass der volle Besitz der Fähigkeiten eine Voraussetzung für die beste Ausführung aller Arbeiten ist. Um herauszufinden, wie die tatsächliche Situation war, ließ ich alle verschiedenen Arbeiten in der Fabrik nach der Art der Maschine und der Arbeit klassifizieren – ob die körperliche Arbeit leicht, mittelschwer oder schwer war; ob es sich um eine Nass- oder Trockenarbeit handelte und wenn nicht, mit welcher Art von Flüssigkeit; ob sie sauber oder schmutzig war; in der Nähe eines Ofens oder Brennofens; die Luftverhältnisse; ob eine oder beide Hände benutzt werden mussten; ob der Arbeiter bei seiner Arbeit stand oder saß; ob es laut oder leise war; ob Genauigkeit erforderlich war; ob das Licht natürlich oder künstlich war; die Zahl der pro Stunde zu handhabenden Teile; das Gewicht des zu handhabenden Materials; und die Beschreibung der Belastung des Arbeiters. Zum Zeitpunkt der Untersuchung stellte sich heraus, dass es in der Fabrik damals 7.882 unterschiedliche Arbeitsplätze gab. Davon wurden 949 als Schwerarbeit eingestuft, die starke, körperlich leistungsfähige und körperlich praktisch einwandfreie Männer erforderte; 3.338 erforderten Männer von normaler körperlicher Entwicklung und

Stärke. Die restlichen 3.595 Arbeitsplätze erforderten keine körperliche Anstrengung und konnten von den schwächsten und leichtesten Menschen ausgeführt werden. Tatsächlich konnten die meisten von ihnen zufriedenstellend von Frauen oder älteren Kindern besetzt werden. Die leichtesten Arbeiten wurden erneut klassifiziert, um herauszufinden, wie viele von ihnen den Einsatz aller geistigen Fähigkeiten erforderten, und wir fanden heraus, dass 670 von beinlosen Männern, 2.637 von einbeinigen Männern, 2 von armlosen Männern, 715 von einarmigen Männern und 10 von blinden Männern ausgeführt werden konnten. Daher erforderten 4.034 von 7.882 Arten von Arbeiten – obwohl einige von ihnen Kraft erforderten – nicht die volle körperliche Leistungsfähigkeit. Das heißt, die entwickelte Industrie kann Lohnarbeit für einen höheren Durchschnitt an Standardmenschen bereitstellen, als normalerweise in einer normalen Gemeinschaft vorhanden sind. Wenn die Arbeitsplätze in einer Industrie oder beispielsweise einer Fabrik so analysiert würden, wie wir analysiert haben, könnte das Verhältnis sehr unterschiedlich sein, doch ich bin ziemlich sicher, dass es keinen Mangel an Orten geben wird, an denen körperlich Behinderte die Arbeit eines Menschen verrichten und einen Lohn eines Menschen erhalten können, wenn die Arbeit ausreichend unterteilt wird – bis zur größtmöglichen Wirtschaftlichkeit. Es ist aus ökonomischer Sicht äußerst verschwenderisch, verkrüppelte Männer in Pflege zu nehmen und ihnen dann triviale Aufgaben wie Korbflechten oder andere unbezahlte Handarbeit beizubringen, nicht in der Hoffnung, ihnen damit zu helfen, ihren Lebensunterhalt zu verdienen, sondern um Mutlosigkeit vorzubeugen.

Wenn ein Mann von der Arbeitsverwaltung eingestellt wird, besteht die Theorie darin, ihn in eine Arbeit zu bringen, die seinem Zustand entspricht. Wenn er bereits arbeitet und nicht in der Lage zu sein scheint, die Arbeit zu verrichten, oder wenn ihm seine Arbeit nicht gefällt, erhält er eine Versetzungskarte, die er zur Versetzungsabteilung mitnimmt, und nach einer Untersuchung wird er in einer anderen Arbeit ausprobiert, die seinem Zustand oder seiner Veranlagung besser entspricht. Diejenigen, die unter den normalen körperlichen Standards liegen, sind genauso gute Arbeiter, die richtig eingesetzt sind, wie diejenigen, die darüber liegen. Beispielsweise wurde ein blinder Mann der Lagerabteilung zugewiesen, um Schrauben und Muttern für den Versand an Zweigstellen zu zählen. Zwei andere arbeitsfähige Männer waren bereits mit dieser Arbeit beschäftigt. Innerhalb von zwei Tagen schickte der Vorarbeiter eine Mitteilung an die Versetzungsabteilung, in der er die arbeitsfähigen Männer freistellte, weil der blinde Mann nicht nur seine eigene Arbeit, sondern auch die Arbeit verrichten konnte, die zuvor von den gesunden Männern erledigt worden war.

Diese Rettung kann noch weiter vorangetrieben werden. Normalerweise wird davon ausgegangen, dass ein Mann, wenn er verletzt ist, einfach aus dem Rennen ist und eine Entschädigung erhalten sollte. Aber es gibt immer eine Genesungsphase, insbesondere bei Knochenbrüchen, in der der Mann wieder stark genug ist, um zu arbeiten, und zu dieser Zeit in der Regel auch darauf erpicht ist, zu arbeiten, denn die größtmögliche Unfallentschädigung kann nie so hoch sein wie der Lohn eines Mannes. Wenn dies der Fall wäre, würde ein Unternehmen einfach mit einer zusätzlichen Steuer belegt, und diese Steuer würde sich in den Kosten des Produkts niederschlagen. Das Produkt würde weniger gekauft und daher würde jemand weniger arbeiten. Dies ist eine unvermeidliche Folge, die man immer im Auge behalten muss.

Wir haben mit bettlägerigen Männern experimentiert – mit Männern, die aufrecht sitzen konnten. Wir legten schwarze Wachstuchbezüge oder Schürzen über die Betten und ließen die Männer Muttern auf kleine Bolzen schrauben. Das ist eine Arbeit, die von Hand erledigt werden muss und mit der in der Magneto-Abteilung fünfzehn oder zwanzig Männer beschäftigt sind. Die Männer im Krankenhaus konnten das genauso gut machen wie die Männer in der Werkstatt und konnten ihren regulären Lohn erhalten. Tatsächlich lag ihre Produktivität, glaube ich, um etwa 20 Prozent über der üblichen Werkstattproduktion. Kein Mann musste die Arbeit machen, wenn er nicht wollte. Aber sie wollten es alle. So blieb ihnen nicht die Zeit vergehen. Sie schliefen und aßen besser und erholten sich schneller.

Auf taubstumme Mitarbeiter muss keine besondere Rücksicht genommen werden. Sie erledigen ihre Arbeit zu hundert Prozent. Die tuberkulösen Mitarbeiter – und es sind in der Regel etwa tausend – arbeiten hauptsächlich in der Materialrückgewinnungsabteilung. Die Fälle, die als ansteckend gelten, arbeiten gemeinsam in einem speziell errichteten Schuppen. Die Arbeit aller von ihnen findet größtenteils im Freien statt.

Zum Zeitpunkt der letzten Beschäftigungsanalyse gab es 9.563 Männer, die unter dem Standard litten. Von diesen hatten 123 verkrüppelte oder amputierte Arme, Unterarme oder Hände. Einem fehlten beide Hände. Es gab 4 völlig blinde Männer, 207 waren auf einem Auge blind, 253 waren auf einem Auge fast blind, 37 waren taubstumm, 60 waren Epileptiker, 4 fehlten beide Beine oder Füße, 234 fehlte ein Fuß oder Bein. Die anderen hatten geringfügige Behinderungen.

Die erforderliche Zeit, um die verschiedenen Berufe zu erlernen, ist etwa wie folgt: 43 Prozent aller Berufe erfordern nicht mehr als einen Tag Ausbildung; 36 Prozent benötigen einen Tag bis eine Woche; 6 Prozent benötigen eine bis zwei Wochen; 14 Prozent benötigen einen Monat bis ein Jahr; ein Prozent benötigt ein bis sechs Jahre. Die letztgenannten Berufe erfordern große Fertigkeiten – wie etwa Werkzeugbau und Senkerodieren.

Im gesamten Werk herrscht strenge Disziplin. Es gibt keine kleinlichen Regeln und keine Regeln, deren Gerechtigkeit vernünftigerweise angefochten werden könnte. Die Ungerechtigkeit einer willkürlichen Entlassung wird vermieden, indem das Entlassungsrecht auf den Arbeitsleiter beschränkt wird, der davon nur selten Gebrauch macht. Das Jahr 1919 ist das letzte, über das Statistiken geführt wurden. In diesem Jahr gab es 30.155 Veränderungen. Von diesen waren 10.334 mehr als zehn Tage ohne Vorankündigung abwesend und deshalb entlassen. 3.702 wurden entlassen, weil sie die zugewiesene Arbeit ablehnten oder ohne Angabe von Gründen eine Versetzung verlangten. Die Weigerung, in der bereitgestellten Schule Englisch zu lernen, war für 38 weitere verantwortlich; 108 meldeten sich bei der Armee; etwa 3.000 wurden in andere Werke versetzt. Etwa die gleiche Zahl machte die Heimkehr, die Aufnahme einer Tätigkeit als Landwirt oder Geschäftsmann aus. 82 Frauen wurden entlassen, weil ihre Ehemänner arbeiteten – wir stellen keine verheirateten Frauen ein, deren Ehemänner berufstätig sind. Von allen wurden nur 80 rundheraus entlassen, und die Gründe waren: Falsche Angaben, 56; auf Anordnung des Bildungsministeriums, 20; und unerwünscht, 4.

Wir erwarten von den Männern, dass sie tun, was man ihnen sagt. Die Organisation ist so hoch spezialisiert und ein Teil ist so abhängig vom anderen, dass wir nicht einen Augenblick daran denken könnten, den Männern ihren eigenen Willen zu lassen. Ohne strengste Disziplin hätten wir die größte Verwirrung. Ich denke, in der Industrie sollte es nicht anders sein. Die Männer sind da, um die größtmögliche Menge Arbeit zu erledigen und den höchstmöglichen Lohn zu erhalten. Wenn man jedem erlauben würde, auf seine eigene Weise zu handeln, würde die Produktion darunter leiden und damit auch der Lohn. Jeder, der nicht gerne auf unsere Weise arbeitet, kann jederzeit gehen. Das Verhalten des Unternehmens gegenüber den Männern soll genau und unparteiisch sein. Es liegt natürlich im Interesse sowohl der Vorarbeiter als auch der Abteilungsleiter, dass die Entlassungen aus ihren Abteilungen so gering wie möglich ausfallen. Der Arbeiter hat die volle Chance, seine Geschichte zu erzählen, wenn er ungerecht behandelt wurde – er hat alle Möglichkeiten, sich zu wehren. Natürlich ist es unvermeidlich, dass Ungerechtigkeiten vorkommen. Männer sind nicht immer fair zu ihren Arbeitskollegen. Eine fehlerhafte menschliche Natur behindert hin und wieder unsere guten Absichten. Der Vorarbeiter versteht nicht immer, was er meint, oder wendet es falsch an – aber die Absichten des Unternehmens sind die, die ich dargelegt habe, und wir nutzen alle Mittel, um sie verständlich zu machen.

In Bezug auf Abwesenheiten muss man äußerst hartnäckig sein. Ein Mitarbeiter kann nicht kommen oder gehen, wie es ihm beliebt; er kann immer beim Vorarbeiter Urlaub beantragen, aber wenn er ohne

Vorankündigung geht, werden die Gründe für seine Abwesenheit bei seiner Rückkehr sorgfältig untersucht und manchmal an die medizinische Abteilung weitergeleitet. Wenn seine Gründe gut sind, darf er die Arbeit wieder aufnehmen. Wenn sie nicht gut sind, kann er entlassen werden. Bei der Einstellung eines Mitarbeiters werden nur Daten über seinen Namen, seine Adresse, sein Alter, ob er verheiratet oder ledig ist, die Anzahl seiner Angehörigen, ob er jemals für die Ford Motor Company gearbeitet hat und den Zustand seines Seh- und Hörvermögens erfasst. Es werden keine Fragen zu den früheren Tätigkeiten des Mitarbeiters gestellt, aber wir haben das, was wir die „Better Advantage Notice" nennen, mit der ein Mitarbeiter, der vor seiner Anstellung bei uns einen Beruf ausgeübt hat, eine Mitteilung an die Arbeitsabteilung mit der Angabe des Berufes einreicht. Auf diese Weise können wir Spezialisten jeglicher Art, wenn wir sie brauchen, direkt aus der Produktion holen. Dies ist auch einer der Wege, auf denen Werkzeugmacher und Former schnell in höhere Positionen gelangen. Ich wollte einmal einen Schweizer Uhrmacher. Die Karten ergaben einen – er bediente eine Bohrmaschine. Die Wärmebehandlungsabteilung suchte einen erfahrenen Schamottsteinleger. Er wurde ebenfalls an einer Bohrmaschine gefunden – er ist jetzt Generalinspektor.

Es gibt nicht viel persönlichen Kontakt – die Männer machen ihre Arbeit und gehen nach Hause – eine Fabrik ist kein Salon. Aber wir versuchen, Gerechtigkeit zu haben, und obwohl es kaum Händeschütteln gibt – wir haben keine professionellen Händeschüttler –, versuchen wir auch, kleinlichen Persönlichkeiten keine Gelegenheit zu geben. Wir haben so viele Abteilungen, dass der Ort fast eine Welt für sich ist – jeder Typ Mann kann irgendwo darin seinen Platz finden. Nehmen wir zum Beispiel Kämpfe zwischen Männern. Männer werden kämpfen, und normalerweise sind Kämpfe ein Grund für eine sofortige Entlassung. Wir haben festgestellt, dass das den Kämpfern nicht hilft – es bringt sie nur aus unserem Blickfeld. Daher sind die Vorarbeiter ziemlich einfallsreich geworden, wenn es darum geht, Strafen zu erfinden, die der Familie des Mannes nichts wegnehmen und deren Vollstreckung überhaupt keine Zeit in Anspruch nimmt.

Ein Punkt, der für eine hohe Kapazität sowie für eine humane Produktion absolut wesentlich ist, ist eine saubere, gut beleuchtete und gut belüftete Fabrik. Unsere Maschinen stehen sehr dicht beieinander – jeder Fuß Bodenfläche in der Fabrik hat natürlich die gleichen Gemeinkosten. Der Verbraucher muss die zusätzlichen Gemeinkosten und den zusätzlichen Transport bezahlen, die entstehen, wenn die Maschinen auch nur 15 cm weiter auseinander stehen als nötig. Wir messen bei jedem Auftrag genau, wie viel Platz ein Mann braucht; er darf nicht eingeengt sein – das wäre Verschwendung. Aber wenn er und seine Maschine mehr Platz einnehmen als nötig, ist das auch Verschwendung. Dadurch stehen unsere Maschinen dichter beieinander als wahrscheinlich in jeder anderen Fabrik der Welt. Für einen Fremden mögen sie direkt übereinander gestapelt erscheinen, aber sie sind wissenschaftlich angeordnet, nicht nur in der Reihenfolge der Arbeitsvorgänge, sondern auch, um jedem Mann und jeder Maschine jeden Quadratzentimeter zu geben, den sie benötigen, und, wenn möglich, keinen Quadratzentimeter und schon gar keinen Quadratfuß mehr, als sie benötigen. Unsere Fabrikgebäude sind nicht als Parks gedacht. Die enge Platzierung erfordert ein Höchstmaß an Sicherheitsvorkehrungen und Belüftung.

Die Maschinensicherheit ist ein Thema für sich. Wir betrachten keine Maschine – egal wie effizient sie ihre Arbeit verrichtet – als eine richtige Maschine, wenn sie nicht absolut sicher ist. Wir haben keine Maschinen, die wir als unsicher betrachten, aber selbst bei ihnen passieren einige Unfälle. Jeder Unfall, egal wie unbedeutend, wird von einem Fachmann zurückverfolgt, der ausschließlich zu diesem Zweck beschäftigt ist, und die Maschine wird untersucht, um denselben Unfall in Zukunft unmöglich zu machen.

Als wir die älteren Gebäude errichteten, verstanden wir nicht so viel von Belüftung wie heute. In allen neueren Gebäuden sind die Stützpfeiler hohl und durch sie wird die schlechte Luft abgepumpt und die gute Luft zugeführt. Überall herrscht das ganze Jahr über eine nahezu gleichmäßige Temperatur und bei Tageslicht ist künstliches Licht nirgends nötig. Etwa siebenhundert Männer sind ausschließlich damit abkommandiert, die Läden sauber zu halten, die Fenster zu putzen und die Farbe frisch zu halten. Die dunklen Ecken, die zum Auswurf einladen, sind weiß gestrichen. Moral kann es ohne Sauberkeit nicht geben. Wir dulden provisorische Sauberkeit ebenso wenig wie provisorische Methoden.

Es gibt keinen Grund, warum Fabrikarbeit gefährlich sein sollte. Wenn ein Mensch zu hart oder zu lange gearbeitet hat, gerät er in einen Geisteszustand, der Unfälle begünstigt. Ein Teil der Arbeit zur Unfallverhütung besteht darin, diesen Geisteszustand zu vermeiden; ein Teil besteht darin, Nachlässigkeit zu verhindern, und ein Teil besteht darin, Maschinen absolut narrensicher zu machen. Die Hauptursachen für Unfälle, wie sie von Experten gruppiert werden, sind:

(1) Defekte Strukturen; (2) defekte Maschinen; (3) nicht genügend Platz; (4) fehlende Sicherheitsvorkehrungen; (5) unsaubere Bedingungen; (6) schlechte Beleuchtung; (7) schlechte Luft; (8) ungeeignete Kleidung; (9) Nachlässigkeit; (10) Unwissenheit; (11) geistiger Zustand; (12) mangelnde Kooperation.

Die Probleme mangelhafter Bauweise, mangelhafter Maschinen, Platzmangel, unsauberer Bedingungen, schlechter Beleuchtung, schlechter Luft, falscher Geisteshaltung und mangelnder Kooperation lassen sich leicht lösen. Keiner der Männer arbeitet zu hart. Der Lohn regelt neun Zehntel der geistigen Probleme, und die Konstruktion beseitigt die anderen. Wir müssen uns vor ungeeigneter Kleidung, Nachlässigkeit und Unwissenheit hüten und alles, was wir haben, narrensicher machen. Das ist schwieriger, wenn wir Bänder haben. In allen unseren neuen Konstruktionen hat jede Maschine ihren eigenen Elektromotor, aber in den älteren Konstruktionen mussten wir Bänder verwenden. Jedes Band ist geschützt. Über den automatischen Förderbändern sind Brücken angebracht, damit kein Mann an einer gefährlichen Stelle hinübergehen muss. Wo immer die Möglichkeit von herumfliegenden Metallteilen besteht, muss der Arbeiter eine Schutzbrille tragen, und die Gefahr wird noch weiter verringert, indem man die Maschine mit Netzen umgibt. Um heiße Öfen herum haben wir Geländer. Es gibt nirgends einen offenen Teil einer Maschine, in dem Kleidung hängen bleiben könnte. Alle Gänge werden freigehalten. Die Startschalter der Ziehpressen sind durch große rote Schilder geschützt, die entfernt werden müssen, bevor der Schalter gedreht werden kann. Dies verhindert, dass die Maschine unbedacht gestartet wird. Die Arbeiter tragen ungeeignete Kleidung – Krawatten, die sich in einer Seilrolle verfangen könnten, weite Ärmel und alle möglichen ungeeigneten Kleidungsstücke. Die Chefs müssen darauf achten und erwischen die meisten Übeltäter. Neue Maschinen werden auf jede erdenkliche Weise getestet, bevor sie installiert werden dürfen. Daher gibt es bei uns praktisch keine schweren Unfälle.

Die Industrie muss keinen menschlichen Tribut fordern.

KAPITEL VIII

LÖHNE

Es ist nichts dabei, ein Geschäft nach den Gepflogenheiten zu führen – zu sagen: „Ich zahle den üblichen Lohn." Derselbe Mann würde nicht so leicht sagen: „Ich habe nichts Besseres oder Billigeres zu verkaufen als irgendjemand." Kein vernünftiger Hersteller würde behaupten, dass der Kauf der billigsten Materialien der Weg ist, um sicherzugehen, dass die besten Produkte hergestellt werden. Warum hören wir dann so viel Gerede über die „Liquidierung der Arbeit " und die Vorteile, die dem Land durch Lohnkürzungen zufließen – was nur eine Verringerung der Kaufkraft und eine Einschränkung des Binnenmarktes bedeutet? Was nützt die Industrie, wenn sie so ungeschickt geführt wird, dass sie nicht allen Beteiligten ein Auskommen bietet? Keine Frage ist wichtiger als die der Löhne – die meisten Menschen des Landes leben von Löhnen. Die Höhe ihres Lebensunterhalts – die Höhe ihrer Löhne – bestimmt den Wohlstand des Landes.

In allen Ford-Betrieben gilt heute ein Mindestlohn von sechs Dollar pro Tag. Früher lag der Mindestlohn bei fünf Dollar. Davor zahlten wir, was immer nötig war. Es wäre moralisch verwerflich, zum alten Marktlohn zurückzukehren – aber es wäre auch die schlimmste Form von Geschäftsverderb.

Sehen wir uns zunächst die Beziehungen an. Es ist nicht üblich, von einem Angestellten als Partner zu sprechen, aber was ist er sonst? Wenn ein Mann feststellt, dass die Leitung eines Unternehmens seine eigene Zeit oder Kraft übersteigt, ruft er Assistenten an, die sich die Leitung mit ihm teilen. Warum sollte ein Mann, der feststellt, dass der Produktionsteil eines Unternehmens seine eigenen Hände übersteigt, denjenigen den Titel „Partner" verweigern, die ihm bei der Produktion helfen? Jedes Unternehmen, das mehr als einen Mann beschäftigt, ist eine Art Partnerschaft. Sobald ein Mann in seinem Unternehmen nach Unterstützung ruft – selbst wenn der Assistent noch ein Junge ist –, hat er sich einen Partner zugelegt. Er selbst kann der alleinige Eigentümer der Ressourcen des Unternehmens und der alleinige Leiter seiner Geschäftstätigkeit sein, aber nur solange er alleiniger Manager und alleiniger Produzent bleibt, kann er vollständige Unabhängigkeit beanspruchen. Kein Mann ist unabhängig, solange er sich auf die Hilfe eines anderen verlassen muss. Es ist eine wechselseitige Beziehung – der Chef ist der Partner seines Arbeiters, der Arbeiter ist der Partner seines Chefs. Und wenn dies der Fall ist, ist es für die eine oder andere Gruppe sinnlos anzunehmen, dass sie die einzige unverzichtbare Einheit ist. Beide sind unverzichtbar. Der eine kann nur auf Kosten des anderen übermäßige Durchsetzungskraft erlangen – und schließlich auch auf seine eigenen Kosten. Es ist äußerst töricht, wenn sich das Kapital oder die Arbeiterschaft als Gruppen betrachten. Sie sind Partner. Wenn sie sich gegenseitig zerren und zerren, schaden sie lediglich der Organisation, in der sie Partner sind und von der beide Unterstützung beziehen.

Der Arbeitgeber als Chef sollte bestrebt sein, bessere Löhne zu zahlen als jede vergleichbare Branche, und der Arbeiter sollte bestrebt sein, dies zu ermöglichen. Natürlich gibt es in allen Betrieben Männer, die zu glauben scheinen, dass sie ihr Bestes geben, nur zum Vorteil des Arbeitgebers – und überhaupt nicht zu ihrem eigenen. Es ist schade, dass es ein solches Gefühl gibt. Aber es existiert und vielleicht hat es eine gewisse Berechtigung. Wenn ein Arbeitgeber seine Männer dazu anhält, ihr Bestes zu geben, und die Männer nach einer Weile lernen, dass ihr Bestes keine Belohnung einbringt, dann fallen sie natürlich wieder in den Modus des „Durchkommens" zurück. Aber wenn sie die Früchte harter Arbeit in ihrem Lohn sehen – den Beweis, dass härtere Arbeit mehr Lohn bedeutet – dann beginnen sie auch zu lernen, dass sie ein Teil des Unternehmens sind und dass dessen Erfolg von ihnen abhängt und ihr Erfolg davon abhängt.

„Was soll der Arbeitgeber zahlen?" – „Was soll der Arbeitnehmer erhalten?" Das sind nur zweitrangige Fragen. Die grundlegende Frage ist: „Was kann das Unternehmen ertragen?" Sicherlich kann kein Unternehmen Ausgaben ertragen, die seine Einnahmen übersteigen. Wenn man Wasser aus einem Brunnen schneller pumpt, als das Wasser hineinfließt, versiegt der Brunnen. Und wenn der Brunnen versiegt, verdursten diejenigen, die von ihm abhängig sind. Und wenn sie sich vielleicht vorstellen, sie könnten einen Brunnen leerpumpen und dann zu einem anderen Brunnen wechseln, ist es nur eine Frage der Zeit, bis alle Brunnen trocken sind. Es gibt heute eine weitverbreitete Forderung nach gerechter verteilten Vergütungen, aber man muss erkennen, dass es Grenzen für Vergütungen gibt. Das Unternehmen selbst setzt die Grenzen. Sie können nicht 150.000 Dollar aus einem Unternehmen ausschütten, das nur 100.000 Dollar einbringt. Das Unternehmen begrenzt die Löhne, aber begrenzt irgendetwas das Unternehmen? Das Unternehmen begrenzt sich selbst, indem es schlechten Präzedenzfällen folgt.

Wenn die Leute statt zu sagen: „Der Arbeitgeber sollte dies und das tun", sagen würden: „Das Geschäft sollte so gefördert und geführt werden, dass es dies und das tun kann", würden sie etwas erreichen. Denn nur das Geschäft kann Löhne zahlen. Natürlich kann der Arbeitgeber das nicht, es sei denn, das Geschäft rechtfertigt es. Aber was ist zu tun, wenn das Geschäft höhere Löhne rechtfertigt und der Arbeitgeber sich weigert? In der Regel bedeutet ein Geschäft den Lebensunterhalt zu vieler Menschen, als dass man daran herumpfuschen könnte. Es ist ein Verbrechen, ein Geschäft zu ermorden, für das eine große Zahl von Menschen ihre Arbeitskraft bereitgestellt hat und das sie als ihr Einsatzgebiet und ihre Lebensgrundlage betrachtet haben. Das Geschäft durch einen Streik oder eine Aussperrung zu ruinieren, hilft nichts. Der Arbeitgeber kann nichts erreichen, wenn er die Angestellten ansieht und sich fragt: „Wie wenig kann ich sie dazu bringen, zu nehmen?" Und der Angestellte auch nicht, wenn er zurückstarrt und fragt: „Wie viel kann ich ihn zwingen zu geben?" Letzten Endes werden sich beide der Wirtschaft zuwenden und fragen müssen: „Wie lässt sich diese Branche sicher und profitabel machen, sodass sie uns allen einen sicheren und komfortablen Lebensunterhalt bieten kann?"

Aber keineswegs alle Arbeitgeber oder alle Arbeitnehmer werden klar denken. Die Gewohnheit, kurzsichtig zu handeln, lässt sich nur schwer ablegen. Was kann man tun? Nichts. Keine Regeln oder Gesetze werden die Veränderungen bewirken . Aber aufgeklärtes Eigeninteresse wird es. Es dauert eine Weile, bis sich Aufklärung verbreitet. Aber sie muss sich verbreiten, denn das Anliegen, in dem sowohl Arbeitgeber als auch Arbeitnehmer auf dasselbe Dienstleistungsziel hinarbeiten, wird sich in der Wirtschaft zwangsläufig durchsetzen.

Was meinen wir überhaupt mit hohen Löhnen?

Wir meinen einen höheren Lohn als vor zehn Monaten oder zehn Jahren. Wir meinen keinen höheren Lohn als den, der gezahlt werden sollte. Unsere hohen Löhne von heute können in zehn Jahren niedrige Löhne sein.

Wenn es für den Geschäftsführer eines Unternehmens richtig ist, zu versuchen, die Dividenden zu erhöhen, dann ist es ebenso richtig, dass er versucht, höhere Löhne zu zahlen. Aber es ist nicht der Geschäftsführer des Unternehmens, der die hohen Löhne zahlt. Wenn er es natürlich nicht kann und will, dann trägt er die Schuld. Aber er allein kann hohe Löhne niemals ermöglichen. Hohe Löhne können nur gezahlt werden, wenn die Arbeiter sie verdienen. Ihre Arbeit ist der Produktivfaktor. Sie ist nicht der einzige Produktivfaktor – schlechtes Management kann Arbeit und Material verschwenden und die Anstrengungen der Arbeiter zunichtemachen . Arbeit kann die Ergebnisse guten Managements zunichtemachen. Aber in einer Partnerschaft zwischen fähigem Management und ehrlicher Arbeit ist es der Arbeiter, der hohe Löhne möglich macht. Er investiert seine Energie und sein Können, und wenn er eine ehrliche, aufrichtige Investition tätigt, sollten hohe Löhne seine Belohnung sein. Er hat sie nicht nur verdient, sondern auch maßgeblich zu ihrer Entstehung beigetragen.

Es sollte jedoch klar sein, dass der hohe Lohn in der Werkstatt beginnt. Wenn er nicht dort geschaffen wird, kann er nicht in die Lohntüten gelangen. Es wird nie ein System erfunden werden, das die Notwendigkeit der Arbeit überflüssig macht. Dafür hat die Natur gesorgt. Müßige Hände und Köpfe waren für keinen von uns bestimmt. Arbeit ist unsere geistige Gesundheit, unsere Selbstachtung, unsere Rettung. Arbeit ist alles andere als ein Fluch, sondern der größte Segen. Genaue soziale Gerechtigkeit ergibt sich nur aus ehrlicher Arbeit. Der Mann, der viel beiträgt, sollte viel zurücknehmen. Daher ist bei der Zahlung von Löhnen kein Element der Wohltätigkeit vorhanden. Der Arbeitertyp, der dem Unternehmen das Beste gibt, was in ihm steckt, ist der beste Arbeitertyp, den ein Unternehmen haben kann. Und man kann nicht erwarten, dass er dies auf unbestimmte Zeit tut, ohne dass sein Beitrag angemessen anerkannt wird. Der Mann, der zur Arbeit geht und das Gefühl hat, dass er, egal wie viel er gibt, nicht genug zurückbekommt, um über Not zu verfügen, ist nicht in der Verfassung, seine Tagesarbeit zu verrichten. Er ist ängstlich und besorgt, und das alles wirkt sich negativ auf seine Arbeit aus.

Wenn ein Mann jedoch das Gefühl hat, dass seine tägliche Arbeit nicht nur seine Grundbedürfnisse deckt, sondern ihm auch ein gewisses Maß an Komfort bietet und es ihm ermöglicht, seinen Kindern und Kindern eine Chance und seiner Frau etwas Lebensfreude zu geben, dann sieht er seinen Job gut und er ist frei, sein Bestes zu geben. Das ist gut für ihn und gut für das Unternehmen. Der Mann, der aus seiner täglichen Arbeit keine gewisse Befriedigung zieht, verliert den größten Teil seines Gehalts.

Denn die tägliche Arbeit ist eine große Sache – eine sehr große Sache! Sie bildet die Grundlage der Welt; sie ist die Basis unserer Selbstachtung. Und der Arbeitgeber sollte immer härter arbeiten als jeder seiner Männer. Der Arbeitgeber, der ernsthaft versucht, seine Pflicht in der Welt zu erfüllen, muss ein harter Arbeiter sein. Er kann nicht sagen: „Ich habe so und so viele tausend Männer, die für mich arbeiten." Tatsache ist, dass so und so viele tausend Männer für ihn arbeiten – und je besser sie arbeiten, desto mehr müssen sie ihn mit dem Verkauf ihrer Produkte beschäftigen. Löhne und Gehälter sind feste Beträge, und das muss so sein, damit man eine Grundlage hat, auf der man rechnen kann. Löhne und Gehälter sind eine Art Gewinnbeteiligung, die im Voraus festgelegt wird, aber es kommt oft vor, dass man nach Abschluss des Geschäftsjahres feststellt, dass mehr gezahlt werden kann. Und dann sollte mehr gezahlt werden. Wenn wir alle im Geschäft zusammenarbeiten, sollten wir alle einen Anteil am Gewinn haben – in Form eines guten Lohns oder Gehalts oder einer zusätzlichen Vergütung. Und dies wird nun allmählich allgemein anerkannt.

Es besteht jetzt eine klare Forderung, dass die menschliche Seite des Geschäftslebens auf eine gleichberechtigte Position neben der materiellen Seite gehoben wird. Und das wird geschehen. Es ist nur eine Frage, ob dies auf kluge Weise geschehen wird – auf eine Weise, die die materielle Seite, die uns jetzt ernährt, bewahrt, oder auf unkluge Weise und auf eine Weise, die uns alle Vorteile der Arbeit der vergangenen Jahre nimmt. Das Geschäft stellt unseren nationalen Lebensunterhalt dar, es spiegelt unseren wirtschaftlichen

Fortschritt wider und gibt uns unseren Platz unter anderen Nationen. Das wollen wir nicht gefährden. Was wir wollen, ist eine bessere Anerkennung des menschlichen Elements im Geschäft. Und sicherlich kann dies ohne Störungen, ohne Verluste für irgendjemanden, ja mit einem größeren Nutzen für jeden Menschen erreicht werden. Und das Geheimnis all dessen liegt in der Anerkennung menschlicher Partnerschaft. Solange nicht jeder Mensch sich selbst absolut genügt und die Dienste eines anderen Menschen in irgendeiner Funktion benötigt, werden wir nie über die Notwendigkeit der Partnerschaft hinauskommen.

Dies sind die grundlegenden Wahrheiten in Bezug auf Löhne. Sie sind Partnerschaftsverteilungen.

Wann kann ein Lohn als angemessen angesehen werden? Wie viel Lebensunterhalt kann man vernünftigerweise von der Arbeit erwarten? Haben Sie jemals darüber nachgedacht, was ein Lohn tut oder tun sollte? Zu sagen, dass er die Lebenshaltungskosten decken sollte, ist fast nichts. Die Lebenshaltungskosten hängen weitgehend von der Effizienz der Produktion und des Transports ab; und die Effizienz dieser beiden Bereiche ist die Summe der Effizienz des Managements und der Arbeiter. Gute Arbeit, gut gemanagt, sollte zu hohen Löhnen und niedrigen Lebenshaltungskosten führen. Wenn wir versuchen, die Löhne an den Lebenshaltungskosten auszurichten, kommen wir nicht weiter. Die Lebenshaltungskosten sind ein Ergebnis, und wir können nicht erwarten, ein Ergebnis konstant zu halten, wenn wir die Faktoren, die das Ergebnis hervorbringen, ständig verändern. Wenn wir versuchen, die Löhne entsprechend den Lebenshaltungskosten auszurichten, ahmen wir einen Hund nach, der seinen Schwanz jagt. Und wer ist überhaupt kompetent zu sagen, auf welcher Art von Lebensunterhalt wir die Kosten basieren sollen? Lassen Sie uns unseren Blick erweitern und sehen, was ein Lohn für die Arbeiter ist – und was er sein sollte.

Der Lohn deckt alle Verpflichtungen des Arbeiters außerhalb der Werkstatt; er deckt alle notwendigen Dienstleistungen und Managementaufgaben innerhalb der Werkstatt. Die produktive Arbeit des Tages ist die wertvollste Fundgrube, die je erschlossen wurde. Natürlich sollte er nicht weniger als alle Verpflichtungen des Arbeiters außerhalb der Werkstatt abdecken. Und natürlich sollte er auch für die letzten Tage des Arbeiters sorgen, wenn er nicht mehr arbeiten kann – und auch nicht mehr nötig sein sollte. Und wenn er auch diese Tage abdecken soll, muss die Industrie an einen Produktions-, Verteilungs- und Vergütungsplan angepasst werden, der die Abflüsse in die Taschen derjenigen stoppt, die nicht an der Produktion mitwirken. Um ein System zu schaffen, das vom Wohlwollen wohlwollender Arbeitgeber ebenso unabhängig ist wie vom Übelwollen selbstsüchtiger, müssen wir eine Grundlage in den tatsächlichen Tatsachen des Lebens selbst finden.

Es kostet genauso viel körperliche Kraft, einen Tag lang zu arbeiten, wenn Weizen 1 Dollar pro Scheffel kostet, wie wenn Weizen 2,50 Dollar pro Scheffel kostet. Eier können 12 Cent pro Dutzend oder 90 Cent pro Dutzend kosten. Welchen Unterschied macht es hinsichtlich der Energieeinheiten, die ein Mensch für eine produktive Tagesarbeit verbraucht? Wenn es nur um den Menschen selbst ginge, wären die Kosten seines Lebensunterhalts und der Gewinn, den er erzielen sollte, eine einfache Angelegenheit. Aber er ist nicht nur ein Individuum. Er ist ein Bürger, der zum Wohl der Nation beiträgt. Er ist ein Hausbesitzer. Er ist vielleicht ein Vater mit Kindern, die mit dem, was er verdienen kann, zu nützlichen Menschen erzogen werden müssen. Wir müssen mit all diesen Tatsachen rechnen. Wie wollen Sie den Beitrag des Hauses zur Tagesarbeit berechnen? Sie bezahlen den Mann für seine Arbeit, aber wie viel verdankt diese Arbeit seinem Zuhause? Wie viel seiner Stellung als Bürger? Wie viel seiner Stellung als Vater? Der Mann macht die Arbeit im Laden, aber seine Frau macht die Arbeit im Haus. Der Laden muss sie beide bezahlen. Nach welchem Berechnungssystem wird das Zuhause seinen Platz in den Kostenaufstellungen der Tagesarbeit finden? Ist der Lebensunterhalt des Mannes als „Kosten" anzusehen? Und ist seine Fähigkeit, ein Zuhause und eine Familie zu haben, der „Gewinn"? Ist der Gewinn einer Tagesarbeit nur auf Bargeldbasis zu berechnen, gemessen an dem Betrag, der einem Mann übrig bleibt, nachdem er alle seine eigenen Bedürfnisse und die seiner Familie befriedigt hat? Oder sind all diese Beziehungen streng unter dem Kostenposten zu betrachten und der Gewinn völlig unabhängig davon zu berechnen? Das heißt, nachdem er sich und seine Familie ernährt, sie gekleidet, untergebracht, erzogen und ihnen die Privilegien gewährt hat, die zu ihrem Lebensstandard gehören, sollte dann noch etwas mehr in Form von Spargewinnen vorgesehen werden? Und ist das alles ordnungsgemäß der Tagesarbeit zuzurechnen? Ich denke, das ist so. Andernfalls haben wir die schreckliche Aussicht, dass kleine Kinder und ihre Mütter gezwungen werden, zur Arbeit zu gehen.

Dies sind Fragen, die genaue Beobachtung und Berechnung erfordern. Es gibt wohl keinen Aspekt unseres Wirtschaftslebens, der uns mehr überraschen würde als das Wissen darüber, was genau die Belastung der täglichen Arbeit ist. Es ist vielleicht möglich, genau zu bestimmen – wenn auch mit erheblichen Eingriffen in die tägliche Arbeit selbst –, wie viel Energie die tägliche Arbeit einem Menschen abverlangt. Aber es ist überhaupt nicht möglich, genau zu bestimmen, wie viel Energie er für die Anforderungen des nächsten Tages wieder einsetzen muss. Ebenso wenig ist es möglich zu bestimmen, wie viel dieser verbrauchten Energie er überhaupt nicht zurückerhalten kann. Die Wirtschaft hat noch nie einen Tilgungsfonds zur Wiederbeschaffung der Kraft eines Arbeiters entwickelt. Es ist möglich, eine Art Tilgungsfonds in Form von Altersrenten einzurichten. Aber Renten berücksichtigen nicht den Gewinn, den die tägliche Arbeit abwerfen sollte, um alle Gemeinkosten des Lebens, alle physischen Verluste und die unvermeidliche Verschlechterung des Zustands des Arbeiters zu decken.

Die besten Löhne, die bisher gezahlt wurden, sind bei weitem nicht so hoch, wie sie sein sollten. Die Unternehmen sind noch nicht gut genug organisiert und ihre Ziele sind noch nicht klar genug, um mehr als einen Bruchteil der Löhne zahlen zu können, die gezahlt werden sollten. Das ist ein Teil der Arbeit, die vor uns liegt. Es trägt nicht zur Lösung bei, wenn man über die Abschaffung des Lohnsystems und dessen Ersetzung durch Gemeineigentum spricht. Das Lohnsystem ist das einzige, das wir haben, bei dem Beiträge zur Produktion entsprechend ihrem Wert belohnt werden können. Nehmen wir das Lohnmaß weg, und wir haben allgemeine Ungerechtigkeit. Vervollkommnen wir das System, und wir können allgemeine Gerechtigkeit haben.

Ich habe im Laufe der Jahre viel über Löhne gelernt. Ich glaube in erster Linie, dass unsere eigenen Umsätze, alle anderen Überlegungen beiseite gelassen, in gewissem Maße von den Löhnen abhängen, die wir zahlen. Wenn wir hohe Löhne verteilen können, wird dieses Geld ausgegeben und dient dazu, Ladenbesitzern, Händlern, Herstellern und Arbeitern in anderen Branchen mehr Wohlstand zu verschaffen, und ihr Wohlstand wird sich in unseren Umsätzen niederschlagen. Landesweit hohe Löhne bedeuten landesweiten Wohlstand, vorausgesetzt jedoch, dass die höheren Löhne für eine höhere Produktion gezahlt werden. Die Zahlung hoher Löhne und die Senkung der Produktion ist der Beginn eines schleppenden Geschäfts.

Wir brauchten einige Zeit, um uns mit den Löhnen vertraut zu machen, und erst als wir die Produktion des „Modells T" gründlich begonnen hatten, konnten wir uns ausrechnen, wie hoch die Löhne sein sollten. Zuvor hatten wir eine Gewinnbeteiligung. Seit einigen Jahren hatten wir am Ende jedes Jahres einen Prozentsatz unseres Verdienstes an die Mitarbeiter verteilt. So haben wir beispielsweise schon 1909 80.000 Dollar auf der Grundlage der Dienstjahre ausgezahlt. Ein Mitarbeiter mit einem Jahr Betriebszugehörigkeit erhielt 5 Prozent seines Jahreslohns, ein Mitarbeiter mit zwei Jahren Betriebszugehörigkeit 7,5 Prozent und ein Mitarbeiter mit drei Jahren Betriebszugehörigkeit 10 Prozent. Der Einwand gegen diesen Plan war, dass er keinen direkten Bezug zur Tagesarbeit hatte. Ein Mitarbeiter bekam seinen Anteil erst lange nach getaner Arbeit und dann fast wie ein Geschenk. Es ist immer bedauerlich, wenn der Lohn mit Wohltätigkeit verbunden ist.

Und außerdem wurden die Löhne nicht wissenschaftlich an die Arbeitsplätze angepasst. Der Mann in Arbeitsplatz „A" erhielt möglicherweise einen bestimmten Lohn und der Mann in Arbeitsplatz „B" einen höheren Lohn, während Arbeitsplatz „A" tatsächlich mehr Geschick oder Anstrengung erforderte als Arbeitsplatz „B". Es schleicht sich eine Menge Ungerechtigkeit in die Lohnsätze ein, wenn weder Arbeitgeber noch Arbeitnehmer wissen, dass der gezahlte Lohn nicht nur durch eine Schätzung ermittelt wurde. Daher haben wir ab etwa 1913 Zeitstudien aller Tausenden von Arbeitsgängen in den Werkstätten durchgeführt. Durch eine Zeitstudie ist es theoretisch möglich, die Leistung eines Mannes zu bestimmen. Dann ist es unter Berücksichtigung großer Abweichungen möglich, eine zufriedenstellende Standardleistung für einen Tag zu ermitteln und unter Berücksichtigung der Fähigkeiten einen Lohn zu ermitteln, der mit einiger Genauigkeit das Maß an Geschick und Anstrengung ausdrückt, das in einen Arbeitsplatz einfließt – und wie viel von dem Mann in dem Arbeitsplatz als Gegenleistung für den Lohn erwartet werden kann. Ohne wissenschaftliche Studie weiß der Arbeitgeber nicht, warum er einen Lohn zahlt, und der Arbeiter weiß nicht, warum er ihn bekommt. Auf der Grundlage von Zeitangaben wurden sämtliche Arbeiten in unserem Werk standardisiert und die Tarife festgelegt.

Bei uns gibt es keine Akkordarbeit. Manche Arbeiter werden pro Tag und manche pro Stunde bezahlt, aber in praktisch allen Fällen gibt es eine vorgeschriebene Standardleistung, die ein Arbeiter nicht unterschreiten darf. Wäre das anders, wüssten weder der Arbeiter noch wir selbst , ob wir Lohn verdienen oder nicht. Es muss einen festgelegten Arbeitstag geben, bevor ein richtiger Lohn gezahlt werden kann. Wachmänner werden für ihre Anwesenheit bezahlt. Arbeiter werden für ihre Arbeit bezahlt.

Mit diesen Fakten im Hinterkopf kündigten wir im Januar 1914 eine Art Gewinnbeteiligungsplan an und setzten ihn in Kraft, bei dem der Mindestlohn für jede Art von Arbeit und unter bestimmten Bedingungen fünf Dollar pro Tag betrug. Gleichzeitig reduzierten wir den Arbeitstag auf acht Stunden – vorher waren es neun – und die Woche auf 48 Stunden. Dies war eine völlig freiwillige Handlung. Alle unsere Lohnsätze waren freiwillig. Es war unserer Ansicht nach ein Akt sozialer Gerechtigkeit, und letzten Endes taten wir es zu unserer eigenen Befriedigung. Es ist ein Vergnügen, zu fühlen, dass man andere glücklich gemacht hat – dass man die Belastungen der Mitmenschen in gewissem Maße verringert hat – dass man einen Spielraum geschaffen hat, an dem man Freude haben und sparen kann. Wohlwollen ist eines der wenigen wirklich wichtigen Güter im Leben. Ein entschlossener Mann kann fast alles gewinnen, was er anstrebt, aber wenn er nicht auf seinem Weg Wohlwollen gewinnt, hat er nicht viel davon.

Es war jedoch in keiner Weise Wohltätigkeit im Spiel. Das wurde im Allgemeinen nicht verstanden. Viele Arbeitgeber dachten, wir würden die Ankündigung nur machen, weil wir wohlhabend waren und Werbung wollten, und sie verurteilten uns, weil wir Standards durcheinanderbrachten – den Brauch verletzten, einem Mann den kleinsten Betrag zu zahlen, den er nehmen würde. An solchen Standards und Bräuchen ist nichts auszusetzen.

Sie müssen ausgerottet werden. Eines Tages werden sie es. Andernfalls können wir die Armut nicht abschaffen. Wir haben die Änderung nicht nur vorgenommen, weil wir höhere Löhne zahlen wollten und dachten, wir könnten sie zahlen. Wir wollten diese Löhne zahlen, damit das Geschäft auf einer dauerhaften Grundlage steht. Wir haben nichts verteilt – wir haben für die Zukunft gebaut. Ein Niedriglohngeschäft ist immer unsicher.

Wahrscheinlich haben nur wenige Industriemeldungen weltweit so viel Aufsehen erregt wie diese, und kaum eine davon hat die Fakten richtig wiedergegeben. Die Arbeiter glaubten im Allgemeinen, sie würden fünf Dollar pro Tag bekommen, unabhängig davon, welche Arbeit sie verrichteten.

Die Fakten unterschieden sich etwas von dem allgemeinen Eindruck. Der Plan sah vor, die Gewinne auszuschütten, aber anstatt zu warten, bis die Gewinne erwirtschaftet waren, sollten sie im Voraus geschätzt und unter bestimmten Bedingungen den Löhnen derjenigen Personen hinzugefügt werden, die seit sechs Monaten oder länger bei der Firma beschäftigt waren. Die Beteiligung wurde in drei Kategorien von Arbeitnehmern eingeteilt:

(1) Verheiratete Männer, die mit ihrer Familie zusammenleben und für sie sorgen.

(2) Alleinstehende Männer über zweiundzwanzig Jahre, die nachweislich sparsam leben.

(3) Junge Männer unter zweiundzwanzig Jahren und Frauen, die den alleinigen Unterhalt eines nahen Angehörigen sichern.

Zuerst erhielt ein Arbeiter seinen gerechten Lohn, der damals im Durchschnitt etwa fünfzehn Prozent über dem üblichen Marktlohn lag. Dann hatte er Anspruch auf einen bestimmten Gewinn. Sein Lohn plus sein Gewinn wurden so berechnet, dass sie ein tägliches Mindesteinkommen von fünf Dollar ergaben. Der Gewinnanteil wurde auf Stundenbasis aufgeteilt und dem Stundenlohn gutgeschrieben, damit diejenigen, die den niedrigsten Stundenlohn erhielten, den größten Anteil am Gewinn erhielten. Er wurde alle zwei Wochen zusammen mit dem Lohn ausgezahlt. Ein Arbeiter, der beispielsweise 34 Cent pro Stunde erhielt, hatte einen Gewinn von 28,5 Cent pro Stunde, was ihm ein tägliches Einkommen von fünf Dollar einbrachte. Ein Arbeiter, der 54 Cent pro Stunde erhielt, hatte einen Gewinn von 21 Cent pro Stunde, was ihm ein tägliches Einkommen von sechs Dollar einbrachte.

Es war eine Art Plan zur Wohlstandsverteilung. Aber unter Bedingungen. Der Mann und sein Zuhause mussten bestimmte Standards in Bezug auf Sauberkeit und Staatsbürgerschaft erfüllen. Es war nichts Väterliches beabsichtigt! - ein gewisses Maß an Paternalismus entwickelte sich tatsächlich, und das ist ein Grund, warum der gesamte Plan und die Sozialabteilung neu angepasst wurden. Aber am Anfang war die Idee, dass es einen sehr deutlichen Anreiz zu einem besseren Leben geben sollte und dass der allerbeste Anreiz eine Geldprämie für ein ordentliches Leben war. Ein Mann, der richtig lebt, wird seine Arbeit richtig machen. Und dann wollten wir auch die Möglichkeit vermeiden, den Arbeitsstandard durch einen höheren Lohn zu senken. In Kriegszeiten hat sich gezeigt, dass eine zu schnelle Erhöhung des Lohns eines Mannes manchmal nur seine Habgier steigert und daher seine Ertragskraft verringert. Wenn wir am Anfang einfach die Erhöhung in die Lohntüten gesteckt hätten, dann wären die Arbeitsstandards sehr wahrscheinlich zusammengebrochen. Der Lohn von etwa der Hälfte der Männer wurde im neuen Plan verdoppelt ; man hätte es als „leicht verdientes Geld" betrachten können. Der Gedanke an leicht verdientes Geld zerstört die Arbeit. Es ist gefährlich, den Lohn eines jeden zu schnell zu erhöhen – egal, ob er vorher einen oder hundert Dollar pro Tag bekommen hat. Tatsächlich würde sich ein Mann, der hundert Dollar pro Tag verdient, wahrscheinlich noch mehr blamieren, wenn sein Gehalt über Nacht auf dreihundert Dollar pro Tag erhöht würde, als der Arbeiter, dessen Lohn von einem auf drei Dollar pro Stunde erhöht wird. Der Mann mit dem größeren Geldbetrag hat die größere Chance, sich zu blamieren.

In diesem ersten Plan wurden keine kleinlichen Standards gefordert – obwohl sie manchmal vielleicht kleinlich umgesetzt wurden. Wir hatten etwa fünfzig Ermittler in der Sozialabteilung; der Standard an gesundem Menschenverstand war bei ihnen in der Tat sehr hoch, aber es ist unmöglich, fünfzig Männer zusammenzubringen, die gleichermaßen mit gesundem Menschenverstand ausgestattet sind. Sie haben sich manchmal geirrt – man hört immer von den Fehlern. Um den Bonus zu erhalten, wurde erwartet, dass verheiratete Männer bei ihren Familien leben und für sie sorgen. Wir mussten den schlechten Brauch vieler ausländischer Arbeiter beenden, Untermieter aufzunehmen – ihr Zuhause als etwas zu betrachten, womit man Geld verdienen kann, und nicht als einen Ort zum Leben. Jungen unter achtzehn Jahren erhielten einen Bonus, wenn sie die nächsten Angehörigen unterstützten. Alleinstehende Männer, die ein anständiges Leben führten, teilten. Der beste Beweis dafür, dass der Plan im Wesentlichen von Vorteil war, sind die Aufzeichnungen. Als der Plan in Kraft trat, waren 60 Prozent der Arbeiter sofort berechtigt , zu teilen ; nach sechs Monaten teilten 78 Prozent und nach einem Jahr 87 Prozent. Innerhalb von anderthalb Jahren teilte nur ein Bruchteil von einem Prozent nicht .

Die hohen Löhne hatten andere Folgen. 1914, als der erste Plan in Kraft trat, hatten wir 14.000 Angestellte, und es war notwendig, jährlich etwa 53.000 einzustellen, um eine konstante Belegschaft von 14.000 zu halten. 1915 mussten wir nur 6.508 Männer einstellen, und die Mehrheit dieser neuen

Leute wurde aufgrund des Geschäftswachstums eingestellt. Bei der alten Arbeitskräftefluktuation und unserer gegenwärtigen Belegschaft müssten wir jährlich fast 200.000 Männer einstellen – was so gut wie ein unmögliches Unterfangen wäre. Selbst mit dem Minimum an Unterweisung, das erforderlich ist, um fast jede Arbeit bei uns zu meistern, können wir nicht jeden Morgen, jede Woche oder jeden Monat neue Mitarbeiter einstellen; denn obwohl ein Mann innerhalb von zwei oder drei Tagen für eine akzeptable Arbeit mit akzeptablem Tempo qualifiziert sein kann, wird er nach einem Jahr Erfahrung mehr leisten können als zu Beginn. Die Frage der Arbeitskräftefluktuation hat uns seitdem nicht mehr gestört; Es ist ziemlich schwierig, genaue Zahlen anzugeben, denn wenn wir nicht voll ausgelastet sind, wechseln wir einige der Männer aus, um die Arbeit auf möglichst viele zu verteilen. Dadurch ist es schwierig, zwischen freiwilligen und unfreiwilligen Ausscheiden zu unterscheiden. Heute führen wir keine Zahlen mehr; wir legen mittlerweile so wenig Wert auf unseren Umsatz, dass wir uns nicht mehr die Mühe machen, Aufzeichnungen zu führen. Soweit wir wissen, liegt der Umsatz irgendwo zwischen 3 und 6 Prozent pro Monat.

Wir haben Änderungen im System vorgenommen, sind aber von diesem Grundsatz nicht abgewichen:

Wenn Sie von einem Mann erwarten, dass er seine Zeit und Energie investiert, legen Sie seinen Lohn so fest, dass er keine finanziellen Sorgen hat. Das zahlt sich aus. Unsere Gewinne nach Zahlung guter Löhne und eines Bonus – der vor der Systemänderung bei etwa zehn Millionen pro Jahr lag – zeigen, dass die Zahlung guter Löhne die profitabelste Art ist, Geschäfte zu machen.

Es gab Einwände gegen die Methode der Lohnauszahlung auf Grundlage von Verhaltensprämien. Sie tendierte in Richtung Paternalismus. Paternalismus hat in der Industrie keinen Platz. Sozialarbeit, die darin besteht, in die privaten Angelegenheiten der Arbeitnehmer einzudringen, ist veraltet. Männer brauchen Rat und Männer brauchen Hilfe, oft besondere Hilfe; und all dies sollte aus Gründen der Anständigkeit geleistet werden. Aber der umfassende, durchführbare Plan für Investitionen und Beteiligung wird mehr zur Festigung der Industrie und Stärkung der Organisation beitragen als jede Sozialarbeit von außen.

Ohne das Prinzip zu ändern, haben wir die Zahlungsweise geändert.

KAPITEL IX

WARUM NICHT IMMER GUTE GESCHÄFTE MACHEN?

Der Arbeitgeber muss von Jahr zu Jahr leben. Der Arbeiter muss von Jahr zu Jahr leben. Aber beide arbeiten in der Regel wöchentlich. Sie erhalten einen Auftrag oder eine Arbeit, wenn sie können und zu dem Preis, den sie bezahlen können. In einer sogenannten guten Zeit gibt es viele Aufträge und Jobs. In einer „langweiligen" Zeit sind sie rar. Die Geschäfte sind entweder auf Hochtouren oder auf der Kippe und immer entweder „gut" oder „schlecht". Obwohl es nie eine Zeit gibt, in der jeder zu viel von den Gütern dieser Welt hat – in der es allen zu gut geht oder sie zu glücklich sind –, gibt es Zeiten, in denen wir das erstaunliche Schauspiel einer Welt erleben, die nach Gütern hungert, und einer Industriemaschine, die nach Arbeit hungert, und beide – die Nachfrage und die Mittel, sie zu befriedigen – werden durch eine Geldschranke voneinander getrennt. Sowohl die Produktion als auch die Beschäftigung sind ein Auf und Ab. Statt eines stetigen Fortschritts machen wir ruckartige Fortschritte – mal zu schnell, mal ganz zum Stillstand. Wenn sehr viele Menschen kaufen wollen, spricht man von einem Mangel an Gütern. Wenn niemand kaufen will, spricht man von einer Überproduktion von Gütern. Ich weiß, dass wir immer einen Mangel an Gütern hatten, aber ich glaube nicht, dass wir jemals eine Überproduktion hatten. Wir können zu einem bestimmten Zeitpunkt zu viel von der falschen Art von Gütern haben. Das ist keine Überproduktion – das ist lediglich kopflose Produktion. Wir können auch große Warenbestände zu zu hohen Preisen haben. Das ist keine Überproduktion – das ist entweder schlechte Produktion oder schlechte Finanzierung. Ist das Geschäft gut oder schlecht, je nachdem, was das Schicksal diktiert? Müssen wir die Bedingungen als unvermeidlich hinnehmen? Das Geschäft ist gut oder schlecht, je nachdem, was wir dazu machen. Der einzige Grund für den Anbau von Feldfrüchten, für den Bergbau oder für die Produktion ist, dass die Menschen essen, sich warm halten, Kleidung zum Anziehen und Gebrauchsgegenstände haben. Es gibt keinen anderen möglichen Grund, aber dieser Grund wird in den Hintergrund gedrängt und stattdessen werden unsere Geschäfte nicht zum Zweck der Dienstleistung, sondern zum Zweck des Geldverdienens betrieben – und das, weil wir ein Geldsystem entwickelt haben, das statt ein bequemes Tauschmittel zu sein, manchmal ein Hindernis für den Tausch darstellt. Mehr dazu später .

Wir leiden nur deshalb häufig unter sogenannten Pechsträhnen, weil wir so schlecht wirtschaften. Wenn wir eine riesige Missernte hätten, könnte ich mir vorstellen, dass das Land Hunger leiden müsste, aber ich kann mir nicht vorstellen, wie wir Hunger und Armut dulden können, wenn sie doch ausschließlich aus schlechter Geschäftsführung resultieren, und insbesondere aus einer schlechten Geschäftsführung, die in einer unvernünftigen Finanzstruktur steckt. Natürlich hat der Krieg die Dinge in diesem Land durcheinandergebracht. Er hat die ganze Welt durcheinandergebracht. Es hätte keinen Krieg gegeben, wenn die Geschäftsführung besser gewesen wäre. Aber der Krieg allein ist nicht schuld. Der Krieg hat eine große Zahl der Mängel des Finanzsystems offengelegt, aber mehr als alles andere hat er gezeigt, wie unsicher ein Geschäft ist, das nur auf Geld basiert. Ich weiß nicht, ob schlechte Geschäfte das Ergebnis schlechter Finanzmethoden sind oder ob die falschen Motive im Geschäft schlechte Finanzmethoden hervorgebracht haben, aber ich weiß, dass es zwar völlig unerwünscht wäre, das gegenwärtige Finanzsystem umzustürzen, es aber durchaus wünschenswert ist, das Geschäft auf der Grundlage von Dienstleistungen neu zu gestalten. Dann wird ein besseres Finanzsystem her müssen. Das gegenwärtige System wird verschwinden, weil es keine Daseinsberechtigung mehr hat. Der Prozess muss schrittweise erfolgen.

Jeder kann den Anfang zur Stabilisierung seiner eigenen Angelegenheiten machen. Alleine kann man keine perfekten Ergebnisse erzielen, aber wenn das Beispiel anfängt, sich durchzusetzen, wird es Nachahmer geben, und so können wir im Laufe der Zeit hoffen, das aufgeblähte Geschäft und sein Pendant, das deprimierte Geschäft, in eine Klasse mit den Pocken einzuordnen - das heißt in die Klasse der vermeidbaren Krankheiten. Mit der unvermeidlichen Reorganisation von Wirtschaft und Finanzen ist es durchaus möglich, die negativen Auswirkungen der Jahreszeiten, wenn nicht gar der Jahreszeiten, aus der Industrie zu nehmen, ebenso wie die periodischen Depressionen. Die Landwirtschaft befindet sich bereits im Prozess der Reorganisation. Wenn Industrie und Landwirtschaft vollständig reorganisiert sind, werden sie sich ergänzen; sie gehören zusammen, nicht auseinander. Als Anhaltspunkt nehmen wir unsere Ventilfabrik. Wir haben sie achtzehn Meilen außerhalb des Landes errichtet, damit die Arbeiter auch Bauern sein können. Durch den Einsatz von Maschinen braucht die Landwirtschaft nicht mehr als einen Bruchteil der Zeit in Anspruch zu nehmen, die sie jetzt braucht; die Zeit, die die Natur zum Produzieren benötigt, ist viel größer als die, die für den menschlichen Beitrag zum Säen, Kultivieren und Ernten erforderlich ist; In vielen Industriezweigen, in denen die Teile nicht sperrig sind, spielt es keine große Rolle, wo sie hergestellt werden. Mit Hilfe der Wasserkraft können sie in landwirtschaftlichen Gebieten gut hergestellt werden. So können wir in einem weitaus größeren Ausmaß als allgemein bekannt Landwirte und Industrielle haben, die sowohl Landwirtschaft betreiben als auch unter den wissenschaftlichsten und gesündesten Bedingungen arbeiten. Diese Regelung wird für einige Saisonindustrien ausreichen; andere können eine Abfolge von Produkten je nach Saison und Ausrüstung einrichten, und wieder andere können mit sorgfältigerer Verwaltung ihre Saisons ausbügeln. Eine vollständige Untersuchung eines bestimmten Problems wird den Weg weisen.

Die periodischen Depressionen sind noch schwerwiegender, weil sie so gewaltig erscheinen, dass sie unkontrollierbar sind. Solange die gesamte Reorganisation nicht abgeschlossen ist, können sie nicht vollständig kontrolliert werden, aber jeder Geschäftsmann kann leicht etwas für sich selbst tun und, während er seiner eigenen Organisation in sehr materieller Weise nützt, auch anderen helfen. Die Ford-Produktion hat weder gute noch schlechte Zeiten durchgemacht; sie lief ungeachtet der Bedingungen weiter, mit Ausnahme von 1917 bis 1919, als die Fabrik auf Kriegsarbeit umgestellt wurde. Das Jahr 1912-1913 sollte ein langweiliges Jahr sein; obwohl manche es heute als „normal" bezeichnen; wir haben unsere Verkäufe fast verdoppelt; 1913-1914 war langweilig; wir haben unsere Verkäufe um mehr als ein Drittel gesteigert. Das Jahr 1920-1921 soll eines der deprimierendsten in der Geschichte gewesen sein; wir verkauften eineinviertel Millionen Autos, also etwa fünfmal so viele wie 1913-1914 – das „normale Jahr". Darin liegt kein besonderes Geheimnis. Es ist, wie alles andere in unserem Geschäft, das unvermeidliche Ergebnis der Anwendung eines Prinzips, das auf jedes Geschäft angewendet werden kann.

Wir haben jetzt einen Mindestlohn von sechs Dollar pro Tag, der ohne Vorbehalte gezahlt wird. Die Menschen sind an hohe Löhne gewöhnt, so dass eine Überwachung unnötig ist. Der Mindestlohn wird gezahlt, sobald ein Arbeiter die Qualifikation für seine Produktion erreicht hat – was von seinem eigenen Arbeitswillen abhängt. Wir haben unsere Gewinnschätzung in den Lohn einfließen lassen und zahlen jetzt höhere Löhne als während der Boomzeiten nach dem Krieg. Aber wir zahlen sie wie immer auf der Grundlage der geleisteten Arbeit. Und dass die Männer arbeiten, zeigt sich daran, dass, obwohl sechs Dollar pro Tag der Mindestlohn sind, etwa 60 Prozent der Arbeiter mehr als den Mindestlohn erhalten. Die sechs Dollar sind kein Pauschallohn, sondern ein Mindestlohn.

Betrachten wir zunächst die Grundlagen des Wohlstands. Fortschritt wird nicht durch eine Reihe von Kunststücken erreicht. Jeder Schritt muss geregelt werden. Ein Mensch kann nicht erwarten, ohne nachzudenken voranzukommen. Nehmen wir den Wohlstand. Eine wirklich wohlhabende Zeit ist, wenn die meisten Menschen alles bekommen, was sie essen und tragen können, und es ihnen im wahrsten Sinne des Wortes gut geht. Es ist der Grad des Wohlstands der Menschen insgesamt – nicht die Größe des Bankguthabens des Herstellers –, der Wohlstand beweist. Die Funktion des Herstellers besteht darin, zu diesem Wohlstand beizutragen. Er ist ein Instrument der Gesellschaft und kann der Gesellschaft nur dienen, wenn er seine Unternehmen so führt, dass er der Öffentlichkeit ein immer besseres Produkt zu einem immer niedrigeren Preis anbieten kann und gleichzeitig allen, die an seinem Geschäft beteiligt sind, einen immer höheren Lohn zahlt, der auf der von ihnen geleisteten Arbeit basiert. Auf diese Weise und nur auf diese Weise kann ein Hersteller oder jeder andere Unternehmer seine Existenz rechtfertigen.

Wir interessieren uns nicht besonders für die Statistiken und Theorien der Ökonomen über die wiederkehrenden Zyklen von Wohlstand und Depression. Sie bezeichnen die Perioden mit hohen Preisen als „Wohlstandsperioden". Eine wirklich wohlhabende Periode lässt sich jedoch nicht anhand der Preise beurteilen, die die Hersteller für ihre Produkte verlangen.

Es geht uns nicht um Wortkombinationen. Wenn die Preise der Waren über den Einkommen der Menschen liegen, dann müssen die Preise auf das Einkommensniveau gesenkt werden. Normalerweise wird das Geschäft so konzipiert, dass es mit einem Herstellungsprozess beginnt und mit einem Verbraucher endet. Wenn dieser Verbraucher nicht kaufen möchte, was der Hersteller ihm zu verkaufen hat, und nicht das Geld dafür hat, dann gibt der Hersteller dem Verbraucher die Schuld und sagt, das Geschäft laufe schlecht, und so spannt er den Karren vor das Pferd und geht jammernd weiter. Ist das nicht Unsinn?

Existiert der Hersteller für den Verbraucher oder existiert der Verbraucher für den Hersteller? Wenn der Verbraucher das Angebot des Herstellers nicht kaufen will – sagt, er könne es nicht kaufen – ist das dann die Schuld des Herstellers oder des Verbrauchers? Oder ist niemand schuld? Wenn niemand schuld ist, muss der Hersteller sein Geschäft aufgeben.

Doch welches Geschäft hat schon einmal mit dem Hersteller begonnen und mit dem Verbraucher geendet? Woher kommt das Geld, das den Betrieb am Laufen hält? Natürlich vom Verbraucher. Und der Erfolg in der Fertigung beruht einzig und allein auf der Fähigkeit, den Verbraucher nach seinem Geschmack zu bedienen. Qualität kann ihm dienen oder der Preis. Am besten ist ihm die höchste Qualität zum niedrigsten Preis, und jeder, der dem Verbraucher die höchste Qualität zum niedrigsten Preis bieten kann, wird zwangsläufig ein Marktführer sein, ganz gleich, welche Art von Produkten er herstellt. Daran führt kein Weg vorbei.

Warum also herumtrödeln und auf gute Geschäfte warten? Senken Sie die Kosten durch besseres Management. Bringen Sie die Preise auf das Niveau der Kaufkraft.

Lohnkürzungen sind die einfachste und schlampigste Art, mit der Situation umzugehen, ganz zu schweigen davon, dass es eine unmenschliche Art ist. Tatsächlich wird den Arbeitern damit die Unfähigkeit der Unternehmensleiter vorgeworfen. Wenn wir es nur wüssten, jede Depression ist für jeden Hersteller eine Herausforderung, mehr Verstand in sein Unternehmen zu stecken – durch das Management zu überwinden, was andere Leute durch Lohnkürzungen zu überwinden versuchen. Die Löhne zu manipulieren, bevor alles andere geändert wird, heißt, dem wirklichen Problem auszuweichen. Und wenn das wirkliche Problem zuerst angegangen wird, ist möglicherweise keine Lohnkürzung notwendig. Das ist meine Erfahrung. Der unmittelbare praktische Punkt ist, dass im Anpassungsprozess jemand einen Verlust hinnehmen muss. Und wer kann einen Verlust hinnehmen, außer denen, die etwas haben, dessen Verlust sie sich leisten können? Aber der Ausdruck „einen Verlust hinnehmen" ist ziemlich irreführend. In Wirklichkeit wird überhaupt kein Verlust hingenommen. Es geht nur darum, einen bestimmten Teil der vergangenen Gewinne aufzugeben, um in der Zukunft mehr zu gewinnen. Ich habe vor kurzem mit einem Eisenwarenhändler in einer Kleinstadt gesprochen. Er sagte:

"Ich rechne mit einem Verlust von 10.000 Dollar bei meinen Aktien. Aber natürlich ist es nicht wirklich so, dass ich so viel verliere. Wir Eisenwarenhändler haben ziemlich gute Zeiten hinter uns. Die meisten meiner Aktien wurden zu hohen Preisen gekauft, aber ich habe bereits mehrere Aktien verkauft und davon profitiert. Außerdem sind die zehntausend Dollar, die ich verlieren werde, nicht die gleichen Dollar, die ich früher hatte. Es sind in gewisser Weise Spekulationsdollar. Es sind nicht die guten Dollar, die man für 100 Cent bekommen konnte. Obwohl mein Verlust also groß erscheinen mag, ist er nicht groß. Und gleichzeitig mache ich es den Leuten in meiner Stadt möglich, ihre Häuser weiter zu bauen, ohne durch die Größe des Eisenwarenartikels entmutigt zu werden."

Er ist ein kluger Kaufmann. Er würde lieber weniger Gewinn machen und das Geschäft am Laufen halten, als seine Waren zu hohen Preisen anzubieten und den Fortschritt seiner Gemeinde zu behindern. Ein Mann wie er ist eine Bereicherung für eine Stadt. Er hat einen klaren Kopf. Er ist besser in der Lage, die Anpassung durch seine Warenbestände zu steuern, als durch Lohnkürzungen für seine Liefermänner – indem er ihre Kaufkraft einschränkt.

Er blieb nicht einfach bei seinen Preisen und wartete darauf, dass sich etwas änderte. Er erkannte, was anscheinend allgemein in Vergessenheit geraten ist: dass es zum Unternehmertum gehört, hin und wieder Geld zu verlieren. Wir mussten unseren Verlust hinnehmen.

Unsere Umsätze gingen schließlich zurück, so wie alle anderen Umsätze zurückgingen. Wir hatten einen großen Lagerbestand und konnten, wenn wir die Materialien und Teile in diesem Bestand zu ihren Selbstkostenpreisen nahmen, kein Auto zu einem niedrigeren Preis produzieren, als wir verlangten, aber dieser Preis war zu Beginn des Geschäfts höher, als die Leute zahlen konnten oder wollten. Wir schlossen, um uns zu orientieren. Wir standen vor der Entscheidung, 17.000.000 Dollar vom Lagerbestand abzuziehen oder einen noch viel größeren Verlust zu erleiden, wenn wir keine Geschäfte machten. Es gab also überhaupt keine Wahl.

Das ist immer die Wahl, die ein Geschäftsmann hat. Er kann den direkten Verlust in Kauf nehmen und weitermachen oder er kann aufhören, Geschäfte zu machen und den Verlust durch Nichtstun in Kauf nehmen. Der Verlust, der entsteht, wenn man keine Geschäfte macht, ist in der Regel größer als der tatsächliche Geldverlust, denn während der Zeit des Nichtstuns wird die Angst die Initiative rauben, und wenn die Unterbrechung lange genug dauert, bleibt keine Energie mehr übrig, um wieder anzufangen.

Es hat keinen Sinn, darauf zu warten, dass sich die Geschäftslage verbessert. Wenn ein Hersteller seine Aufgabe erfüllen will, muss er seine Preise auf ein Niveau senken, das die Leute zu zahlen bereit sind. Es gibt immer, egal unter welchen Umständen, einen Preis, den die Leute für eine Notwendigkeit zahlen können und wollen, und wenn der Wille vorhanden ist, kann dieser Preis immer erreicht werden.

Man kann ihm nicht durch Qualitätsminderung oder kurzsichtige Sparsamkeit begegnen, die nur zu unzufriedenen Arbeitskräften führt. Man kann ihm nicht durch Aufregung oder Herumgerede begegnen. Man kann ihm nur begegnen, indem man die Effizienz der Produktion steigert, und so gesehen sollte jede sogenannte Konjunkturkrise als eine Herausforderung für die Gehirne der Geschäftswelt betrachtet werden. Sich auf Preise statt auf Service zu konzentrieren, ist ein sicheres Anzeichen für die Art von Geschäftsmann, der seine Existenz als Eigentümer nicht rechtfertigen kann.

Das ist nur eine andere Art zu sagen, dass Verkäufe auf der natürlichen Grundlage des realen Wertes erfolgen sollten, also der Kosten für die Umwandlung menschlicher Energie in Handels- und Gewerbeartikel. Aber diese einfache Formel gilt nicht als geschäftsmäßig. Sie ist nicht komplex genug. Wir haben ein „Geschäft", das die ehrlichste aller menschlichen Aktivitäten der spekulativen Schlauheit von Menschen unterwirft, die falsche Engpässe bei Lebensmitteln und anderen Waren erzeugen und so in der Gesellschaft Nachfrageängste schüren können. Wir haben falsche Stimulation und dann falsche Taubheit.

Die wirtschaftliche Gerechtigkeit wird ständig und oft auch unschuldig verletzt. Sie können sagen, dass es die wirtschaftliche Lage ist, die die Menschheit zu dem macht, was sie ist; oder Sie können sagen, dass es die Menschheit ist, die die wirtschaftliche Lage zu dem macht, was sie ist. Sie werden viele finden, die behaupten, dass es das Wirtschaftssystem ist, das die Menschen zu dem macht, was sie sind. Sie machen unser Industriesystem für alle Fehler verantwortlich, die wir allgemein bei der Menschheit sehen. Und Sie werden andere finden, die sagen, dass der Mensch seine eigenen Bedingungen schafft; dass, wenn das Wirtschafts-, Industrie- oder Sozialsystem schlecht ist, es nur ein Spiegelbild dessen ist, was der Mensch selbst ist. Was in unserem Industriesystem falsch ist, ist ein Spiegelbild dessen, was im Menschen selbst falsch ist. Die Hersteller zögern zuzugeben, dass die Fehler der gegenwärtigen Industriemethoden zumindest teilweise ihre eigenen Fehler sind, die systematisiert und ausgeweitet wurden. Aber wenn man die Frage von den unmittelbaren Belangen eines Menschen absieht, erkennt er den Punkt schnell genug.

Zweifellos hätte sich mit einer weniger fehlerhaften menschlichen Natur ein weniger fehlerhaftes Sozialsystem entwickelt. Oder, wenn die menschliche Natur schlimmer wäre, als sie ist, hätte sich ein schlechteres System entwickelt – obwohl ein schlechteres System wahrscheinlich nicht so lange Bestand gehabt hätte wie das gegenwärtige. Aber nur wenige werden behaupten, dass die Menschheit absichtlich ein fehlerhaftes Sozialsystem geschaffen hat. Selbst wenn man ohne Vorbehalt annimmt, dass alle Fehler des Sozialsystems beim Menschen selbst liegen, folgt daraus nicht, dass er seine Unvollkommenheiten absichtlich organisiert und geschaffen hat. Wir werden viel der Unwissenheit zuschreiben müssen. Wir werden viel der Unschuld zuschreiben müssen.

Nehmen wir die Anfänge unseres heutigen Industriesystems. Es gab keinen Hinweis darauf, wie es wachsen würde. Jeder neue Fortschritt wurde mit Freude begrüßt. Niemand dachte jemals, dass „Kapital" und „ Arbeit " feindliche Interessen seien. Niemand hätte sich jemals träumen lassen, dass die bloße Tatsache des Erfolgs heimtückische Gefahren mit sich bringen würde. Und doch kamen mit dem Wachstum alle latenten Unvollkommenheiten des Systems zum Vorschein. Das Geschäft eines Mannes wuchs zu solchen Ausmaßen, dass er mehr Helfer brauchte, als er mit Vornamen kannte; aber diese Tatsache wurde nicht bedauert; sie wurde eher mit Freude begrüßt. Und doch hat sie seitdem zu einem unpersönlichen System geführt, in dem der Arbeiter zu etwas weniger als einer Person geworden ist – zu einem bloßen Teil des Systems. Niemand glaubt natürlich, dass dieser entmenschlichende Prozess absichtlich erfunden wurde. Er wuchs einfach. Er war im gesamten frühen System latent vorhanden, aber niemand sah ihn und niemand konnte ihn vorhersehen. Nur eine gewaltige und unerhörte Entwicklung konnte ihn ans Licht bringen.

Nehmen wir die industrielle Idee. Was ist das? Die wahre industrielle Idee besteht nicht darin, Geld zu verdienen. Die industrielle Idee besteht darin, eine brauchbare Idee auszudrücken, eine nützliche Idee zu vervielfältigen, und zwar von so vielen Tausenden, wie es Menschen gibt, die sie brauchen.

Produzieren, produzieren; ein System schaffen, das die Produktion zu einer Kunstform reduziert; die Produktion auf eine Grundlage stellen, die Mittel zur Expansion und zum Bau noch weiterer Geschäfte, zur Produktion noch tausender nützlicher Dinge bietet – das ist die wahre Industrieidee. Die Negierung der Industrieidee ist der Versuch, aus Spekulation statt aus Arbeit Profit zu schlagen. Es gibt kurzsichtige Menschen, die nicht erkennen können, dass das Geschäft wichtiger ist als die Interessen eines einzelnen Menschen. Das Geschäft ist ein Prozess des Gebens und Nehmens, des Leben und Lebenlassens. Es ist eine Zusammenarbeit zwischen vielen Kräften und Interessen. Immer wenn Sie einen Menschen finden, der glaubt, das Geschäft sei ein Fluss, dessen segensreiche Strömung aufhören sollte, sobald er ihn erreicht, finden Sie einen Menschen, der glaubt, er könne das Geschäft am Leben erhalten, indem er seinen Fluss stoppt. Er würde Reichtum schaffen, indem er die Produktion von Reichtum stoppt.

Die Grundsätze des Service können schlechte Geschäfte nur verbessern. Das führt uns zur praktischen Anwendung der Grundsätze von Service und Finanzen.

KAPITEL X

WIE BILLIG KÖNNEN DINGE HERGESTELLT WERDEN?

Niemand wird bestreiten, dass sich bei ausreichend niedrigen Preisen immer Käufer finden, ganz gleich, wie die Geschäftsbedingungen aussehen. Das ist eine der elementaren Tatsachen des Geschäftslebens. Manchmal bewegen sich Rohstoffe nicht, egal wie niedrig der Preis ist. Im letzten Jahr haben wir so etwas erlebt, aber das lag daran, dass Hersteller und Händler versuchten, teure Lagerbestände loszuwerden, bevor sie neue Aufträge eingingen. Die Märkte stagnierten, waren aber nicht mit Waren „gesättigt". Ein „gesättigter" Markt ist nur ein Markt, in dem die Preise über der Kaufkraft liegen.

Übermäßig hohe Preise sind immer ein Zeichen für unsolide Geschäfte, denn sie sind immer auf einen anomalen Zustand zurückzuführen. Ein gesunder Patient hat eine normale Temperatur; ein gesunder Markt hat normale Preise. Hohe Preise entstehen häufig aufgrund von Spekulationen nach der Meldung eines Mangels. Obwohl es nie an allem mangelt, kann ein Mangel an nur einigen wichtigen Gütern oder sogar nur an einem einzigen Spekulationen auslösen. Oder es kann auch sein, dass Güter überhaupt nicht knapp sind. Eine Inflation der Währung oder des Kredits führt zu einem schnellen Anstieg der scheinbaren Kaufkraft und bietet die Möglichkeit zur Spekulation. Es kann zu einer Kombination aus tatsächlichem Mangel und Währungsinflation kommen – wie es häufig während eines Krieges vorkommt. Aber in jedem Zustand übermäßig hoher Preise, egal was die wirkliche Ursache ist, zahlen die Menschen die hohen Preise, weil sie glauben, dass es zu einem Mangel kommen wird. Sie kaufen vielleicht Brot im Voraus, um später nicht im Stich gelassen zu werden, oder sie kaufen in der Hoffnung, es mit Gewinn weiterzuverkaufen. Als von einem Zuckermangel die Rede war, versuchten Hausfrauen, die noch nie in ihrem Leben mehr als zehn Pfund Zucker auf einmal gekauft hatten, Vorräte von einhundert oder zweihundert Pfund anzulegen, und während sie dies taten, kauften Spekulanten Zucker, um ihn in Lagerhäusern zu lagern. Fast alle unsere Kriegsknappheiten waren auf Spekulationen oder Vorauskäufe zurückzuführen.

Egal wie knapp die Vorräte eines Artikels sein sollen, egal ob die Regierung die Kontrolle übernimmt und jede Unze dieses Artikels beschlagnahmt, ein Mann, der bereit ist, das Geld zu zahlen, kann immer die Menge bekommen, für die er zu zahlen bereit ist. Niemand weiß jemals wirklich, wie groß oder wie klein die nationalen Vorräte einer Ware sind. Die allerbesten Zahlen sind nicht mehr als Vermutungen; Schätzungen der weltweiten Vorräte einer Ware sind noch wilder. Wir glauben vielleicht zu wissen, wie viel von einer Ware an einem bestimmten Tag oder in einem bestimmten Monat produziert wird, aber das sagt uns nicht, wie viel am nächsten Tag oder im nächsten Monat produziert wird. Ebenso wenig wissen wir, wie viel verbraucht wird. Wenn wir viel Geld ausgeben, könnten wir im Laufe der Zeit ziemlich genaue Zahlen darüber erhalten, wie viel von einer bestimmten Ware in einem bestimmten Zeitraum verbraucht wurde, aber wenn diese Zahlen einmal zusammengestellt sind, sind sie völlig nutzlos, außer für historische Zwecke, denn im nächsten Zeitraum könnte der Verbrauch doppelt oder halb so hoch sein. Die Leute bleiben nicht stehen. Das ist das Problem mit allen Verfassern sozialistischer und kommunistischer und aller anderen Pläne zur idealen Regelung der Gesellschaft. Sie alle gehen davon aus, dass die Menschen zu Hause bleiben. Der Reaktionär hat dieselbe Idee. Er besteht darauf, dass alle zu Hause bleiben sollten. Niemand tut das, und dafür bin ich dankbar.

Der Konsum schwankt je nach Preis und Qualität, und niemand weiß oder kann voraussagen, wie hoch der zukünftige Konsum ausfallen wird, denn mit jeder Preissenkung wird eine neue Schicht der Kaufkraft erreicht. Jeder weiß das, aber viele weigern sich, es an ihrem Handeln zu erkennen. Wenn ein Ladenbesitzer Waren zum falschen Preis kauft und feststellt, dass sie sich nicht verkaufen, senkt er den Preis schrittweise, bis sie sich verkaufen. Wenn er klug ist, nimmt er, statt am Preis zu knabbern und seinen Kunden die Hoffnung auf noch niedrigere Preise zu geben, einen großen Bissen vom Preis und schafft die Sachen aus seinem Laden. Jeder macht bei irgendeinem Verkaufsangebot Verlust. Die allgemeine Hoffnung ist, dass nach dem Verlust ein großer Gewinn den Verlust wettmachen könnte. Das ist normalerweise eine Täuschung. Der Gewinn, aus dem der Verlust herausgenommen werden muss, muss in dem Geschäft vor der Preissenkung gefunden werden. Jeder, der dumm genug war, die hohen Gewinne der Boom-Zeit als dauerhafte Gewinne zu betrachten, geriet in finanzielle Schwierigkeiten, als der Preisrückgang kam. Es gibt jedoch die Überzeugung, dass ein Geschäft aus einer Reihe von Gewinnen und Verlusten besteht, und zwar eine sehr starke Überzeugung, dass ein gutes Geschäft eines ist, bei dem die Gewinne die Verluste übersteigen. Daher schlussfolgern manche Leute, dass der beste Verkaufspreis der höchste Preis ist, den man erzielen kann. Das soll eine gute Geschäftspraxis sein. Ist es das? Wir haben festgestellt, dass das nicht stimmt.

Wir haben festgestellt, dass es sich beim Materialkauf nicht lohnt, für andere Zwecke als den unmittelbaren Bedarf einzukaufen. Wir kaufen nur so viel, wie in den Produktionsplan passt, und berücksichtigen dabei den aktuellen Transportzustand. Wenn der Transport perfekt wäre und ein gleichmäßiger Materialfluss gewährleistet werden könnte, wäre es nicht notwendig, überhaupt Vorräte anzulegen. Die Waggonladungen mit Rohstoffen würden pünktlich und in der geplanten Reihenfolge und Menge eintreffen und von den Waggons in die Produktion gehen. Das würde eine Menge Geld sparen, denn es würde einen sehr schnellen Umschlag ermöglichen und so die in Materialien gebundene Geldmenge verringern. Bei schlechten Transportbedingungen muss man größere Vorräte anlegen. Als wir 1921 die Lagerbestände neu bewerteten, waren die Vorräte übermäßig hoch, weil die Transportbedingungen so schlecht waren. Aber wir haben schon vor langer Zeit gelernt, niemals zu Spekulationszwecken im Voraus zu kaufen. Wenn die Preise steigen, gilt es als gutes Geschäft, weit im Voraus zu kaufen, und wenn die Preise steigen, so wenig wie möglich zu kaufen. Es bedarf keiner weiteren Diskussion, um zu zeigen, dass Sie einen deutlichen Vorteil gegenüber demjenigen haben, der gezwungen ist, für 20 Cent zu kaufen, wenn Sie Materialien zu 10 Cent pro Pfund kaufen und der Preis später auf 20 Cent pro Pfund steigt. Wir haben jedoch festgestellt, dass sich ein solcher Vorabkauf nicht auszahlt. Es ist ein Ratewettbewerb. Es ist kein Geschäft. Wenn jemand eine große Menge an Material zu 10 Cent kauft, ist er in einer guten Position, solange der andere Mann 20 Cent zahlt. Dann bekommt er später die Gelegenheit, mehr von dem Material zu 20 Cent zu kaufen, und es scheint ein gutes Geschäft zu sein, weil alles darauf hindeutet, dass der Preis auf 30 Cent steigen wird. Da er mit seiner vorherigen Entscheidung, mit der er Geld verdient hat, sehr zufrieden ist, tätigt er natürlich den neuen Kauf. Dann fällt der Preis und er ist wieder da, wo er angefangen hat. Wir haben im Laufe der Jahre sorgfältig berechnet, dass es sich nicht auszahlt, im Voraus zu kaufen – dass die Gewinne aus einem Kauf durch die Verluste aus einem anderen Kauf ausgeglichen werden, und am Ende haben wir uns viel Mühe gemacht, ohne einen entsprechenden Nutzen daraus zu ziehen. Deshalb erzielen wir beim Einkauf einfach den bestmöglichen Preis für die Menge, die wir benötigen. Wir kaufen nicht weniger, wenn der Preis hoch ist, und wir kaufen nicht mehr, wenn der Preis niedrig ist. Wir vermeiden sorgfältig Schnäppchen, die den Bedarf übersteigen. Es war nicht leicht, diese Entscheidung zu treffen. Aber am Ende wird Spekulation jeden Hersteller umbringen. Geben Sie ihm ein paar gute Einkäufe, mit denen er Geld verdient, und schon bald wird er mehr daran denken, mit Kaufen und Verkaufen Geld zu verdienen als mit seinem legitimen Geschäft, und er wird pleitegehen. Der einzige Weg, Ärger zu vermeiden, besteht darin, das zu kaufen, was man braucht – nicht mehr und nicht weniger. Dieser Weg beseitigt ein Risiko aus dem Geschäft.

Dieses Kauferlebnis wird ausführlich beschrieben, weil es unsere Verkaufspolitik erklärt. Anstatt auf die Konkurrenz oder die Nachfrage zu achten, basieren unsere Preise auf einer Schätzung dessen, was die größtmögliche Zahl von Menschen für das, was wir zu verkaufen haben, zahlen will oder kann. Und was aus dieser Politik resultiert, lässt sich am besten durch einen Vergleich des Preises des Tourenwagens mit dem der Produktion belegen.

JAHR PREIS PRODUKTION 1909-10 $950 18.664 Autos 1910-11 $780 34.528 " 1911-12 $690 78.440 " 1912-13 $600 168.220 " 1913-14 $550 248.307 " 1914-15 $490 308.213 " 1915-16 $440 533.921 " 1916-17 $360 785.432 " 1917-18 $450 706.584 " 1918-19 $525 533.706 " (Die beiden oben genannten Jahre waren Kriegsjahre und die Fabrik befand sich in Kriegsarbeit). 1919-20 $575 bis $440 996.660 " 1920-21 $440 bis $355 1.250.000 "

Die hohen Preise von 1921 waren angesichts der Inflation nicht wirklich hoch. Zum Zeitpunkt des Schreibens beträgt der Preis 497 Dollar. Diese Preise sind tatsächlich niedriger als sie erscheinen, da die Qualität ständig verbessert wird. Wir untersuchen jedes Auto, um herauszufinden, ob es Funktionen hat, die weiterentwickelt und angepasst werden könnten. Wenn jemand etwas Besseres hat als wir, wollen wir es wissen, und aus diesem Grund kaufen wir von jedem neuen Auto, das auf den Markt kommt, eins. Normalerweise wird das Auto eine Weile benutzt, einer Probefahrt unterzogen, auseinandergenommen und untersucht, wie und woraus alles hergestellt ist. Über Dearborn verteilt gibt es wahrscheinlich ein Auto von fast jeder Automarke der Welt. Ab und zu, wenn wir ein neues Auto kaufen, kommt es in die Zeitungen und jemand bemerkt, dass Ford den Ford nicht verwendet. Letztes Jahr bestellten wir einen großen Lanchester – angeblich das beste Auto in England. Er lag mehrere Monate in unserer Fabrik auf Long Island und dann beschloss ich, damit nach Detroit zu fahren. Wir waren zu mehreren und hatten einen kleinen Caravan – den Lanchester , einen Packard und ein oder zwei Fords. Ich fuhr zufällig mit dem Lanchester durch eine New Yorker Stadt und als die Reporter kamen, wollten sie sofort wissen, warum ich nicht in einem Ford fuhr.

„Nun, sehen Sie, es ist so", antwortete ich. „Ich bin jetzt im Urlaub; ich habe es nicht eilig, wir kümmern uns nicht besonders darum, wann wir nach Hause kommen. Das ist der Grund, warum ich nicht im Ford sitze."

Wissen Sie, wir haben auch eine Reihe mit „Ford-Geschichten"!

Unsere Politik besteht darin, den Preis zu senken, die Betriebsabläufe zu erweitern und den Artikel zu verbessern. Sie werden feststellen, dass die Preissenkung an erster Stelle steht. Wir haben nie irgendwelche Kosten als fix betrachtet. Deshalb senken wir zunächst den Preis bis zu einem Punkt, von dem wir glauben, dass er zu höheren Verkäufen führt. Dann versuchen wir, den Preis festzulegen. Die Kosten kümmern uns nicht. Der neue Preis drückt die Kosten nach unten. Die üblichere Methode besteht darin, die Kosten zu nehmen und dann den Preis festzulegen, und obwohl diese Methode im engeren Sinne wissenschaftlich sein mag, ist sie es nicht im weiteren Sinne, denn welchen Nutzen hat es, die Kosten zu kennen, wenn sie Ihnen sagen, dass Sie nicht zu einem Preis produzieren können, zu dem der Artikel verkauft werden kann? Aber wichtiger noch ist die Tatsache, dass, obwohl man berechnen kann, was Kosten sind, und natürlich werden alle unsere Kosten sorgfältig berechnet, niemand weiß, wie hoch Kosten sein sollten. Eine Möglichkeit, herauszufinden, wie hoch Kosten sein sollten, besteht darin, einen Preis festzulegen, der so niedrig ist, dass jeder an dem Ort gezwungen wird, das höchste Maß an Effizienz zu erreichen. Der niedrige Preis veranlasst jeden, nach Gewinnen zu graben. Mit dieser forcierten Methode machen wir mehr Entdeckungen hinsichtlich der Herstellung und des Verkaufs als mit jeder Methode gemächlicher Untersuchung.

Die Zahlung hoher Löhne trägt glücklicherweise zu den niedrigen Kosten bei, da die Arbeiter durch die Entlastung von äußeren Sorgen immer effizienter werden. Die Zahlung von fünf Dollar pro Tag für einen Achtstundentag war eine der besten Kostensenkungsmaßnahmen, die wir je getroffen haben, und der Sechs-Dollar-Tageslohn ist billiger als der Fünf-Dollar-Tageslohn. Wie weit das reichen wird, wissen wir nicht.

Wir haben bei den von uns festgelegten Preisen immer einen Gewinn gemacht, und wir haben keine Ahnung, wie hoch die Löhne steigen werden, und wir wissen auch nicht, wie niedrig die Preise fallen werden, aber es hat keinen besonderen Sinn, sich darüber Gedanken zu machen. Der Traktor beispielsweise wurde zuerst für 750 Dollar verkauft, dann für 850 Dollar, dann für 625 Dollar, und neulich haben wir ihn um 37 Prozent auf 395 Dollar gesenkt. Der Traktor wird nicht in Verbindung mit den Automobilen hergestellt. Keine Fabrik ist groß genug, um zwei Artikel herzustellen. Eine Werkstatt muss sich genau einem Produkt widmen, um echte Einsparungen zu erzielen.

Für die meisten Zwecke ist ein Mensch mit einer Maschine besser als ein Mensch ohne Maschine. Durch die richtige Gestaltung des Produkts und des Herstellungsprozesses sind wir in der Lage, eine Maschine zu schaffen, die die Kraft der Hand am meisten vervielfacht, und daher geben wir diesem Menschen eine größere Dienstrolle, was bedeutet, dass er Anspruch auf mehr Komfort hat.

Wenn wir dieses Prinzip im Hinterkopf behalten, können wir Verschwendung mit einem klaren Ziel bekämpfen. Wir werden in unsere Einrichtung nichts Nutzloses einbauen. Wir werden keine aufwendigen Gebäude als Denkmäler unseres Erfolgs errichten. Die Zinsen für die Investition und die Kosten für deren Instandhaltung erhöhen nur nutzlos die Kosten des Erzeugten — daher werden diese Denkmäler des Erfolgs wahrscheinlich als Gräber enden. Ein großes Verwaltungsgebäude könnte notwendig sein. In mir weckt es den Verdacht, dass es vielleicht zu viel Verwaltung gibt. Wir haben nie die Notwendigkeit einer aufwendigen

Verwaltung gesehen und würden lieber durch unser Produkt als durch den Ort, an dem wir unser Produkt herstellen, Werbung machen.

Die Standardisierung, die dem Verbraucher große Einsparungen bringt, führt zu so hohen Gewinnen für den Hersteller, dass dieser kaum weiß, was er mit seinem Geld anfangen soll. Aber seine Bemühungen müssen aufrichtig, gewissenhaft und furchtlos sein. Ein halbes Dutzend Modelle wegzulassen ist keine Standardisierung. Es kann und ist normalerweise nur eine Einschränkung des Geschäfts, denn wenn man auf der normalen Gewinnbasis verkauft – das heißt auf der Grundlage, dem Verbraucher so viel Geld abzunehmen, wie er aufgeben möchte –, dann sollte der Verbraucher sicherlich eine breite Auswahl haben.

Die Standardisierung ist also die letzte Phase des Prozesses. Wir beginnen beim Verbraucher, arbeiten uns zurück durch das Design und kommen schließlich zur Fertigung. Die Fertigung wird zum Mittel zum Zweck des Dienstes.

Es ist wichtig, diese Reihenfolge im Auge zu behalten. Bislang ist sie noch nicht völlig verstanden. Das Preisverhältnis ist noch nicht verstanden. Es besteht weiterhin die Vorstellung, dass die Preise hoch gehalten werden müssten. Im Gegenteil, gute Geschäfte – hoher Konsum – hängen von sinkenden Preisen ab.

Und hier ist noch ein weiterer Punkt. Der Service muss der beste sein, den Sie bieten können. Es gilt als gute Herstellungspraxis und nicht als schlechte Ethik, gelegentlich Designs zu ändern, so dass alte Modelle obsolet werden und neue gekauft werden müssen, entweder weil es keine Ersatzteile für die alten gibt oder weil das neue Modell ein neues Verkaufsargument bietet, mit dem ein Verbraucher davon überzeugt werden kann, das Alte wegzuwerfen und etwas Neues zu kaufen. Uns wurde gesagt, dass dies ein gutes Geschäft ist, dass es ein kluges Geschäft ist, dass das Ziel des Geschäfts darin bestehen sollte, die Leute zum häufigen Kauf zu bewegen, und dass es ein schlechtes Geschäft ist, zu versuchen, etwas herzustellen, das ewig hält, denn wenn jemand einmal etwas verkauft hat, wird er nicht wieder kaufen.

Unser Geschäftsprinzip ist genau das Gegenteil. Wir können uns nicht vorstellen, wie wir dem Verbraucher dienen können, wenn wir nicht etwas für ihn herstellen, das, soweit wir es anbieten können, ewig hält. Wir wollen eine Art Maschine bauen, die ewig hält. Es gefällt uns nicht, wenn das Auto eines Käufers verschleißt oder veraltet. Wir wollen, dass der Mann, der eines unserer Produkte kauft, nie wieder ein anderes kaufen muss. Wir nehmen niemals eine Verbesserung vor, die ein früheres Modell veraltet macht. Die Teile eines bestimmten Modells sind nicht nur mit allen anderen Autos dieses Modells austauschbar, sondern sie sind auch mit ähnlichen Teilen aller Autos austauschbar, die wir hergestellt haben. Sie können ein Auto von vor zehn

Jahren nehmen und es mit den Teilen von heute mit sehr geringem Aufwand in ein Auto von heute verwandeln. Wenn wir diese Ziele verfolgen, sinken die Kosten immer unter Druck. Und da wir die strikte Politik der stetigen Preissenkung verfolgen, gibt es immer Druck. Manchmal ist es einfach schwieriger!

Nehmen wir noch ein paar weitere Beispiele für Einsparungen. Der Kehricht bringt jährlich 600.000 Dollar ein. Es werden ständig Experimente zur Verwendung von Schrott durchgeführt. Bei einem der Stanzvorgänge werden 15 cm große Kreise aus Blech ausgeschnitten. Diese gingen früher in den Schrott. Der Abfall bereitete den Männern Sorgen. Sie arbeiteten daran, Verwendungsmöglichkeiten für die Scheiben zu finden. Sie fanden heraus, dass die Platten genau die richtige Größe und Form hatten, um Kühlerdeckel zu stanzen, aber das Metall war nicht dick genug. Sie probierten es mit doppelt so dicken Platten und stellten so einen Deckel her, der sich bei Tests als stärker erwies als einer aus einem einzigen Blech. Wir erhalten 150.000 dieser Scheiben pro Tag. Wir haben jetzt eine Verwendung für etwa 20.000 pro Tag gefunden und erwarten, weitere Verwendungsmöglichkeiten für den Rest zu finden. Wir sparten etwa zehn Dollar pro Stück, indem wir Getriebe herstellten, anstatt sie zu kaufen. Wir experimentierten mit Bolzen und produzierten einen speziellen Bolzen, der auf einer sogenannten „Stauchmaschine" mit gerolltem Gewinde hergestellt wurde und stärker war als jeder Bolzen, den wir kaufen konnten, obwohl bei seiner Herstellung nur etwa ein Drittel des Materials verwendet wurde, das die externen Hersteller verwendeten. Allein bei einem einzigen Schraubentyp betrugen die Einsparungen eine halbe Million Dollar pro Jahr. Früher bauten wir unsere Waggons in Detroit zusammen, und obwohl wir es durch spezielle Verpackung schafften, fünf oder sechs in einen Güterwagen zu packen, brauchten wir viele Hundert Güterwagen pro Tag. Ständig fuhren Züge ein und aus. Einmal wurden an einem einzigen Tag tausend Güterwagen gepackt. Eine gewisse Überlastung war unvermeidlich. Es ist sehr teuer, Maschinen auseinanderzunehmen und in Kisten zu packen, damit sie beim Transport nicht beschädigt werden - von den Transportkosten ganz zu schweigen. Heute montieren wir in Detroit nur noch drei- oder vierhundert Waggons pro Tag - gerade genug für den örtlichen Bedarf. Wir versenden die Teile jetzt an unsere Montagestationen in den ganzen Vereinigten Staaten und eigentlich so ziemlich in die ganze Welt, und die Maschinen werden dort zusammengebaut. Wo immer es einer Niederlassung möglich ist, ein Teil billiger herzustellen, als wir es in Detroit herstellen und dorthin versenden können, stellt die Niederlassung das Teil her.

Das Werk in Manchester , England, stellt fast ein komplettes Auto her. Das Traktorenwerk in Cork, Irland, stellt fast einen kompletten Traktor her. Das ist eine enorme Kostenersparnis und nur ein Hinweis darauf, was in der gesamten Industrie möglich ist, wenn jedes Teil eines zusammengesetzten Artikels genau dort hergestellt wird, wo es am wirtschaftlichsten ist. Wir experimentieren ständig mit jedem Material, das in das Auto einfließt. Wir schlagen das meiste Holz in unseren eigenen Wäldern. Wir experimentieren mit der Herstellung von Kunstleder, weil wir täglich etwa 37.000 Meter Kunstleder verbrauchen. Ein Penny hier und ein Penny dort summieren sich im Laufe eines Jahres zu großen Summen.

Die größte Entwicklung von allen ist jedoch das River Rouge-Werk, das, wenn es seine volle Kapazität erreicht, die Preise für alles, was wir herstellen, in vielerlei Hinsicht drastisch senken wird. Das gesamte Traktorenwerk steht jetzt dort. Dieses Werk liegt am Fluss am Stadtrand von Detroit und das Grundstück umfasst 665 Acres – genug für zukünftige Entwicklungen. Es verfügt über eine große Slipanlage und ein Wendebecken, das jedes Seedampfschiff aufnehmen kann; ein Abkürzungskanal und einige Baggerarbeiten werden eine direkte Seeverbindung über den Detroit River schaffen. Wir verbrauchen sehr viel Kohle. Diese Kohle kommt direkt aus unseren Minen über die Detroit, Toledo and Ironton Railway, die wir kontrollieren, zum Highland Park-Werk und zum River Rouge-Werk. Ein Teil davon wird für Dampfzwecke verwendet. Ein anderer Teil geht an die Nebenprodukt-Koksöfen, die wir im River Rouge-Werk errichtet haben. Der Koks gelangt von den Öfen durch mechanische Übertragung zu den Hochöfen. Die schwerflüchtigen Gase aus den Hochöfen werden zu den Kesseln des Kraftwerks geleitet, wo sie mit Sägemehl und Spänen aus dem Karosseriewerk zusammenkommen – die Herstellung aller unserer Karosserien wurde in dieses Werk verlagert – und außerdem wird jetzt auch der Koks-„Brise" (der Staub bei der Koksherstellung) zum Heizen verwendet. Das Dampfkraftwerk wird somit fast ausschließlich mit dem befeuert, was sonst Abfallprodukte wären. Riesige Dampfturbinen, die direkt mit Dynamos gekoppelt sind, wandeln diese Energie in Elektrizität um, und alle Maschinen in den Traktor- und Karosseriewerken werden von einzelnen Motoren mit dieser Elektrizität angetrieben. Im Laufe der Zeit wird voraussichtlich genügend Elektrizität vorhanden sein, um praktisch das gesamte Werk in Highland Park zu betreiben, und wir werden dann unsere Kohlerechnung senken können.

Zu den Nebenprodukten der Koksöfen gehört ein Gas. Es wird sowohl zu den Werken Rouge als auch Highland Park geleitet, wo es für Wärmebehandlungszwecke, für Emaillieröfen, für Autoöfen und dergleichen verwendet wird . Früher mussten wir dieses Gas kaufen. Das Ammoniumsulfat wird als Düngemittel verwendet. Das Benzol ist ein Motorkraftstoff. Die kleinen Koksmengen, die nicht für die Hochöfen geeignet sind, werden an die Mitarbeiter verkauft – frei Haus geliefert zu einem viel niedrigeren Preis als dem üblichen Marktpreis. Der großformatige

Koks geht an die Hochöfen. Es gibt keine manuelle Handhabung. Wir füllen das geschmolzene Eisen direkt aus den Hochöfen in große Pfannen. Diese Pfannen werden in die Werkstätten transportiert und das Eisen wird ohne weiteres Erhitzen direkt in die Formen gegossen . Auf diese Weise erhalten wir nicht nur eine gleichmäßige Eisenqualität gemäß unseren eigenen Spezifikationen und direkt unter unserer Kontrolle, sondern wir sparen auch das Schmelzen von Roheisen und eliminieren tatsächlich einen ganzen Herstellungsprozess und stellen unseren gesamten eigenen Schrott zur Verfügung.

Was das alles an Einsparungen bedeuten wird, wissen wir nicht – das heißt, wir wissen nicht, wie groß die Einsparungen sein werden, denn die Anlage ist noch nicht lange genug in Betrieb, um mehr als eine Ahnung davon zu geben, was uns erwartet, und wir sparen in so vielen Bereichen – beim Transport, bei der Stromerzeugung, bei der Gaserzeugung, bei den Kosten für das Gießen, und dann sind da noch die Einnahmen aus den Nebenprodukten und den kleineren Koksgrößen. Die Investitionen zur Verwirklichung dieser Ziele belaufen sich bisher auf etwas über vierzig Millionen Dollar.

Wie weit wir auf diese Weise zu den Quellen zurückgreifen, hängt ganz von den Umständen ab. Niemand kann wirklich mehr tun, als die zukünftigen Produktionskosten zu erraten. Es ist klüger, zu erkennen, dass die Zukunft mehr birgt als die Vergangenheit – dass jeder Tag eine Verbesserung gegenüber den Methoden des Vortages mit sich bringt.

Aber wie steht es mit der Produktion? Wenn alle Lebensnotwendigkeiten so billig und in solchen Mengen produziert würden, wäre die Welt dann nicht bald mit Gütern übersättigt? Wird nicht irgendwann der Punkt kommen, an dem die Menschen, ungeachtet des Preises, einfach nichts mehr wollen als das, was sie bereits haben? Und wenn im Produktionsprozess immer weniger Menschen beschäftigt werden, was wird dann aus diesen Menschen werden? Wie sollen sie Arbeit finden und leben?

Nehmen wir zunächst den zweiten Punkt. Wir haben viele Maschinen und viele Methoden erwähnt, die eine große Zahl von Menschen verdrängt haben, und dann fragt jemand:

„Ja, aus der Sicht des Eigentümers ist das eine sehr gute Idee, aber was ist mit den armen Kerlen, denen ihre Arbeitsplätze weggenommen werden?“

Die Frage ist durchaus berechtigt, aber es ist ein wenig merkwürdig, dass sie gestellt wird. Denn wann wurden Menschen durch die Verbesserung industrieller Prozesse jemals wirklich arbeitslos? Die Postkutschenfahrer verloren ihre Arbeit mit der Ankunft der Eisenbahn. Hätten wir die Eisenbahn verbieten und die Postkutschenfahrer behalten sollen? Gab es mehr Männer, die bei den Postkutschen arbeiteten, als bei der Eisenbahn? Hätten wir das Taxi verhindern sollen, weil es den Pferdedroschkenfahrern das Brot aus dem Mund nahm? Wie steht die Zahl der Taxis im Vergleich zur Zahl der Pferdedroschken, als diese in ihrer Blütezeit waren? Die Ankunft der Schuhmaschinen schloss die meisten Geschäfte derer, die Schuhe von Hand herstellten. Als Schuhe von Hand hergestellt wurden, konnten nur die sehr Wohlhabenden mehr als ein einziges Paar Schuhe besitzen, und die meisten Arbeiter liefen im Sommer barfuß. Heute gibt es kaum noch jemanden, der mehr als ein Paar Schuhe besitzt. hat nur ein Paar Schuhe, und die Schuhherstellung ist eine großartige Industrie. Nein, jedes Mal, wenn Sie es so einrichten können, dass ein Mann die Arbeit von zweien macht, steigern Sie den Reichtum des Landes derart, dass es für den Mann, der verdrängt wird, eine neue und bessere Arbeit gibt. Wenn sich ganze Industrien über Nacht verändern würden, dann wäre die Entsorgung der überzähligen Arbeitskräfte ein Problem, aber diese Veränderungen geschehen nicht so schnell. Sie kommen allmählich. Unserer eigenen Erfahrung nach wird immer eine neue Stelle für einen Mann frei, sobald bessere Verfahren seinen alten Arbeitsplatz eingenommen haben. Und was in meinen Werkstätten passiert, passiert überall in der Industrie. In der Stahlindustrie sind heute um ein Vielfaches mehr Männer beschäftigt als in den Tagen, als jede Operation von Hand durchgeführt wurde. Das muss so sein. Das ist immer so und wird immer so sein. Und wenn jemand das nicht sehen kann, dann deshalb, weil er nicht über seinen eigenen Tellerrand hinausschaut.

Nun zur Sättigung. Wir werden ständig gefragt:

„Wann wird es zu einer Überproduktion kommen? Wann wird es mehr Autos geben als Menschen, die sie nutzen?"

eines Tages möglich ist, den Punkt zu erreichen, an dem alle Waren so billig und in solchen Mengen produziert werden, dass Überproduktion Realität wird. Aber was uns betrifft, so sehen wir diesem Zustand nicht mit Furcht entgegen – wir sehen ihm mit großer Zufriedenheit entgegen. Nichts könnte herrlicher sein als eine Welt, in der jeder alles hat, was er braucht. Wir befürchten, dass dieser Zustand zu lange hinausgezögert wird. Was unsere eigenen Produkte betrifft, so ist dieser Zustand noch sehr weit entfernt. Wir wissen nicht, wie viele Autos eine Familie von der Art, die wir herstellen, benutzen möchte. Wir wissen, dass der Bauer, der anfangs ein Auto benutzte (und man muss bedenken, dass es noch nicht so lange her ist, dass der Markt für Autos auf dem Bauernhof völlig unbekannt war – die Verkaufsgrenze wurde damals von allen klugen Statistikern auf ungefähr die Zahl der Millionäre im Land festgelegt), heute, da die Preise gesunken sind, oft zwei Autos benutzt und sich außerdem einen Lastwagen kauft. Vielleicht ist es billiger, die Arbeiter nicht mit einem einzigen Auto zu den verschiedenen

Arbeitsplätzen zu schicken, sondern jeden Arbeiter mit einem eigenen Auto. Das ist bei den Verkäufern der Fall. Die Öffentlichkeit findet ihre eigenen Konsumbedürfnisse mit untrüglicher Genauigkeit, und da wir keine Autos oder Traktoren mehr herstellen, sondern nur noch die Teile, die zusammengebaut Autos und Traktoren ergeben, würden die heutigen Einrichtungen kaum ausreichen, um zehn Millionen Autos zu ersetzen. Und das wäre mit jedem anderen Unternehmen genauso. Wir müssen uns in den nächsten Jahren keine Sorgen um Überproduktion machen, vorausgesetzt, die Preise stimmen. Es ist die Kaufverweigerung der Menschen wegen des Preises, die das wirkliche Geschäft ankurbelt. Wenn wir also Geschäfte machen wollen, müssen wir die Preise senken, ohne die Qualität zu beeinträchtigen. Preissenkungen zwingen uns also, verbesserte und weniger verschwenderische Produktionsmethoden zu erlernen. Ein großer Teil der Entdeckung dessen, was in der Industrie „normal" ist, hängt davon ab, dass das Managementgenie bessere Methoden findet, Dinge zu tun. Wenn jemand seinen Verkaufspreis soweit senkt , dass er keinen Gewinn mehr macht oder sogar Verluste macht, ist er einfach gezwungen herauszufinden, wie er mit einer besseren Methode einen ebenso guten Artikel herstellen kann – und zwar so, dass seine neue Methode den Gewinn abwirft, und nicht, dass der Gewinn durch Lohnkürzungen oder Preiserhöhungen für die Öffentlichkeit entsteht.

Es ist kein gutes Management, den Arbeitern oder den Käufern die Profite wegzunehmen. Lassen Sie das Management die Profite erwirtschaften. Machen Sie das Produkt nicht billiger, machen Sie die Löhne nicht billiger, verlangen Sie nicht zu viel von der Öffentlichkeit. Setzen Sie Köpfchen in die Methode ein, und noch mehr Köpfchen, und noch mehr Köpfchen – machen Sie die Dinge besser als je zuvor; und auf diese Weise werden alle Parteien des Unternehmens bedient und profitieren davon.

Und all dies ist jederzeit möglich.

KAPITEL XI

Geld und Waren

Das Hauptziel eines Fertigungsbetriebs ist die Produktion, und wenn dieses Ziel immer verfolgt wird, wird die Finanzierung zu einer völlig zweitrangigen Angelegenheit, die weitgehend mit der Buchhaltung zu tun hat. Meine eigenen Finanzgeschäfte waren sehr einfach. Ich begann mit der Strategie, gegen Bargeld zu kaufen und zu verkaufen, immer einen großen Bargeldfonds zur Hand zu haben, alle Rabatte voll auszunutzen und Zinsen auf Bankguthaben zu kassieren. Ich betrachte eine Bank hauptsächlich als einen Ort, an dem man Geld sicher und bequem aufbewahren kann. Die Minuten, die wir für das Geschäft eines Konkurrenten aufwenden, verlieren wir für unser eigenes. Die Minuten, die wir damit verbringen, Finanzexperten zu werden, verlieren wir für die Produktion. Der Ort, an dem ein Fertigungsbetrieb finanziert wird, ist der Laden und nicht die Bank. Ich würde nicht sagen, dass ein Geschäftsmann überhaupt nichts über Finanzen wissen muss, aber es ist besser, wenn er zu wenig als zu viel weiß, denn wenn er zu Experte wird, wird er sich der Denkweise verschreiben, er könne Geld leihen, anstatt es zu verdienen, und dann wird er noch mehr Geld leihen, um das Geliehene zurückzuzahlen, und statt ein Geschäftsmann zu sein, wird er ein Banknotenjongleur, der versucht, einen regelmäßigen Schwarm Anleihen und Banknoten in der Luft zu halten.

Wenn er ein wirklich geübter Jongleur ist, kann er das noch eine ganze Weile so machen, aber eines Tages wird ihm bestimmt ein Fehlschlag unterlaufen, und die ganze Sammlung wird um ihn herum in sich zusammenfallen. Die Fertigung ist nicht mit dem Bankwesen zu verwechseln, und ich glaube, dass zu viele Geschäftsleute dazu neigen, sich mit dem Bankwesen und zu viele Banker mit dem Geschäft zu vermischen. Die Tendenz besteht darin, die wahren Zwecke sowohl des Geschäfts als auch des Bankwesens zu verzerren, und das schadet beiden. Das Geld muss aus dem Laden kommen, nicht aus der Bank, und ich habe festgestellt, dass der Laden alle möglichen Anforderungen erfüllt, und in einem Fall, als man glaubte, dass die Firma ziemlich dringend Geld benötigte, brachte der Laden auf Nachfrage eine größere Summe auf, als jede Bank in diesem Land verleihen konnte.

Wir sind in die Finanzwelt hineingedrängt worden, hauptsächlich durch Leugnung. Vor einigen Jahren mussten wir weiterhin leugnen, dass die Ford Motor Company der Standard Oil Company gehörte, und der Einfachheit halber leugneten wir damit, dass wir mit irgendeinem anderen Unternehmen verbunden waren oder dass wir Autos per Post verkaufen wollten. Letztes Jahr war das beliebteste Gerücht , dass wir in der Wall Street auf Geldsuche waren. Ich habe mir nicht die Mühe gemacht, das zu leugnen. Es kostet zu viel Zeit, alles zu leugnen. Stattdessen haben wir bewiesen, dass wir kein Geld brauchten. Seitdem habe ich nichts mehr davon gehört, von der Wall Street finanziert zu werden.

Wir sind nicht gegen das Ausleihen von Geld und wir sind nicht gegen Banker. Wir sind dagegen, dass geliehenes Geld die Arbeit ersetzt. Wir sind gegen die Art von Banker, die ein Geschäft als eine Melone betrachtet, die es zu zerschneiden gilt. Es geht darum, Geld, Kredite und Finanzen im Allgemeinen an ihrem richtigen Platz zu halten, und um das zu tun, muss man genau überlegen, wofür das Geld benötigt wird und wie es zurückgezahlt werden soll.

Geld ist im Geschäftsleben nur ein Werkzeug. Es ist nur ein Teil der Maschinerie. Wenn das Problem in Ihrem Unternehmen liegt, können Sie sich genauso gut 100.000 Drehmaschinen leihen wie 100.000 Dollar. Mehr Drehmaschinen werden das Problem nicht lösen, ebenso wenig wie mehr Geld. Nur eine größere Dosis Verstand, Nachdenken und weiser Mut kann das Problem lösen. Ein Unternehmen, das das, was es hat, missbraucht, wird weiterhin das missbrauchen, was es bekommen kann. Der Punkt ist: Beheben Sie den Missbrauch. Wenn das getan ist, wird das Unternehmen anfangen, sein eigenes Geld zu verdienen, so wie ein reparierter menschlicher Körper beginnt, ausreichend reines Blut zu produzieren.

Das Ausleihen kann leicht zu einer Ausrede werden, um nicht in die Schwierigkeiten einzudringen. Das Ausleihen kann leicht zu einem Trostpflaster für Faulheit und Stolz werden. Manche Geschäftsleute sind zu faul, um sich in ihren Overall zu hüllen und nachzusehen, was los ist. Oder sie sind zu stolz, um den Gedanken zuzulassen, dass irgendetwas, das sie in Angriff genommen haben, schiefgehen könnte. Aber die Gesetze der Wirtschaft sind wie das Gesetz der Schwerkraft, und der Mann, der sich ihnen widersetzt, spürt ihre Macht.

Kredite zur Expansion aufzunehmen ist eine Sache; Kredite aufzunehmen, um Misswirtschaft und Verschwendung auszugleichen, ist eine ganz andere. Für Letzteres braucht man kein Geld – aus dem Grund, dass Geld diese Aufgabe nicht erfüllen kann. Verschwendung wird durch Sparsamkeit korrigiert; Misswirtschaft wird durch Köpfchen korrigiert. Keine dieser Korrekturen hat etwas mit Geld zu tun. Tatsächlich ist Geld unter bestimmten Umständen ihr Feind. Und so mancher Geschäftsmann dankt seinem Glück für die Notlage, die ihm gezeigt hat, dass sein bestes Kapital in seinem eigenen Köpfchen und nicht in Bankkrediten steckt. Kredite aufzunehmen ist unter bestimmten Umständen wie ein Betrunkener, der einen weiteren Drink nimmt, um die Wirkung des letzten zu kurieren. Es bewirkt nicht, was es bewirken soll. Es erhöht lediglich die Schwierigkeit. Die lockeren Stellen in einem Unternehmen zu straffen ist viel profitabler als jede Menge neues Kapital zu 7 Prozent.

Die internen Probleme eines Unternehmens sind diejenigen, die die meiste Aufmerksamkeit erfordern. „Geschäft" im Sinne des Handels mit den Menschen besteht im Wesentlichen darin, die Bedürfnisse der Menschen zu erfüllen. Wenn Sie das herstellen, was sie brauchen, und es zu einem Preis verkaufen, der den Besitz zu einer Hilfe und nicht zu einer Belastung macht, dann werden Sie Geschäfte machen, solange es Geschäfte zu machen gibt. Menschen kaufen Dinge, die ihnen helfen, genauso selbstverständlich, wie sie Wasser trinken.

Aber der Herstellungsprozess des Artikels erfordert ständige Sorgfalt. Maschinen verschleißen und müssen repariert werden. Menschen werden hochnäsig , faul oder nachlässig. Ein Unternehmen besteht aus Menschen und Maschinen, die bei der Produktion einer Ware vereint sind, und sowohl die Menschen als auch die Maschinen müssen repariert und ersetzt werden. Manchmal sind es die Menschen „in der oberen Ebene", die am meisten eine Erneuerung benötigen – und sie selbst sind immer die letzten, die es erkennen. Wenn ein Unternehmen durch schlechte Methoden überlastet wird; wenn ein Unternehmen durch mangelnde Aufmerksamkeit für eine oder mehrere seiner Funktionen krank wird; wenn Führungskräfte sich bequem in ihren Stühlen zurücklehnen, als ob die Pläne, die sie eingeführt haben, sie für immer am Laufen halten würden; wenn das Unternehmen zu einer bloßen Plantage wird, von der man lebt, und nicht zu einer großen Arbeit, die man erledigen muss – dann können Sie mit Schwierigkeiten rechnen. Sie werden eines schönen Morgens aufwachen und feststellen, dass Sie mehr Geschäfte machen als je zuvor – und weniger daraus gewinnen. Sie werden feststellen, dass Ihnen das Geld ausgeht. Sie können Geld leihen. Und das können Sie, oh, so leicht. Die Leute werden Ihnen das Geld andrehen. Es ist die subtilste Versuchung, der ein junger Geschäftsmann ausgesetzt ist. Aber wenn Sie Geld leihen, geben Sie damit nur dem, was schief laufen könnte, einen Anreiz. Sie nähren die Krankheit. Geht man mit geliehenem Geld klüger um als mit seinem eigenen? Normalerweise nicht. Sich unter solchen Bedingungen Geld zu leihen, ist wie eine Hypothek auf eine Immobilie aufzunehmen, die an Wert verliert.

Ein Geschäftsmann sollte sich, wenn überhaupt, dann Geld leihen, wenn er es nicht braucht. Das heißt, wenn er es nicht als Ersatz für die Dinge braucht, die er selbst tun sollte. Wenn das Geschäft eines Mannes in ausgezeichneter Verfassung ist und expandieren muss, ist es vergleichsweise sicher, Geld zu leihen. Wenn ein Unternehmen jedoch aufgrund von Misswirtschaft Geld braucht, dann ist es das Richtige, in das Geschäft einzusteigen und die Probleme von innen heraus zu beheben – und es nicht mit Krediten von außen zu überhäufen.

Meine Finanzpolitik ist das Ergebnis meiner Verkaufspolitik. Ich bin der Meinung, dass es besser ist, eine große Anzahl von Artikeln mit geringem Gewinn zu verkaufen, als einige wenige mit großem Gewinn. Dies ermöglicht es einer größeren Anzahl von Menschen, zu kaufen, und gibt einer größeren Anzahl von Menschen Arbeit zu guten Löhnen. Es ermöglicht die Planung der Produktion, die Vermeidung von Flauten und die Verschwendung einer ungenutzten Fabrik. Dies führt zu einem angemessenen, kontinuierlichen Geschäft, und wenn Sie darüber nachdenken, werden Sie feststellen, dass die meisten sogenannten dringenden Finanzierungen aufgrund eines Mangels an geplanten, kontinuierlichen Geschäften notwendig werden. Kurzsichtige halten eine Preissenkung für dasselbe wie eine Verringerung des Einkommens eines Unternehmens. Es ist sehr schwierig, mit einer solchen Denkweise umzugehen, da ihr sogar das Hintergrundwissen darüber, was Geschäft ist, völlig fehlt. Als ich beispielsweise einmal über eine Senkung um 80 Dollar pro Auto nachdachte, wurde ich gefragt, ob dies bei einer Produktion von 500.000 Autos das Einkommen des Unternehmens nicht um 40 Millionen Dollar verringern würde. Würde man natürlich nur 500.000 Autos zum neuen Preis verkaufen, lägen die Einnahmen um 40 Millionen Dollar niedriger – eine interessante mathematische Berechnung, die mit dem Geschäft überhaupt nichts zu tun hat, denn wenn man den Preis eines Artikels nicht senkt, steigen die Verkäufe nicht kontinuierlich an und das Geschäft hat daher keine Stabilität.

Wenn ein Geschäft nicht wächst, wird es zwangsläufig schrumpfen, und ein schrumpfendes Geschäft braucht immer viel Finanzierung. Die alte Geschäftswelt ging von der Doktrin aus, dass die Preise immer auf dem höchsten Niveau gehalten werden sollten, bei dem die Leute kaufen. Wirklich moderne Geschäfte müssen die entgegengesetzte Ansicht vertreten.

Banker und Anwälte können diese Tatsache selten richtig einschätzen. Sie verwechseln Trägheit mit Stabilität. Es ist für sie völlig unverständlich, dass der Preis jemals freiwillig gesenkt werden sollte. Deshalb ist es ein Desaster, wenn man die Leitung eines Unternehmens einem Banker oder Anwalt vom üblichen Typ überlässt. Preissenkungen erhöhen das Volumen und schaffen Finanzmittel, vorausgesetzt, man betrachtet den unvermeidlichen Gewinn als Treuhandfonds, mit dem man mehr und bessere Geschäfte machen kann. Unser Gewinn war aufgrund der schnellen Umsätze im Geschäft und des großen Verkaufsvolumens immer hoch, egal zu welchem Preis das Produkt verkauft wurde. Wir hatten einen kleinen Gewinn pro Artikel, aber einen großen Gesamtgewinn. Der Gewinn ist nicht konstant. Nach Preissenkungen sind die Gewinne eine Zeit lang niedrig, aber dann beginnen die unvermeidlichen Einsparungen zu wirken und die Gewinne steigen wieder. Aber sie werden nicht als Dividenden ausgeschüttet. Ich habe immer auf der Zahlung kleiner Dividenden bestanden und das Unternehmen hat heute keinen Aktionär, der eine andere Politik wollte. Ich betrachte Unternehmensgewinne über einem kleinen Prozentsatz als eher dem Unternehmen als den Aktionären zuzuschreiben.

Aktionäre sollten meiner Meinung nach nur diejenigen sein, die im Geschäft aktiv sind und das Unternehmen als Dienstleistungsinstrument und nicht als Geldmaschine betrachten. Wenn große Gewinne erzielt werden – und die Arbeit für den Dienst zwingt, sie groß zu machen –, sollten diese zum Teil dem Unternehmen zurückgegeben werden, damit es noch besser für den Dienst geeignet ist, und zum Teil an den Käufer weitergegeben werden. In einem Jahr waren unsere Gewinne so viel höher als erwartet, dass wir jedem Autokäufer freiwillig fünfzig Dollar zurückzahlten. Wir hatten das Gefühl, dass wir den Käufer unabsichtlich um so viel übervorteilt hatten. Meine Preispolitik und damit meine Finanzpolitik kamen vor einigen Jahren in einer Klage gegen das Unternehmen zur Sprache, um die Zahlung höherer Dividenden zu erzwingen. Auf dem Zeugenstand legte ich die damals geltende und noch immer geltende Politik dar. Sie lautet:

Erstens bin ich der Meinung, dass es besser ist, eine große Anzahl Autos mit einer relativ kleinen Gewinnspanne zu verkaufen, als weniger Autos mit einer großen Gewinnspanne zu verkaufen.

Ich bin dieser Meinung, weil es vielen Menschen ermöglicht, ein Auto zu kaufen und zu nutzen, und weil es mehr Menschen Arbeit zu guten Löhnen verschafft. Das sind meine Lebensziele. Aber ich würde nicht als erfolgreich gelten, sondern wäre ein völliger Versager, wenn ich das nicht erreichen und gleichzeitig für mich und die mit mir geschäftlich verbundenen Menschen einen ordentlichen Gewinn erwirtschaften könnte.

Diese Politik ist meiner Meinung nach eine gute Geschäftspolitik, weil sie funktioniert. Denn mit jedem Jahr konnten wir unser Auto für immer mehr Menschen erschwinglich machen, immer mehr Menschen Arbeit geben und gleichzeitig durch das Geschäftsvolumen unsere Gewinne weit über alles hinaus steigern, was wir zu Beginn erhofft oder auch nur geträumt hatten.

Bedenken Sie, dass Sie jedes Mal, wenn Sie den Preis eines Autos senken, ohne die Qualität zu reduzieren, die Zahl der möglichen Käufer erhöhen. Es gibt viele Leute, die 360 Dollar für ein Auto bezahlen, aber nicht 440 Dollar. Wir hatten rund 500.000 Käufer von Autos auf der Basis von 440 Dollar, und ich schätze, dass wir auf der Basis von 360 Dollar die Verkäufe auf möglicherweise 800.000 Autos pro Jahr steigern können – weniger Gewinn pro Auto, aber mehr Autos, mehr Arbeitseinsatz , und am Ende werden wir den gesamten Gewinn erzielen, den wir machen sollten.

Und lassen Sie mich gleich hier sagen, dass ich nicht glaube, dass wir mit unseren Autos einen so schrecklichen Gewinn machen sollten. Ein angemessener Gewinn ist richtig, aber nicht zu viel. Daher war es meine Politik, den Preis des Autos so schnell zu drücken, wie es die Produktion zuließ, und die Vorteile den Benutzern und Arbeitern zu überlassen – mit dem Ergebnis, dass wir selbst überraschend enorme Vorteile daraus ziehen.

Diese Politik steht im Widerspruch zur allgemeinen Auffassung, dass ein Unternehmen so geführt werden sollte, dass die Aktionäre möglichst viel Geld herausholen können. Deshalb will ich keine Aktionäre im üblichen Sinne des Wortes – sie tragen nicht dazu bei, die Fähigkeit zu dienen zu fördern. Mein Ziel ist es, immer mehr Menschen zu beschäftigen und die Vorteile des Industriesystems, das wir zu errichten versuchen, so weit wie möglich zu verbreiten; wir wollen helfen, Leben und Häuser aufzubauen. Dies erfordert, dass der größte Teil der Gewinne wieder in produktive Unternehmen gesteckt wird. Daher haben wir keinen Platz für nicht arbeitende Aktionäre. Der arbeitende Aktionär ist mehr daran interessiert, seine Gelegenheit zu dienen zu erhöhen, als Dividenden einzustreichen.

Wenn es irgendwann einmal zu einer Frage zwischen Lohnkürzungen und Abschaffung der Dividenden kommen sollte, würde ich die Dividenden abschaffen. Diese Zeit wird wahrscheinlich nicht kommen, denn wie ich bereits sagte, ist mit niedrigen Löhnen keine Sparsamkeit verbunden. Lohnkürzungen sind eine schlechte Finanzpolitik, weil sie auch die Kaufkraft mindern. Wenn man glaubt, dass Führung Verantwortung mit sich bringt, dann besteht ein Teil dieser Verantwortung darin, dafür zu sorgen, dass die von einem Geführten eine angemessene Möglichkeit haben, ihren Lebensunterhalt zu verdienen. Finanzen betreffen nicht nur den Gewinn oder die Zahlungsfähigkeit eines Unternehmens; sie umfassen auch die Geldmenge, die das Unternehmen durch Löhne an die Gemeinschaft zurückgibt. Das hat nichts mit Wohltätigkeit zu tun. Angemessene Löhne haben nichts mit Wohltätigkeit zu tun. Es ist einfach so, dass kein Unternehmen als stabil gelten kann, das nicht so gut geführt wird, dass es einem Mann die Möglichkeit geben kann, viel zu arbeiten und damit einen guten Lohn zu verdienen.

Löhne haben etwas Heiliges an sich – sie repräsentieren Heime, Familien und häusliche Schicksale. Man sollte sehr vorsichtig sein, wenn man mit Löhnen umgeht. Auf der Kostenliste sind Löhne bloße Zahlen; draußen in der Welt sind Löhne Brotkästen und Kohlenbehälter, Babywiegen und Kindererziehung – familiärer Komfort und Zufriedenheit. Andererseits hat Kapital, das verwendet wird, um die Mittel bereitzustellen, mit denen Arbeit produktiv gemacht werden kann, etwas ebenso Heiliges an sich. Niemandem ist geholfen, wenn unseren Industrien ihr Lebensblut ausgesaugt wird. Ein Geschäft, das Tausende von Menschen beschäftigt, hat etwas ebenso Heiliges an sich wie ein Heim. Das Geschäft ist die Hauptstütze all der schönen Dinge, die das Heim repräsentiert. Wenn wir wollen, dass es zu

Hause glücklich ist, müssen wir es schaffen, das Geschäft beschäftigt zu halten. Die ganze Rechtfertigung der Gewinne, die das Geschäft macht, liegt darin, dass sie verwendet werden, um die von diesem Geschäft abhängigen Haushalte doppelt abzusichern und mehr Arbeitsplätze für andere Menschen zu schaffen. Wenn Gewinne dazu dienen, ein persönliches Vermögen zu vermehren, ist das eine Sache; Wenn sie jedoch eine solidere Geschäftsgrundlage, bessere Arbeitsbedingungen, höhere Löhne und längere Beschäftigungszeiten schaffen, ist das eine ganz andere Sache. Mit dem so eingesetzten Kapital sollte nicht leichtfertig umgegangen werden. Es steht im Dienste aller, auch wenn es unter der Leitung eines Einzelnen steht.

Gewinne gehören drei Seiten: Sie gehören dem Unternehmen – damit es stabil, fortschrittlich und solide bleibt. Sie gehören den Menschen, die sie erwirtschaftet haben. Und sie gehören zum Teil auch der Öffentlichkeit. Ein erfolgreiches Unternehmen ist für alle drei Interessen profitabel – Planer, Produzent und Käufer.

Leute, deren Profite nach vernünftigen Maßstäben zu hoch sind, sollten die ersten sein, die ihre Preise senken. Aber das tun sie nie. Sie geben alle ihre Mehrkosten weiter, bis die gesamte Last vom Verbraucher getragen wird; und außerdem berechnen sie dem Verbraucher einen Prozentsatz der erhöhten Kosten. Ihre ganze Geschäftsphilosophie lautet: „Nimm, solange es geht.“ Sie sind die Spekulanten, die Ausbeuter, das nichtsnutzige Element, das immer dem legitimen Geschäft schadet. Von ihnen ist nichts zu erwarten. Sie haben keine Vision. Sie können nicht über ihre eigenen Kassen hinaussehen.

Diese Leute können leichter über eine Lohnkürzung von 10 oder 20 Prozent sprechen als über eine Gewinnkürzung von 10 oder 20 Prozent . Aber ein Geschäftsmann, der die gesamte Gemeinschaft in all ihren Interessen im Blick hat und dieser Gemeinschaft dienen möchte, sollte in der Lage sein, seinen Beitrag zur Stabilität zu leisten.

Es ist unsere Politik, immer einen großen Bargeldbetrag vorrätig zu haben – der Bargeldbestand betrug in den letzten Jahren normalerweise über 50 Millionen Dollar. Dieses Geld wird bei Banken im ganzen Land deponiert. Wir leihen uns kein Geld, haben aber Kreditlinien eingerichtet, sodass wir, wenn wir wollten, durch Bankkredite sehr große Geldbeträge auftreiben könnten. Aber die Barreserve macht Kredite unnötig – unsere Vorsorge dient lediglich dazu, auf Notfälle vorbereitet zu sein. Ich habe keine Abneigung gegen ordentliche Kredite. Ich möchte nur nicht Gefahr laufen, dass die Kontrolle über das Geschäft und damit die besondere Dienstleistungsidee, der ich mich verschrieben habe, in andere Hände fällt.

Ein beträchtlicher Teil der Finanzierung besteht in der Überwindung des Saisonbetriebs. Der Geldfluss sollte nahezu kontinuierlich sein. Man muss stetig arbeiten, um profitabel zu arbeiten. Eine Betriebsschließung bringt große Verschwendung mit sich. Sie bringt Verschwendung durch Arbeitslosigkeit bei den Mitarbeitern, Verschwendung durch Arbeitslosigkeit bei der Ausrüstung und Verschwendung durch eingeschränkte zukünftige Verkäufe durch die höheren Preise der unterbrochenen Produktion. Das war eines der Probleme, mit denen wir uns auseinandersetzen mussten. Wir konnten in den Wintermonaten, wenn die Nachfrage geringer ist als im Frühjahr oder Sommer, keine Autos auf Lager produzieren. Wo oder wie könnte man eine halbe Million Autos lagern? Und wenn man sie lagert, wie könnte man sie dann in der Hauptsaison verschifft bekommen? Und wer würde das Geld aufbringen, um einen solchen Vorrat an Autos zu halten, selbst wenn man sie lagern könnte?

Saisonarbeit ist hart für die Arbeiterschaft. Gute Mechaniker werden keine Jobs annehmen, die nur für einen Teil des Jahres gültig sind. Zwölf Monate im Jahr mit voller Kraft zu arbeiten garantiert fähige Arbeiter, baut eine dauerhafte Fertigungsorganisation auf und verbessert das Produkt kontinuierlich – die Männer in der Fabrik werden durch den ununterbrochenen Einsatz mit den Abläufen vertrauter.

Die Fabrik muss das ganze Jahr über Autos bauen, die Verkaufsabteilung muss verkaufen und der Händler muss das ganze Jahr über Autos kaufen, wenn jeder von ihnen den größtmöglichen Gewinn aus dem Geschäft ziehen möchte. Wenn der Einzelhandelskäufer nur in „Saisons" an einen Kauf denkt, muss eine Aufklärungskampagne durchgeführt werden, die den ganzjährigen Wert eines Autos und nicht den saisonalen Wert belegt. Und während die Aufklärungskampagne läuft, muss der Hersteller bauen und der Händler im Hinblick auf das Geschäft kaufen.

Wir waren die Ersten, die in der Automobilbranche auf dieses Problem stießen. Der Verkauf von Ford-Autos ist ein Handelsgeschäft. Damals, als jedes Auto auf Bestellung gebaut wurde und 50 Autos pro Monat eine große Produktion waren, war es vernünftig, mit der Bestellung auf den Verkauf zu warten. Der Hersteller wartete auf die Bestellung, bevor er baute.

Wir stellten sehr bald fest, dass wir nicht auf Bestellung arbeiten konnten. Die Fabrik konnte nicht groß genug gebaut werden – selbst wenn es wünschenswert wäre –, um zwischen März und August alle Autos herzustellen, die in diesen Monaten bestellt wurden. Deshalb begann vor Jahren eine Aufklärungskampagne, um zu zeigen, dass ein Ford kein Sommerluxus, sondern eine ganzjährige Notwendigkeit ist. Damit ging die Aufklärung des Händlers einher, der erkannte, dass es sich für ihn auszahlte, im Winter Vorräte für den Sommer anzulegen und so sofort liefern zu können, auch wenn er im Winter nicht so viele Autos verkaufen konnte wie im Sommer. Beide Pläne haben funktioniert; in den meisten Teilen des Landes werden Autos im Winter fast genauso viel benutzt wie im Sommer.

Man hat festgestellt, dass sie auf Schnee, Eis oder Schlamm – auf allem – laufen. Daher werden die Winterverkäufe ständig größer und die saisonale Nachfrage wird teilweise vom Händler übernommen. Und er findet es profitabel, im Voraus zu kaufen, um den Bedarf zu decken. Daher gibt es in unserem Werk keine Saisons; die Produktion lief bis auf die letzten paar Jahre kontinuierlich, mit Ausnahme der jährlichen Lagerschließungen. Während der Phase der extremen Depression kam es zu einer Unterbrechung, die jedoch notwendig wurde, um uns an die Marktbedingungen anzupassen.

Um eine kontinuierliche Produktion und damit einen kontinuierlichen Geldumschlag zu erreichen, mussten wir unsere Betriebsabläufe mit äußerster Sorgfalt planen. Der Produktionsplan wird jeden Monat von den Verkaufs- und Produktionsabteilungen sehr sorgfältig ausgearbeitet, mit dem Ziel, genügend Autos zu produzieren, damit die auf dem Transportweg befindlichen Mitarbeiter die anstehenden Bestellungen abwickeln können. Früher, als wir Autos zusammenbauten und verschifften, war dies von größter Bedeutung, da wir keinen Platz hatten, um fertige Autos zu lagern. Jetzt versenden wir Teile statt Autos und bauen nur die für den Bezirk Detroit benötigten zusammen. Das macht die Planung nicht weniger wichtig, denn wenn der Produktionsfluss und der Auftragsfluss nicht annähernd gleich sind, würden wir entweder mit nicht verkauften Teilen überlastet sein oder mit unseren Bestellungen im Rückstand sein. Wenn Sie die Teile für 4.000 Autos pro Tag produzieren, kann schon eine kleine Nachlässigkeit bei der Überschätzung der Bestellungen einen fertigen Lagerbestand in Millionenhöhe anhäufen. Das macht den Ausgleich der Betriebsabläufe zu einer äußerst heiklen Angelegenheit.

Um mit unserer geringen Gewinnspanne den nötigen Gewinn zu erzielen, müssen wir einen schnellen Umsatz erzielen. Wir bauen Autos, um sie zu verkaufen, nicht um sie zu lagern, und die unverkaufte Produktion eines Monats würde eine Summe ergeben, deren Zinsen allein schon enorm wären. Die Produktion wird für ein Jahr im Voraus geplant, und die Anzahl der Autos, die in jedem Monat des Jahres hergestellt werden sollen, ist festgelegt, denn natürlich ist es ein großes Problem, den Rohstofffluss und die Teile, die wir noch von außen zukaufen, im Gleichschritt mit der Produktion zu halten. Wir können es uns ebenso wenig leisten, große Lagerbestände an Fertigprodukten vorrätig zu halten wie an Rohmaterial. Alles muss ein- und ausgelagert werden. Und wir sind schon einige Male nur knapp davongekommen. Vor einigen Jahren brannte die Fabrik der Diamond Manufacturing Company nieder. Sie stellten für uns Kühlerteile und Messingteile her – Rohre und Gussteile. Wir mussten schnell handeln oder einen großen Verlust erleiden. Wir riefen die Leiter aller unserer Abteilungen zusammen, die Modellbauer und die technischen Zeichner . Sie arbeiteten 24 bis 48 Stunden am Stück. Sie stellten neue Modelle her; die Diamond

Company pachtete eine Fabrik und ließ einige Maschinen per Express liefern. Wir stellten ihnen die restliche Ausrüstung zur Verfügung und nach zwanzig Tagen konnten sie wieder versenden. Wir hatten genug Vorräte auf Lager, um sagen wir mal sieben oder acht Tage über die Runden zu kommen, aber das Feuer verhinderte, dass wir zehn oder fünfzehn Tage lang Autos versenden konnten. Wenn wir nicht Vorräte auf Lager gehabt hätten, hätte uns das zwanzig Tage aufgehalten – und unsere Ausgaben wären einfach weitergegangen.

Noch einmal: Der Ort, an dem man finanzieren kann, ist der Laden. Er hat uns nie im Stich gelassen, und einmal, als man dachte, wir seien knapp bei Kasse, hat er uns ziemlich deutlich gezeigt, wie viel besser man von innen als von außen finanzieren kann.

KAPITEL XII

GELD – HERR ODER DIENER?

Im Dezember 1920 trat die Wirtschaft im ganzen Land auf der Stelle. Es wurden mehr Automobilwerke geschlossen als geöffnet, und eine ganze Reihe der geschlossenen Werke lag vollständig in der Hand von Bankiers. Gerüchte über eine schlechte Finanzlage waren bei fast jedem Industrieunternehmen im Umlauf, und ich wurde neugierig, als sich die Berichte hartnäckig hielten, dass die Ford Motor Company nicht nur Geld brauchte, sondern auch keins bekommen konnte. Ich habe mich an alle möglichen Gerüchte über unsere Firma gewöhnt – so sehr, dass ich heute kaum noch Gerüchte leugne . Aber diese Berichte unterschieden sich von allen vorherigen. Sie waren so präzise und ausführlich. Ich erfuhr, dass ich meine Vorurteile gegen Kredite überwunden hatte und dass man mich fast jeden Tag in der Wall Street antreffen konnte, mit dem Hut in der Hand, wie ich um Geld bat. Und die Gerüchte gingen sogar noch weiter und besagten, dass mir niemand Geld geben würde und dass ich vielleicht auflösen und mein Geschäft aufgeben müsste.

Es stimmt, wir hatten ein Problem. 1919 hatten wir 70.000.000 Dollar in Form von Schuldscheinen geliehen, um die gesamten Aktienanteile der Ford Motor Company zu kaufen. Davon mussten wir noch 33.000.000 Dollar zurückzahlen. Wir hatten 18.000.000 Dollar an Einkommensteuern zu zahlen oder mussten sie demnächst an die Regierung zahlen, und außerdem wollten wir unseren üblichen Jahresbonus in Höhe von 7.000.000 Dollar an die Arbeiter auszahlen. Insgesamt hatten wir zwischen dem 1. Januar und dem 18. April 1921 Zahlungen in Höhe von 58.000.000 Dollar zu leisten. Wir hatten nur 20.000.000 Dollar auf der Bank. Unsere Bilanz war mehr oder weniger allgemein bekannt, und ich nehme an, es wurde als selbstverständlich angesehen, dass wir die benötigten 38.000.000 Dollar nicht ohne Kredite aufbringen konnten. Denn das ist eine ziemlich große Summe. Ohne die Hilfe der Wall Street wäre eine solche Summe nicht leicht und schnell aufzubringen. Wir waren mit dem Geld vollkommen zufrieden. Zwei Jahre zuvor hatten wir 70.000.000 Dollar geliehen. Und da unser gesamtes Vermögen unbelastet war und wir keine Geschäftsschulden hatten, wäre es normalerweise keine so große Sache gewesen, uns eine große Summe zu leihen. Tatsächlich wäre es ein gutes Bankgeschäft gewesen.

Doch allmählich wurde mir klar, dass unser Geldbedarf eifrig als Hinweis auf einen bevorstehenden Bankrott verbreitet wurde. Dann kam mir der Verdacht, dass die Gerüchte , obwohl sie in Nachrichtensendungen aus dem ganzen Land verbreitet wurden, vielleicht einer einzigen Quelle entstammten. Dieser Glaube wurde noch verstärkt, als wir erfuhren, dass ein sehr dicker

Finanzredakteur in Battle Creek Bulletins über die Schwere unserer finanziellen Lage verschickte. Daher achtete ich darauf, kein einziges Gerücht zu dementieren . Wir hatten unsere Finanzpläne gemacht und sie beinhalteten kein Geldleihen.

Ich kann nicht genug betonen, dass der allerschlechteste Zeitpunkt, um Geld zu leihen, dann ist, wenn die Leute in der Bank meinen, man bräuchte Geld. Im letzten Kapitel habe ich unsere Finanzgrundsätze dargelegt. Wir haben diese Grundsätze einfach angewendet. Wir haben eine gründliche Hausreinigung geplant.

Gehen wir ein wenig zurück und sehen wir uns die damaligen Verhältnisse an. Anfang 1920 gab es die ersten Anzeichen dafür, dass das durch den Krieg hervorgerufene fieberhafte Spekulationsgeschäft nicht weitergehen würde. Einige Unternehmen, die aus dem Krieg hervorgegangen waren und keine wirkliche Existenzberechtigung hatten, gingen pleite. Die Leute kauften weniger. Unsere eigenen Verkäufe blieben zwar stabil, aber wir wussten, dass sie früher oder später nachlassen würden. Ich dachte ernsthaft darüber nach, die Preise zu senken, aber die Produktionskosten gerieten überall außer Kontrolle. Die Arbeiter gaben für ihre hohen Löhne immer weniger. Die Rohstofflieferanten weigerten sich, auch nur daran zu denken, auf den Boden der Tatsachen zurückzukehren. Die sehr deutlichen Warnungen vor dem Sturm blieben völlig unbeachtet.

Im Juni begannen unsere eigenen Verkäufe davon betroffen zu sein. Von Juni bis September wuchsen sie jeden Monat weniger. Wir mussten etwas tun, um unser Produkt in die Kaufkraft der Öffentlichkeit zu bringen, und nicht nur das, wir mussten etwas drastisch genug tun, um der Öffentlichkeit zu zeigen, dass wir tatsächlich mitspielten und nicht nur simpel taten. Deshalb senkten wir im September den Preis des Tourenwagens von 575 auf 440 Dollar. Wir senkten den Preis weit unter die Produktionskosten, denn wir produzierten immer noch aus Lagerbeständen, die zu Boompreisen gekauft wurden. Die Senkung sorgte für erhebliches Aufsehen. Wir wurden stark kritisiert. Es wurde gesagt, wir würden die Bedingungen stören. Genau das versuchten wir zu tun. Wir wollten unseren Teil dazu beitragen, die Preise von einem künstlichen auf ein natürliches Niveau zu bringen. Ich bin der festen Überzeugung, dass wir keine so lange Konjunkturdepression hätten, wenn alle Hersteller und Händler zu diesem Zeitpunkt oder früher ihre Preise drastisch gesenkt und gründlich aufgeräumt hätten. Das Festhalten in der Hoffnung auf höhere Preise verzögerte lediglich die Anpassung. Niemand erreichte die erhofften höheren Preise, und wenn die Verluste auf einmal hingenommen worden wären, wäre nicht nur die Produktions- und Kaufkraft des Landes in Einklang gebracht worden, sondern uns wäre auch diese lange Zeit allgemeiner Untätigkeit erspart geblieben. Das Festhalten in der Hoffnung auf höhere Preise vergrößerte nur die Verluste, denn diejenigen, die festhielten, mussten Zinsen für ihre hochpreisigen Aktien zahlen und verloren außerdem die Gewinne, die sie durch vernünftiges Arbeiten hätten erzielen können. Die Arbeitslosigkeit verringerte die Lohnverteilung, und so trennten sich Käufer und Verkäufer immer mehr. Es wurde viel darüber geredet, Europa große Kredite zu gewähren – die Idee war, dass man dadurch die hochpreisigen Aktien loswerden könnte. Natürlich wurden die Vorschläge nicht so plump vorgebracht, und ich glaube, dass ziemlich viele Leute ernsthaft glaubten, dass die amerikanische Wirtschaft irgendwie davon profitieren würde, wenn große Kredite ins Ausland vergeben würden, selbst ohne die Hoffnung auf Rückzahlung von Kapital oder Zinsen. Es stimmt, dass, wenn amerikanische Banken diese Kredite aufgenommen hätten, diejenigen, die hochpreisige Aktien besaßen, sie mit Gewinn hätten loswerden können, aber die Banken hätten so viel eingefrorene Kredite angehäuft, dass sie eher Eishäusern als Banken geglichen hätten. Ich nehme an, es ist natürlich, bis zum allerletzten Moment an der Möglichkeit von Gewinnen festzuhalten, aber es ist kein gutes Geschäft.

Unsere eigenen Verkäufe stiegen nach der Kürzung, begannen aber bald wieder zu sinken. Wir lagen nicht ausreichend innerhalb der Kaufkraft des Landes, um den Einkauf zu erleichtern. Die Einzelhandelspreise hatten im Allgemeinen noch nicht den Tiefpunkt erreicht. Die Öffentlichkeit misstraute allen Preisen. Wir schmiedeten Pläne für eine weitere Kürzung und hielten unsere Produktion bei etwa einhunderttausend Autos pro Monat. Diese Produktion war nicht durch unsere Verkäufe gerechtfertigt, aber wir wollten so viel wie möglich von unserem Rohmaterial in Fertigprodukte umwandeln, bevor wir den Betrieb schlossen. Wir wussten, dass wir den Betrieb schließen mussten, um eine Inventur zu machen und aufzuräumen. Wir wollten mit einer weiteren großen Kürzung eröffnen und Autos vorrätig haben, um die Nachfrage zu decken. Dann könnten die neuen Autos aus Material gebaut werden, das zu niedrigeren Preisen gekauft wurde. Wir waren entschlossen, niedrigere Preise durchzusetzen.

Wir schlossen im Dezember mit der Absicht, in etwa zwei Wochen wieder zu öffnen. Wir hatten so viel zu tun, dass wir tatsächlich fast sechs Wochen lang nicht öffneten. In dem Moment, als wir schlossen, wurden die Gerüchte über unsere finanzielle Lage immer heftiger. Ich weiß, dass viele Leute hofften, wir müssten Geld suchen – denn wenn wir Geld suchten, mussten wir uns einigen. Wir baten nicht um Geld. Wir wollten kein Geld. Wir hatten ein Geldangebot. Ein Angestellter einer New Yorker Bank kam zu mir und brachte mir einen Finanzplan, der ein großes Darlehen beinhaltete und in dem auch eine Vereinbarung enthalten war, nach der ein Vertreter der Bankiers als Schatzmeister fungieren und die Finanzen des Unternehmens übernehmen würde. Diese Leute meinten es ganz gut, da bin ich mir ganz sicher. Wir wollten kein Geld leihen, aber es stellte sich heraus, dass wir im

Moment keinen Schatzmeister hatten. Insofern hatten die Bankiers unsere Lage richtig eingeschätzt. Ich bat meinen Sohn Edsel, sowohl Schatzmeister als auch Präsident des Unternehmens zu werden. Dadurch wurde uns die Rolle des Schatzmeisters zugewiesen, und die Banker konnten eigentlich gar nichts mehr für uns tun.

Dann begannen wir mit dem Aufräumen. Während des Krieges hatten wir viele Arten von Kriegsarbeiten durchgeführt und waren daher gezwungen, von unserem Prinzip eines einzelnen Produkts abzuweichen. Dies hatte zur Folge, dass viele neue Abteilungen eingerichtet wurden. Die Bürobelegschaft war gewachsen und ein Großteil der Verschwendung durch die zerstreute Produktion hatte sich eingeschlichen. Kriegsarbeit ist Schnellarbeit und Verschwendung. Wir begannen, alles wegzuwerfen, was nicht zur Autoproduktion beitrug.

Die einzige unmittelbar geplante Zahlung war ein rein freiwilliger Bonus von sieben Millionen Dollar für unsere Arbeiter. Es gab keine Zahlungspflicht, aber wir wollten am 1. Januar zahlen. Das haben wir aus unserem Bargeldbestand bezahlt.

Im ganzen Land haben wir 35 Niederlassungen . Das sind alles Montagewerke, aber in 22 davon werden auch Teile hergestellt. Sie hatten die Teileproduktion eingestellt, aber sie fuhren mit der Automontage fort. Als wir die Fabrik schlossen, hatten wir praktisch keine Autos in Detroit. Wir hatten alle Teile ausgeliefert, und im Januar mussten die Detroiter Händler tatsächlich bis nach Chicago und Columbus fahren, um Autos für den lokalen Bedarf zu bekommen. Die Niederlassungen lieferten jedem Händler im Rahmen seiner Jahresquote so viele Autos, dass er etwa einen Monatsumsatz decken konnte. Die Händler arbeiteten hart am Verkauf. In der zweiten Januarhälfte riefen wir eine Rumpforganisation von etwa 10.000 Männern zusammen, hauptsächlich Vorarbeiter, Untervorarbeiter und Vorarbeiter, und wir begannen mit der Produktion in Highland Park. Wir zogen unsere Auslandskunden ein und verkauften unsere Nebenprodukte.

Dann waren wir bereit für die Vollproduktion. Und allmählich gingen wir in die Vollproduktion – auf profitabler Basis. Beim Hausputz wurde der Abfall beseitigt, der sowohl die Preise hochgetrieben als auch den Gewinn aufgezehrt hatte. Wir verkauften den nutzlosen Kram. Vorher hatten wir 15 Männer pro Auto und Tag beschäftigt. Danach waren es neun pro Auto und Tag. Das bedeutete nicht, dass sechs von 15 Männern ihren Job verloren. Sie hörten nur auf, unproduktiv zu sein. Diese Kürzung erreichten wir, indem wir die Regel anwandten, dass alles und jeder produzieren oder gehen muss.

Wir haben unsere Bürokräfte halbiert und den Büroangestellten bessere Jobs in den Werkstätten angeboten. Die meisten von ihnen haben die Jobs angenommen. Wir haben alle Auftragsformulare und alle Statistiken abgeschafft, die nicht direkt zur Autoproduktion beigetragen haben. Wir hatten Unmengen an Statistiken gesammelt, weil sie interessant waren. Aber mit Statistiken lassen sich keine Autos bauen – also haben wir sie weggeworfen.

Wir haben 60 Prozent unserer Telefonanschlüsse entfernt . Nur verhältnismäßig wenige Männer in jeder Organisation brauchen Telefone. Früher hatten wir einen Vorarbeiter für jeweils fünf Männer, jetzt haben wir einen Vorarbeiter für jeweils zwanzig Männer. Die anderen Vorarbeiter arbeiten an Maschinen.

Wir haben die Gemeinkosten von 146 Dollar pro Wagen auf 93 Dollar gesenkt, und wenn Sie sich klarmachen, was das bei mehr als 4.000 Wagen pro Tag bedeutet, werden Sie eine Vorstellung davon haben, wie es nicht durch Sparsamkeit, nicht durch Lohnkürzungen, sondern durch die Vermeidung von Verschwendung möglich ist, einen „unmöglichen" Preis zu erzielen. Am wichtigsten war jedoch, dass wir herausgefunden haben, wie wir durch die Beschleunigung des Umschlags weniger Geld in unserem Geschäft ausgeben können. Und einer der wichtigsten Faktoren bei der Steigerung des Umschlags war die Detroit, Toledo & Ironton Railroad, die wir gekauft haben. Die Eisenbahn nahm in unserem Sparplan einen großen Platz ein. Der Straße selbst habe ich ein eigenes Kapitel gewidmet.

Nach einigen Experimenten stellten wir fest, dass der Frachtdienst so verbessert werden konnte, dass der Produktionszyklus von 22 auf 14 Tage verkürzt werden konnte. Das heißt, Rohmaterial konnte in (etwa) 33 Prozent weniger Zeit als zuvor gekauft, hergestellt und das fertige Produkt an den Händler ausgeliefert werden. Wir hatten einen Lagerbestand von etwa 60.000.000 Dollar vorrätig, um eine unterbrechungsfreie Produktion zu gewährleisten. Durch die Verkürzung der Zeit um ein Drittel konnten wir 20.000.000 Dollar oder 1.200.000 Dollar pro Jahr an Zinsen freisetzen. Zählt man den fertigen Lagerbestand hinzu, sparten wir etwa 8.000.000 Dollar mehr – das heißt, wir konnten 28.000.000 Dollar an Kapital freisetzen und die Zinsen auf diesen Betrag sparen.

Am 1. Januar hatten wir 20.000.000 $. Am 1. April hatten wir 87.300.000 $, also 27.300.000 $ mehr, als wir brauchten, um all unsere Schulden zu tilgen. Das hat uns der Einstieg ins Geschäft gebracht! Dieser Betrag kam uns in folgenden Posten zugute:

Bargeldbestand, Januar 20.000.000 $
In Bargeld umgewandelter Lagerbestand, 1. Januar bis 1. April 24.700.000
Beschleunigung des Transits freigegebener Waren 28.000.000
Von Agenten im Ausland eingezogen 3.000.000 Verkauf von
Nebenprodukten 3.700.000 Verkauf von Liberty Bonds 7.900.000

Ich habe das alles nicht erzählt, um eine Heldentat zu vollbringen, sondern um aufzuzeigen, wie ein Unternehmen seine eigenen Ressourcen erschließen kann, anstatt Kredite aufzunehmen. Und auch um ein wenig darüber nachzudenken, ob die Form unseres Geldes nicht Kredite begünstigt und damit den Bankiers einen viel zu großen Stellenwert einräumt.

Wir hätten 40.000.000 Dollar leihen können – mehr, wenn wir gewollt hätten. Angenommen, wir hätten geliehen, was wäre passiert? Wären wir dann besser in der Lage gewesen, unser Geschäft weiterzuführen? Oder schlechter? Wenn wir geliehen hätten, wären wir nicht gezwungen gewesen, nach Wegen zu suchen, die Produktion zu verbilligen. Hätten wir das Geld zu 6 Prozent bekommen können ? pauschal – und wir hätten noch mehr an Provisionen und dergleichen zahlen müssen – hätten allein die Zinskosten bei einer Jahresproduktion von 500.000 Wagen etwa vier Dollar pro Wagen betragen. Wir stünden also jetzt ohne den Vorteil einer besseren Produktion da und wären hoch verschuldet. Unsere Wagen würden wahrscheinlich etwa hundert Dollar mehr kosten als sie es jetzt tun; daher hätten wir eine geringere Produktion, da wir nicht so viele Käufer hätten; wir würden weniger Leute beschäftigen und, kurz gesagt, wir wären nicht in der Lage, unseren Service optimal zu gestalten. Sie werden bemerken, dass die Finanziers vorschlugen, das Problem durch Geldverleih und nicht durch Verbesserung der Methoden zu lösen. Sie schlugen nicht vor, einen Ingenieur einzusetzen; sie wollten einen Schatzmeister.

Und das ist die Gefahr, wenn man Banker im Geschäft hat. Sie denken nur an Geld. Sie denken, eine Fabrik würde Geld produzieren, nicht Waren. Sie wollen auf das Geld achten, nicht auf die Effizienz der Produktion. Sie können nicht begreifen, dass ein Geschäft nie stillsteht, es muss vorwärts gehen oder zurückgehen. Sie betrachten eine Preissenkung als eine Verschwendung von Gewinnen, statt als eine Geschäftsentwicklung.

Banker spielen eine viel zu große Rolle in der Führung der Industrie. Die meisten Geschäftsleute geben diese Tatsache privat zu. Sie geben es selten öffentlich zu, weil sie Angst vor ihren Bankern haben. Es erfordert weniger Geschick, ein Vermögen mit Geld zu machen, als mit Produktion. Der durchschnittliche erfolgreiche Banker ist keineswegs so intelligent und einfallsreich wie der durchschnittliche erfolgreiche Geschäftsmann. Und doch kontrolliert der Banker durch seine Kontrolle über den Kredit praktisch den durchschnittlichen Geschäftsmann.

In den letzten fünfzehn oder zwanzig Jahren – und besonders seit dem Krieg – haben die Banker große Anstrengungen unternommen, und das Federal Reserve System hat ihnen eine Zeit lang eine fast unbegrenzte Kreditmenge in die Hand gegeben. Der Banker ist, wie ich bereits erwähnt habe, aufgrund seiner Ausbildung und seiner Position völlig ungeeignet, die Industrie zu leiten. Wenn die Kreditkontrolleure in letzter Zeit diese sehr große Macht erlangt haben, ist dies dann nicht als Zeichen dafür zu werten, dass mit dem Finanzsystem etwas nicht stimmt, das der Finanzierung mehr Macht gibt, als der vorherrschenden Macht in der Industrie zu dienen? Es war nicht der industrielle Scharfsinn der Banker, der sie in die Leitung der Industrie gebracht hat. Das wird jeder zugeben. Sie wurden wohl oder übel vom System selbst dorthin gedrängt. Daher möchte ich persönlich herausfinden, ob wir unter dem besten Finanzsystem operieren.

Lassen Sie mich gleich zu Beginn sagen, dass mein Einwand gegen Banker nichts mit Persönlichkeiten zu tun hat. Ich bin nicht gegen Banker als solche. Wir brauchen dringend nachdenkliche Männer, die sich mit Finanzen auskennen. Die Welt kann ohne Bankdienstleistungen nicht weitermachen. Wir brauchen Geld. Wir brauchen Kredit. Sonst könnten die Früchte der Produktion nicht ausgetauscht werden. Wir brauchen Kapital. Ohne es könnte es keine Produktion geben. Aber ob wir unser Bankwesen und unser Kreditwesen auf die richtige Grundlage gestellt haben, ist eine ganz andere Frage.

Es liegt mir nicht am Herzen, unser Finanzsystem anzugreifen. Ich bin nicht in der Position eines Menschen, der vom System geschlagen wurde und Rache will. Für mich persönlich macht es nicht den geringsten Unterschied, was die Banker tun, denn wir konnten unsere Angelegenheiten ohne finanzielle Hilfe von außen regeln. Meine Frage ist durch keinerlei persönliche Motive veranlasst. Ich möchte nur wissen, ob der größtmöglichen Zahl das größtmögliche Wohl zuteilwird.

Kein Finanzsystem ist gut, das eine Klasse von Produzenten gegenüber einer anderen bevorzugt. Wir wollen herausfinden, ob es nicht möglich ist, Macht zu entziehen, die nicht auf der Schaffung von Wohlstand beruht. Jede Art von Klassengesetzgebung ist schädlich. Ich denke, dass sich die Produktionsmethoden des Landes so sehr verändert haben, dass Gold nicht mehr das beste Mittel ist, um sie zu messen, und dass der Goldstandard als Kreditkontrolle, so wie er jetzt (und ich glaube, unvermeidlich) verwaltet wird, Klassenvorteile verschafft. Die ultimative Kontrolle des Kredits ist die Menge an Gold im Land, unabhängig von der Menge an Wohlstand im Land.

Ich bin nicht bereit, in der Frage von Geld oder Kredit dogmatisch zu sein. Was Geld und Kredit betrifft, weiß noch niemand genug darüber, um dogmatisch zu sein. Die ganze Frage muss geklärt werden, wie alle anderen wirklich wichtigen Fragen, und zwar durch vorsichtige, wohlbegründete Experimente. Und ich bin nicht geneigt, über vorsichtige Experimente hinauszugehen. Wir müssen Schritt für Schritt und sehr vorsichtig vorgehen. Die Frage ist nicht politisch, sondern wirtschaftlich, und ich bin vollkommen sicher, dass es absolut vorteilhaft ist, den Menschen zu helfen, über die Frage nachzudenken. Sie werden nicht ohne ausreichendes Wissen handeln und damit Unheil anrichten, wenn man sich ernsthaft bemüht, sie mit Wissen zu versorgen. Die Geldfrage steht in den Köpfen vieler Menschen aller Grade und Machtgrade an erster Stelle. Aber ein Blick auf die meisten Allheilmittelsysteme zeigt, wie widersprüchlich sie sind. Die meisten von ihnen gehen von Anfang an von Ehrlichkeit unter den Menschen aus, und das ist natürlich ein Hauptmangel. Sogar unser gegenwärtiges System würde hervorragend funktionieren, wenn alle Menschen ehrlich wären. Tatsächlich ist die ganze Geldfrage zu 95 Prozent ehrlich. die menschliche Natur; und Ihr erfolgreiches System muss die menschliche Natur kontrollieren und darf nicht von ihr abhängig sein.

Die Menschen denken über die Geldfrage nach; und wenn die Geldherren irgendwelche Informationen haben, die die Menschen ihrer Meinung nach haben sollten, um zu verhindern, dass sie auf Abwege geraten, dann ist jetzt die Zeit, sie weiterzugeben. Die Tage, an denen die Angst vor Kreditkürzungen noch hilft oder wortreiche Slogans Angst machen, gehen schnell vorüber. Die Menschen sind von Natur aus konservativ. Sie sind konservativer als die Finanziers. Diejenigen, die glauben, die Menschen seien so leicht zu beeinflussen, dass sie zulassen würden, dass Druckmaschinen Geld wie Milchmarken ausgeben, verstehen sie nicht. Es ist die angeborene Selbstbewahrung der Menschen, die unser Geld trotz der fantastischen Tricks der Finanziers – die sie mit hochtrabenden Fachbegriffen vertuschen – gut gehalten hat.

Die Menschen sind auf der Seite des soliden Geldes. Sie sind so unabänderlich auf der Seite des soliden Geldes, dass es eine ernste Frage ist, wie sie das System, unter dem sie leben, betrachten würden, wenn sie erst einmal wüssten, was Eingeweihte damit anfangen können.

Das gegenwärtige Geldsystem lässt sich nicht durch Reden, politische Sensationsmache oder wirtschaftliche Experimente ändern. Es wird sich unter dem Druck der Bedingungen ändern – Bedingungen, die wir nicht kontrollieren können, und Druck, den wir nicht kontrollieren können. Diese Bedingungen sind jetzt da; dieser Druck lastet jetzt auf uns.

Man muss den Menschen helfen, einen natürlichen Umgang mit Geld zu entwickeln. Man muss ihnen erklären, was Geld ist, was es zu Geld macht und welche Tricks das gegenwärtige System anwenden kann, um Nationen und Völker unter die Kontrolle einiger weniger zu stellen .

Geld ist letztlich äußerst einfach. Es ist Teil unseres Transportsystems. Es ist eine einfache und direkte Methode, Güter von einer Person zur anderen zu befördern. Geld ist an sich höchst bewundernswert. Es ist unverzichtbar. Es ist nicht von Natur aus böse. Es ist eines der nützlichsten Mittel im gesellschaftlichen Leben. Und wenn es tut, was es tun soll, ist es eine große Hilfe und kein Hindernis.

Aber Geld sollte immer Geld sein. Ein Fuß ist immer zwölf Zoll, aber wann ist ein Dollar ein Dollar? Wenn sich die Tonnengewichte im Kohlenlager ändern würden und die Peckmaße im Lebensmittelgeschäft und Yard-Stäbe heute 42 Zoll und morgen 33 Zoll wären (durch einen geheimen Prozess namens „Austausch"), würden die Leute das sehr bald ändern. Wenn ein Dollar nicht immer ein Dollar ist, wenn der 100-Cent-Dollar zum 65-Cent-Dollar wird und dann zum 50-Cent-Dollar und dann zum 47-Cent-Dollar, wie es bei den guten alten amerikanischen Gold- und Silberdollars der Fall war, was nützt es dann, von „billigem Geld" und „entwertetem Geld" zu schreien? Ein Dollar, der 100 Cent bleibt, ist genauso notwendig wie ein Pfund, das 16 Unzen bleibt, und ein Yard, der 36 Zoll bleibt.

Die Banker, die sich mit dem reinen Bankgeschäft beschäftigen, sollten sich selbst als die ersten Menschen betrachten, die unser Währungssystem erforschen und verstehen – statt sich damit zufrieden zu geben, die Methoden der örtlichen Banken zu beherrschen. Und wenn sie den Spielern, die mit Bankguthaben spielen, den Namen „Banker" nehmen und sie ein für alle Mal aus der einflussreichen Position verdrängen würden, die ihnen dieser Name verleiht, dann würde das Bankwesen wiederhergestellt und als der öffentliche Dienst etabliert, der es sein sollte, und die Missstände des gegenwärtigen Währungssystems und der Finanzinstrumente würden von den Schultern der Menschen genommen.

Natürlich gibt es hier ein „Wenn". Aber es ist nicht unüberwindbar. Die Dinge geraten ohnehin in eine Sackgasse, und wenn diejenigen, die über technisches Geschick verfügen, nicht versuchen, Abhilfe zu schaffen, können diejenigen, denen dieses Geschick fehlt, es versuchen. Nichts ist törichter, als wenn eine Klasse annimmt, dass der Fortschritt ein Angriff auf sie sei. Fortschritt ist nur eine Aufforderung an sie, ihre Erfahrung für den allgemeinen Fortschritt einzusetzen. Nur diejenigen, die unklug sind, werden versuchen, den Fortschritt zu behindern und dadurch seine Opfer zu werden. Wir sind alle hier zusammen, wir müssen alle zusammen voranschreiten; es ist vollkommen albern, wenn sich ein Mensch oder eine Klasse an der Bewegung des Fortschritts stößt. Wenn die Finanziers glauben, dass der Fortschritt nur die Ruhelosigkeit schwachsinniger Personen ist, wenn sie alle Verbesserungsvorschläge als persönlichen Schlag betrachten, dann ergreifen sie die Partei, die mehr als alles andere ihre Untauglichkeit beweist, ihre Führungsrolle fortzusetzen.

Wenn das gegenwärtige fehlerhafte System für einen Finanzier profitabler ist als ein perfekteres System und wenn dieser Finanzier die wenigen Jahre persönlichen Profits, die ihm noch verbleiben, höher schätzt als die Ehre , einen Beitrag zum Leben in der Welt zu leisten, indem er hilft, ein besseres System aufzubauen, dann gibt es keine Möglichkeit, einen Interessenkonflikt zu verhindern. Aber man kann den selbstsüchtigen Finanzinteressenten fairerweise sagen, dass ihr Kampf bereits verloren ist, wenn sie nur deshalb für die Aufrechterhaltung eines Systems kämpfen, weil es ihnen Vorteile bringt. Warum sollte die Finanzwelt Angst haben? Die Welt wird noch da sein. Die Menschen werden miteinander Geschäfte machen. Es wird Geld geben und es wird Meister des Geldmechanismus brauchen. Nichts wird sich lösen außer den Knoten und Verwicklungen. Natürlich wird es einige Anpassungen geben. Die Banken werden nicht länger die Herren der Industrie sein. Sie werden die Diener der Industrie sein. Die Wirtschaft wird das Geld kontrollieren, anstatt dass das Geld die Wirtschaft kontrolliert. Das ruinöse Zinssystem wird stark verändert. Das Bankwesen wird kein Risiko, sondern eine Dienstleistung sein. Die Banken werden viel mehr für die Menschen tun als heute. Sie werden nicht mehr die teuersten und hinsichtlich der Dividendenausschüttung profitabelsten Unternehmen der Welt sein, sondern weniger kosten und die Gewinne aus ihrer Geschäftstätigkeit werden der Gemeinschaft zugutekommen, der sie dienen.

Zwei Tatsachen der alten Ordnung sind grundlegend. Erstens: Innerhalb der Nation selbst tendiert die Finanzkontrolle zu ihren größten zentralisierten Bankinstituten - entweder einer staatlichen Bank oder einer eng verbundenen Gruppe privater Finanziers. In jeder Nation gibt es immer eine eindeutige Kontrolle des Kredits durch private oder halböffentliche Interessen. Zweitens: In der Welt als Ganzes ist dieselbe zentralisierende Tendenz wirksam. Der amerikanische Kredit wird von New Yorker Interessen kontrolliert, so wie vor dem Krieg der Weltkredit von London kontrolliert wurde - das britische Pfund Sterling war der Wechselkurs für den Welthandel.

Uns stehen zwei Reformmethoden offen: eine, die von unten beginnt, und eine, die von oben beginnt. Die zweite ist der geordnetere Weg, die erste wird in Russland erprobt. Wenn unsere Reformen von oben beginnen sollen, bedarf es einer sozialen Vision und eines altruistischen Eifers von einer Aufrichtigkeit und Intensität, die mit selbstsüchtiger Schlauheit völlig unvereinbar ist.

Der Reichtum der Welt besteht weder im Geld der Welt, noch wird es angemessen durch dieses repräsentiert. Gold selbst ist kein wertvolles Gut. Es ist ebensowenig Reichtum wie Hutschecks Hüte sind. Aber es kann als Zeichen des Reichtums so manipuliert werden, dass es seinen Besitzern oder Kontrolleuren die Kontrolle über den Kredit gibt, den die Produzenten von echtem Reichtum benötigen. Der Handel mit Geld, der Tauschware, ist ein sehr lukratives Geschäft. Wenn Geld selbst zu einem Handelsartikel wird, der gekauft und verkauft werden muss, bevor echter Reichtum bewegt oder getauscht werden kann, ist es den Wucherern und Spekulanten gestattet, eine

Steuer auf die Produktion zu erheben. Der Einfluss, den die Kontrolleure des Geldes auf die Produktivkräfte ausüben können, wird noch stärker, wenn man bedenkt, dass, obwohl Geld den echten Reichtum der Welt repräsentieren soll, es immer viel mehr Reichtum als Geld gibt und echter Reichtum oft auf Geld warten muss, was zu dieser höchst paradoxen Situation führt – einer Welt voller Reichtum, die aber Not leidet.

Diese Tatsachen sind nicht bloß finanzieller Natur, die man in Zahlen ausdrücken und dabei belassen kann. Sie sind mit dem menschlichen Schicksal verbunden und sie sind blutig. Die Armut der Welt wird selten durch Mangel an Gütern verursacht, sondern durch „Geldknappheit". Der kommerzielle Wettbewerb zwischen den Nationen, der zu internationaler Rivalität und Missgunst führt, die wiederum Kriege hervorrufen – das sind einige der menschlichen Bedeutungen dieser Tatsachen. So wachsen Armut und Krieg, zwei große, vermeidbare Übel, auf einem einzigen Stamm.

Lassen Sie uns sehen, ob nicht ein Anfang in Richtung einer besseren Methode gemacht werden kann.

KAPITEL XIII

WARUM ARM SEIN?

Armut hat eine Reihe von Ursachen, von denen die wichtigsten kontrollierbar sind. Das gilt auch für Sonderprivilegien. Ich denke, es ist durchaus machbar, sowohl Armut als auch Sonderprivilegien abzuschaffen – und es besteht kein Zweifel daran, dass ihre Abschaffung wünschenswert ist. Beide sind unnatürlich, aber wir müssen Ergebnisse durch Arbeit und nicht durch Gesetze erwarten.

Unter Armut verstehe ich den Mangel an einigermaßen ausreichender Nahrung, Unterkunft und Kleidung für eine Einzelperson oder eine Familie. Es wird Unterschiede in der Qualität der Versorgung geben müssen. Die Menschen sind weder geistig noch körperlich gleich. Jeder Plan, der von der Annahme ausgeht, dass die Menschen gleich sind oder sein sollten, ist unnatürlich und daher nicht durchführbar. Es kann keinen machbaren oder wünschenswerten Prozess der Nivellierung geben. Ein solcher Kurs fördert nur die Armut, indem er sie allgemein statt außergewöhnlich macht. Den effizienten Produzenten zu zwingen, ineffizient zu werden, macht den ineffizienten Produzenten nicht effizienter. Armut kann nur durch Überfluss beseitigt werden, und wir sind in der Produktionswissenschaft inzwischen weit genug fortgeschritten, um als natürliche Entwicklung den Tag erwarten zu können, an dem Produktion und Verteilung so wissenschaftlich sein werden, dass jeder entsprechend seiner Fähigkeiten und seines Fleißes leben kann.

Die extremen Sozialisten gingen mit ihrer Schlussfolgerung, dass die Industrie den Arbeiter unweigerlich erdrücken würde, weit über das Ziel hinaus. Die moderne Industrie erhebt den Arbeiter und die Welt allmählich nach oben. Wir müssen nur mehr über Planung und Methoden wissen. Die besten Ergebnisse können und werden durch individuelle Initiative und Einfallsreichtum – durch intelligente individuelle Führung – erzielt. Die Regierung kann, da sie im Wesentlichen negativ ist, kein wirklich konstruktives Programm positiv unterstützen . Sie kann negative Unterstützung leisten – indem sie Hindernisse für den Fortschritt beseitigt und aufhört, eine Belastung für die Gemeinschaft zu sein.

Die tieferen Ursachen der Armut liegen meines Erachtens im Wesentlichen in der schlechten Abstimmung zwischen Produktion und Verteilung in Industrie und Landwirtschaft – zwischen der Quelle der Energie und ihrer Anwendung. Die Verschwendungen aufgrund mangelnder Abstimmung sind enorm. All diese Verschwendungen müssen einer intelligenten, dem Dienst verpflichteten Führung zum Opfer fallen. Solange die Führung mehr an Geld als an Dienst denkt, wird es weiterhin Verschwendung geben.

Verschwendung wird von weitsichtigen, nicht von kurzsichtigen Menschen verhindert. Kurzsichtige Menschen denken zuerst an Geld. Sie können Verschwendung nicht erkennen. Sie betrachten Dienst als altruistisch statt als das Praktischste auf der Welt. Sie können sich nicht weit genug von den kleinen Dingen lösen, um die großen Dinge zu sehen – das Größte von allen, nämlich dass opportunistische Produktion vom rein finanziellen Standpunkt aus am wenigsten profitabel ist.

Dienst kann auf Altruismus beruhen, aber diese Art von Dienst ist normalerweise nicht die beste. Das Sentimentale bringt das Praktische zu Fall.

Es ist nicht so, dass die Industrieunternehmen nicht in der Lage wären, einen Teil des von ihnen geschaffenen Reichtums gerecht zu verteilen. Es ist einfach so, dass die Verschwendung so groß ist, dass nicht für alle Beteiligten ein ausreichender Anteil übrig bleibt, obwohl das Produkt normalerweise zu einem so hohen Preis verkauft wird, dass sein umfassender Konsum eingeschränkt ist.

Nehmen wir zum Beispiel die Verschwendung von Energie. Im Mississippi-Tal gibt es keine Kohle. Durch sein Zentrum strömen viele Millionen potenzieller Pferdestärken – der Mississippi-Fluss. Aber wenn die Menschen an seinen Ufern Energie oder Wärme benötigen, kaufen sie Kohle, die Hunderte von Meilen transportiert wurde und daher zu einem Preis verkauft werden muss, der weit über ihrem Wert als Wärme oder Energie liegt. Oder wenn sie sich diese teure Kohle nicht leisten können, fällen sie Bäume und berauben sich damit eines der großen Wasserkraftsparer. Bis vor kurzem haben sie nie an die verfügbare Energie gedacht, die für fast nichts über die Anschaffungskosten hinaus die riesige Bevölkerung, die dieses Tal ernähren soll, heizen, beleuchten, kochen und arbeiten lassen könnte.

Das Heilmittel gegen Armut liegt nicht in der persönlichen Sparsamkeit, sondern in besserer Produktion. Die Begriffe „Sparsamkeit" und „Wirtschaftlichkeit" sind überstrapaziert. Das Wort „Wirtschaft" steht für Angst. Die große und tragische Tatsache der Verschwendung wird dem Geist durch irgendeinen Umstand eingeprägt, der normalerweise höchst materialistischer Natur ist. Es kommt zu einer heftigen Reaktion gegen die Extravaganz – der Geist greift die Idee der „Wirtschaft" auf. Aber er flieht nur vor einem größeren zu einem kleineren Übel; er macht nicht die ganze Reise vom Irrtum zur Wahrheit.

Sparsamkeit ist die Regel halb lebendiger Geister. Es besteht kein Zweifel, dass sie besser ist als Verschwendung; ebenso wenig besteht Zweifel, dass sie nicht so gut ist wie Nutzung. Menschen, die stolz auf ihre Sparsamkeit sind, betrachten sie als Tugend. Aber was ist bedauernswerter als ein armer, eingeengter Geist, der seine reichen Tage und Jahre damit verbringt, ein paar

Metallstücke in der Hand zu halten? Was kann daran gut sein, die Notwendigkeiten des Lebens auf das Allernötigste zu beschränken? Wir alle kennen „sparsame Menschen", die selbst mit der Menge an Luft, die sie atmen, und der Wertschätzung, die sie einer Sache entgegenbringen, geizig zu sein scheinen. Sie verkümmern – mit Leib und Seele. Sparsamkeit ist Verschwendung: Es ist Verschwendung der Lebenssäfte, des Lebenssaftes. Denn es gibt zwei Arten der Verschwendung – die des Verschwenders, der sein Vermögen in einem ausschweifenden Leben wegwirft, und die des Faulenzers, der sein Vermögen durch Nichtnutzung verrotten lässt. Der strenge Sparer läuft Gefahr, zu den Faulenzern gezählt zu werden. Extravaganz ist normalerweise eine Reaktion auf die Einschränkung der Ausgaben. Sparsamkeit dürfte eine Reaktion auf Extravaganz sein.

Alles wurde uns gegeben, um es zu nutzen. Es gibt kein Übel, unter dem wir leiden, das nicht durch Missbrauch entstanden wäre. Die schlimmste Sünde, die wir an den Dingen unseres alltäglichen Lebens begehen können, ist, sie zu missbrauchen . „Missbrauch" ist der umfassendere Begriff. Wir sagen gerne „Verschwendung", aber Verschwendung ist nur eine Phase des Missbrauchs. Jede Verschwendung ist Missbrauch; jeder Missbrauch ist Verschwendung.

Man kann die Spargewohnheit sogar überbewerten. Es ist richtig und wünschenswert, dass jeder einen Spielraum hat; es ist wirklich Verschwendung, keinen zu haben – wenn man überhaupt einen haben kann. Aber man kann es auch übertreiben. Wir bringen Kindern bei, ihr Geld zu sparen. Als Versuch, gedankenlosen und selbstsüchtigen Ausgaben entgegenzuwirken, hat das einen Wert. Aber es ist nicht positiv; es führt das Kind nicht auf die sicheren und nützlichen Wege der Selbstdarstellung oder des Selbstverbrauchs. Einem Kind beizubringen, zu investieren und zu verwenden, ist besser, als ihm das Sparen beizubringen. Die meisten Männer, die mühsam ein paar Dollar sparen, täten besser daran, diese paar Dollar zu investieren – zuerst in sich selbst und dann in eine nützliche Arbeit. Schließlich hätten sie mehr zum Sparen. Junge Männer sollten investieren, anstatt zu sparen. Sie sollten in sich selbst investieren, um ihren kreativen Wert zu steigern; nachdem sie den Gipfel der Nützlichkeit erreicht haben, wird genug Zeit sein, darüber nachzudenken, als feste Politik einen bestimmten, beträchtlichen Teil ihres Einkommens beiseite zu legen. Sie „sparen" nicht, wenn Sie sich selbst daran hindern, produktiver zu werden. Sie nehmen in Wirklichkeit etwas von Ihrem eigentlichen Kapital weg; Sie mindern den Wert einer Investition in die Natur. Das Prinzip der Nutzung ist der wahre Leitfaden. Nutzung ist positiv, aktiv, lebensspendend . Nutzung ist lebendig. Nutzung trägt zur Summe des Guten bei.

Persönliche Not kann vermieden werden, ohne die allgemeinen Bedingungen zu ändern. Lohnerhöhungen, Preiserhöhungen, Gewinnsteigerungen und andere Arten von Erhöhungen, die darauf abzielen, hier oder dort mehr Geld zu bringen, sind nur Versuche dieser oder jener Klasse, aus der Patsche zu kommen – unabhängig davon, was mit allen anderen passieren mag. Es herrscht der törichte Glaube, dass man den Sturm irgendwie überstehen kann, wenn man nur das Geld bekommt. Die Arbeiter glauben, dass sie den Sturm überstehen können, wenn sie mehr Löhne bekommen. Das Kapital glaubt, dass es den Sturm überstehen kann, wenn es mehr Gewinne bekommt. Es herrscht ein erbärmlicher Glaube daran, was Geld leisten kann. Geld ist in normalen Zeiten sehr nützlich, aber Geld hat nicht mehr Wert als die Menschen, die es durch die Produktion hineinstecken, und es kann so missbraucht werden. Es kann so abergläubisch als Ersatz für echten Reichtum verehrt werden, dass sein Wert völlig zerstört wird.

Es besteht weiterhin die Vorstellung, dass ein wesentlicher Konflikt zwischen Industrie und Landwirtschaft besteht. Einen solchen Konflikt gibt es nicht. Es ist unsinnig zu sagen, dass jeder auf den Bauernhof zurückkehren sollte, weil die Städte überfüllt sind. Wenn das jeder täte, würde die Landwirtschaft als zufriedenstellender Beruf bald an Bedeutung verlieren. Es ist nicht vernünftiger, wenn alle in die Industriestädte strömen. Wenn die Bauernhöfe verlassen sind, welchen Nutzen haben dann die Fabrikanten? Zwischen Landwirtschaft und Fertigung kann eine Wechselwirkung bestehen. Der Fabrikant kann dem Bauern geben, was er braucht, um ein guter Bauer zu sein, und der Bauer und andere Rohstoffproduzenten können dem Fabrikanten geben, was er braucht, um ein guter Fabrikant zu sein. Dann werden wir mit dem Transport als Boten ein stabiles und solides System haben, das auf Dienstleistungen basiert. Wenn wir in kleineren Gemeinden leben, wo die Anspannung des Lebens nicht so hoch ist und wo die Produkte der Felder und Gärten ohne die Einmischung so vieler Profiteure erhältlich sind, wird es wenig Armut oder Unruhe geben.

Betrachten Sie die ganze Sache mit der Saisonarbeit. Nehmen wir das Baugewerbe als Beispiel für ein Saisongewerbe. Was für eine Energieverschwendung es ist, Bauarbeiter den Winter über Winterschlaf halten zu lassen, während sie darauf warten, dass die Bausaison beginnt!

Und was für eine ebenso große Verschwendung von Fähigkeiten ist es, erfahrene Handwerker, die in Fabriken gearbeitet haben, um dem Verlust der Wintersaison zu entgehen, zu zwingen, während der Bausaison in der Fabrik zu bleiben, weil sie Angst haben, dass sie ihre Fabrikarbeitsplätze im Winter nicht zurückbekommen. Was für eine Verschwendung dieses Ganzjahressystem ist! Wenn der Bauer während der Pflanz-, Wachstums- und Erntezeit (die schließlich nur einen kleinen Teil des Jahres ausmachen) von der Werkstatt wegkommen könnte, um seinen Hof zu bestellen, und wenn der Bauarbeiter während der Saison von der Werkstatt wegkommen könnte, um seinem nützlichen Handwerk nachzugehen, wie viel besser wäre es ihnen, und wie viel reibungsloser würde die Welt funktionieren.

Stellen Sie sich vor, wir würden uns alle jeden Frühling und Sommer im Freien aufhalten und drei oder vier Monate lang ein gesundes Leben im Freien führen! Dann dürften wir keine „flachen Zeiten" haben.

Auf dem Bauernhof gibt es auch eine Nebensaison. Dann kommt der Bauer in die Fabrik und hilft, die Dinge zu produzieren, die er für die Bewirtschaftung des Feldes braucht. Auch in der Fabrik gibt es eine Nebensaison. Dann gehen die Arbeiter aufs Land und helfen, Nahrungsmittel zu produzieren. Auf diese Weise können wir die Flaute aus der Arbeit nehmen und das Gleichgewicht zwischen dem Künstlichen und dem Natürlichen wiederherstellen.

Aber nicht der geringste Vorteil wäre die ausgewogenere Sicht des Lebens, die wir dadurch erlangen würden. Die Vermischung der Künste ist nicht nur in materieller Hinsicht von Vorteil, sondern sie fördert auch die Weite des Geistes und die Fairness des Urteils. Ein Großteil unserer heutigen Unruhe ist das Ergebnis engstirniger, voreingenommener Urteile. Wenn unsere Arbeit abwechslungsreicher wäre, wenn wir mehr Seiten des Lebens sehen würden, wenn wir erkennen würden, wie wichtig ein Faktor für den anderen ist, wären wir ausgeglichener. Jedem Menschen tut eine Zeit lang Arbeit unter freiem Himmel gut.

Das ist keineswegs unmöglich. Was wünschenswert und richtig ist, ist nie unmöglich. Es würde nur ein wenig Teamarbeit erfordern – ein wenig weniger Aufmerksamkeit für gierigen Ehrgeiz und ein wenig mehr Aufmerksamkeit für das Leben.

Die Reichen finden es erstrebenswert, drei oder vier Monate im Jahr wegzufahren und sich in einem schicken Winter- oder Sommerresort vergnüglich aufzuhalten. Die einfachen Amerikaner würden ihre Zeit nicht auf diese Weise verschwenden, selbst wenn sie könnten. Aber sie würden die Teamarbeit leisten, die für eine Saisonarbeit im Freien erforderlich ist.

Es besteht kaum Zweifel daran, dass ein Großteil der Unruhe, die wir um uns herum erleben, das Ergebnis unnatürlicher Lebensweisen ist. Menschen, die das ganze Jahr über ununterbrochen dasselbe tun und von der Gesundheit der Sonne und der Weite der freien Natur abgeschnitten sind, kann man kaum dafür tadeln, wenn sie die Dinge in einem verzerrten Licht sehen. Und das gilt gleichermaßen für den Kapitalisten und den Arbeiter.

Was gibt es im Leben, das eine normale und gesunde Lebensweise behindern sollte? Und was ist in der Industrie unvereinbar damit, dass alle Künste ihrerseits die Aufmerksamkeit derjenigen erhalten, die dafür qualifiziert sind? Man könnte einwenden, dass die Produktion behindert würde, wenn die

Arbeitskräfte der Industrie jeden Sommer aus den Werkstätten abgezogen würden. Aber wir müssen die Sache von einem universellen Standpunkt aus betrachten. Wir müssen die erhöhte Energie der Arbeitskräfte der Industrie nach drei oder vier Monaten Arbeit im Freien berücksichtigen. Wir müssen auch die Auswirkungen auf die Lebenshaltungskosten bedenken, die sich aus einer allgemeinen Rückkehr auf die Felder ergeben würden.

Wir haben, wie ich in einem früheren Kapitel anmerkte, auf diese Kombination von Bauernhof und Fabrik hingearbeitet und dabei völlig zufriedenstellende Ergebnisse erzielt. In Northville, nicht weit von Detroit, haben wir eine kleine Fabrik, die Ventile herstellt. Es ist eine kleine Fabrik, aber sie stellt eine große Menge an Ventilen her. Sowohl die Verwaltung als auch der Mechanismus der Fabrik sind vergleichsweise einfach, da sie nur eine Sache herstellt. Wir müssen keine qualifizierten Mitarbeiter suchen. Die Fertigkeit liegt in der Maschine. Die Menschen auf dem Land können einen Teil der Zeit in der Fabrik und einen Teil der Zeit auf dem Bauernhof arbeiten, denn die maschinelle Landwirtschaft ist nicht sehr mühsam. Die Kraft der Fabrik wird aus Wasser gewonnen.

Eine weitere Fabrik von etwas größerem Ausmaß wird in Flat Rock, etwa 24 Kilometer von Detroit entfernt, gebaut. Wir haben den Fluss aufgestaut. Der Damm dient auch als Brücke für die Detroit, Toledo & Ironton Railway, die an dieser Stelle eine neue Brücke benötigte, und als Straße für die Öffentlichkeit – alles in einem Bauwerk. An dieser Stelle werden wir unser Glas herstellen. Durch die Aufstauung des Flusses erhalten wir genügend Wasser, um den Großteil unseres Rohmaterials zu uns zu bringen. Außerdem erhalten wir durch ein Wasserkraftwerk Energie. Und da wir uns mitten in der Landwirtschaft befinden, besteht keine Gefahr von Überbevölkerung oder anderen Übeln, die mit einer zu großen Bevölkerungskonzentration einhergehen. Die Arbeiter werden Grundstücke oder Bauernhöfe sowie ihre Arbeitsplätze in der Fabrik haben, und diese können über 24 oder 30 Kilometer im Umkreis verstreut sein – denn heutzutage kann der Arbeiter natürlich mit dem Auto zur Werkstatt kommen. Dort werden wir eine Kombination aus Landwirtschaft und Industrialisierung haben und alle Übel der Konzentration werden völlig fehlen.

Die Annahme, ein Industrieland müsse seine Industrien konzentrieren, ist meiner Meinung nach unbegründet. Das ist nur eine Stufe der industriellen Entwicklung. Je mehr wir über die Fertigung lernen und lernen, Artikel mit austauschbaren Teilen herzustellen, desto besser können diese Teile hergestellt werden. Und diese bestmöglichen Bedingungen sind, soweit es die Arbeitnehmer betrifft, auch vom Standpunkt der Fertigung aus die bestmöglichen Bedingungen. Man kann keine große Fabrik an einen kleinen Fluss stellen. Man kann eine kleine Fabrik an einen kleinen Fluss stellen, und die Kombination kleiner Fabriken, von denen jede ein einzelnes Teil herstellt, wird das Ganze billiger machen als eine riesige Fabrik. Es gibt Ausnahmen, etwa wenn gegossen werden muss. In solchen Fällen, wie in River Rouge, wollen wir die Herstellung des Metalls und das Gießen desselben kombinieren und außerdem die gesamte überschüssige Energie nutzen. Dies erfordert große Investitionen und eine beträchtliche Anzahl an Arbeitskräften an einem Ort. Aber solche Kombinationen sind eher die Ausnahme als die Regel, und es wären nicht genug davon vorhanden, um den Prozess des Abbaus der Industriekonzentration ernsthaft zu beeinträchtigen.

Die Industrie wird dezentralisiert. Es gibt keine Stadt, die, wenn sie zerstört wäre, so wieder aufgebaut werden würde, wie sie ist – was an sich schon ein Geständnis unserer wirklichen Einschätzung unserer Städte ist. Die Stadt hatte einen Platz zu füllen, eine Arbeit zu erledigen. Zweifellos wären die ländlichen Gegenden nicht annähernd so lebenswert gewesen, wenn es die Städte nicht gegeben hätte. Durch das Zusammendrängen haben die Menschen einige Geheimnisse gelernt. Sie hätten sie allein auf dem Land nie gelernt. Hygiene, Beleuchtung, soziale Organisation – all dies sind Produkte der Erfahrungen der Menschen in der Stadt. Aber auch jedes soziale Leiden, an dem wir heute leiden, hat seinen Ursprung in den großen Städten und hat dort seinen Mittelpunkt . Sie werden feststellen, dass die kleineren Gemeinden im Einklang mit den Jahreszeiten leben und weder extreme Armut noch Reichtum kennen – keine der heftigen Plagen von Aufruhr und Unruhe, die unsere großen Bevölkerungen heimsuchen. Eine Stadt mit einer Million Einwohnern hat etwas Ungezähmtes und Bedrohliches an sich. Dreißig Meilen entfernt lesen glückliche und zufriedene Dörfer von den Wahnvorstellungen der Stadt! Eine große Stadt ist in Wirklichkeit eine hilflose Masse. Alles, was sie braucht, wird ihr zugeführt. Stoppt der Verkehr, steht die Stadt still. Sie lebt von den Regalen der Geschäfte. Die Regale produzieren nichts. Die Stadt kann sich nicht ernähren, kleiden, wärmen oder beherbergen. Die Arbeits- und Lebensbedingungen in der Stadt sind so künstlich, dass die Instinkte sich manchmal gegen ihre Unnatürlichkeit auflehnen.

Und schließlich werden die Gemeinkosten für das Leben oder die Geschäftstätigkeit in den großen Städten so hoch, dass sie unerträglich werden. Sie belasten das Leben so sehr, dass kein Überschuss zum Leben übrig bleibt. Die Politiker haben es leicht gefunden, Geld zu leihen, und sie haben bis zum Äußersten geliehen. Im letzten Jahrzehnt sind die Kosten für den Betrieb jeder Stadt im Land enorm gestiegen. Ein großer Teil dieser Kosten entfällt auf die Zinsen für geliehenes Geld; das Geld ist entweder in unproduktive Ziegel, Stein und Mörtel geflossen oder in Notwendigkeiten des Stadtlebens wie Wasserversorgung und Abwassersysteme, die weit über einem angemessenen Preis liegen. Die Kosten für die Instandhaltung dieser Anlagen, die Kosten für die Ordnung großer Menschenmassen und des

Verkehrs sind höher als die Vorteile, die das Gemeinschaftsleben mit sich bringt. Die moderne Stadt war verschwenderisch, sie ist heute bankrott und wird es morgen nicht mehr sein.

Die Bereitstellung einer großen Menge billiger und leicht zugänglicher Energie – nicht auf einmal, sondern nach Bedarf – trägt mehr als alles andere dazu bei, das Leben wieder ins Gleichgewicht zu bringen und die Verschwendung zu reduzieren, die Armut hervorruft. Es gibt keine einzelne Energiequelle. Es kann sein, dass die Erzeugung von Elektrizität durch ein Dampfkraftwerk am Mineneingang für eine Gemeinde die wirtschaftlichste Methode ist. Für eine andere Gemeinde kann Wasserkraft die beste Lösung sein. Aber natürlich sollte es in jeder Gemeinde ein zentrales Kraftwerk geben, das billige Energie liefert – es sollte als ebenso wichtig angesehen werden wie eine Eisenbahn oder eine Wasserversorgung. Und wir könnten jede große Energiequelle nutzen und zum Wohle der Allgemeinheit arbeiten lassen, wenn dem nicht die Kosten für die Kapitalbeschaffung im Wege stünden. Ich denke, dass wir einige unserer Vorstellungen über Kapital revidieren müssen.

Kapital, das ein Unternehmen für sich selbst erwirtschaftet, das eingesetzt wird, um die Möglichkeiten des Arbeiters zu erweitern und seinen Komfort und Wohlstand zu steigern, und das verwendet wird, um immer mehr Menschen Arbeit zu geben und gleichzeitig die Kosten der Dienstleistung für die Öffentlichkeit zu senken – diese Art von Kapital ist, selbst wenn es unter alleiniger Kontrolle steht, keine Bedrohung für die Menschheit. Es ist ein Arbeitsüberschuss, der treuhänderisch verwaltet und täglich zum Nutzen aller verwendet wird. Der Inhaber eines solchen Kapitals kann es kaum als persönliche Belohnung betrachten. Niemand kann einen solchen Überschuss als seinen eigenen betrachten, denn er hat ihn nicht allein geschaffen. Er ist das gemeinsame Produkt seiner gesamten Organisation. Die Idee des Eigentümers mag alle Energie und Führung freigesetzt haben, aber sie hat sicherlich nicht alle Energie und Führung geliefert. Jeder Arbeiter war ein Partner bei der Schaffung. Kein Unternehmen kann nur im Hinblick auf das Heute und die darin tätigen Personen betrachtet werden. Es muss die Mittel haben, um weiterzumachen. Es sollten die besten Löhne gezahlt werden. Jedem Teilnehmer am Unternehmen sollte ein angemessener Lebensunterhalt garantiert sein – unabhängig von seiner Rolle. Damit das Unternehmen aber die Menschen ernähren kann, die in ihm arbeiten, muss irgendwo ein Überschuss vorhanden sein. Der wirklich ehrliche Hersteller bewahrt seine Überschüsse in diesem Trust auf. Letztendlich ist es egal, wo dieser Überschuss aufbewahrt wird oder wer ihn kontrolliert; entscheidend ist seine Verwendung.

Kapital, das nicht ständig mehr und bessere Arbeitsplätze schafft, ist nutzloser als Sand. Kapital, das nicht ständig die Arbeitsbedingungen

verbessert und die Entlohnung der täglichen Arbeit gerechter macht, erfüllt
nicht seine höchste Funktion. Der höchste Nutzen von Kapital besteht nicht
darin, mehr Geld zu verdienen, sondern darin, Geld mehr zur Verbesserung
des Lebens zu nutzen. Wenn wir in unseren Branchen nicht dazu beitragen,
das soziale Problem zu lösen, tun wir nicht unsere Hauptaufgabe. Wir leisten
keinen vollwertigen Dienst.

KAPITEL XIV

Der Traktor und die Kraftlandwirtschaft

Es ist nicht allgemein bekannt, dass unser Traktor, den wir „ Fordson "
nennen, wegen der Nahrungsmittelknappheit der Alliierten während des
Krieges etwa ein Jahr früher in Produktion ging als geplant, und dass unsere
gesamte Anfangsproduktion (abgesehen natürlich von den Versuchs- und
Experimentiermaschinen) direkt nach England ging. Wir schickten alle
fünftausend Traktoren in der kritischen Zeit von 1917 bis 1918 über das
Meer, als die U-Boote am meisten zu tun hatten. Jeder von ihnen kam sicher
an, und Beamte der britischen Regierung waren so freundlich zu sagen, dass
England ohne ihre Hilfe seine Nahrungsmittelkrise kaum hätte bewältigen
können.

Es waren diese Traktoren, die zumeist von Frauen bedient wurden, die die
alten Landgüter und Golfplätze umpflügten und es ermöglichten, ganz
England zu bepflanzen und zu kultivieren, ohne dass dadurch die
kämpferische Kampfkraft beeinträchtigt oder die Streitkräfte der
Munitionsfabriken geschwächt wurden.

Es kam folgendermaßen zustande: Etwa zu der Zeit, als wir 1917 in den
Krieg eintraten, erkannte die englische Lebensmittelverwaltung, dass die
ohnehin schon geringe Zahl an Schiffen angesichts der Tatsache, dass die
deutschen U-Boote fast täglich einen Frachter torpedierten, völlig
unzureichend sein würde, um die amerikanischen Truppen über die Meere
zu transportieren, die für diese Truppen und die Alliierten lebensnotwendige
Munition zu transportieren, die Nahrungsmittel für die kämpfenden Truppen
zu transportieren und gleichzeitig genügend Nahrungsmittel für die englische
Bevölkerung zu transportieren. Zu diesem Zeitpunkt begannen sie, die
Frauen und Familien der Kolonialisten aus England auszuschiffen und Pläne
für den Anbau von Feldfrüchten im Inland zu schmieden. Die Lage war
ernst. In ganz England gab es nicht genug Zugtiere, um das Land zu pflügen
und zu kultivieren und so viel Getreide anzubauen, dass die
Lebensmittelimporte auch nur ansatzweise gedeckt werden konnten.
Kraftlandwirtschaft war kaum bekannt, denn die englischen Bauernhöfe
waren vor dem Krieg nicht groß genug, um den Kauf schwerer, teurer
landwirtschaftlicher Maschinen zu rechtfertigen, insbesondere da es so billige
und reichliche landwirtschaftliche Arbeitskräfte gab. Verschiedene
Unternehmen in England stellten Traktoren her, aber diese waren schwer
und wurden meist mit Dampf betrieben. Es gab nicht genug davon für alle.
Mehr konnte man nicht ohne weiteres herstellen, denn alle Fabriken
arbeiteten an Munition, und selbst wenn sie hergestellt worden wären, wären
sie für ein durchschnittliches Feld zu groß und zu schwerfällig gewesen und

hätten außerdem die Leitung durch Ingenieure erfordert. Wir hatten in unserem Werk in Manchester mehrere Traktoren zu Demonstrationszwecken zusammengebaut. Sie waren in den Vereinigten Staaten hergestellt und in England lediglich zusammengebaut worden. Das Landwirtschaftsministerium forderte die Royal Agricultural Society auf, diese Traktoren zu testen und darüber zu berichten. Dies ist ihr Bericht:

Im Auftrag der Royal Agricultural Society of England haben wir zwei Ford-Traktoren mit 25 PS beim Pflügen untersucht:

Zuerst durch Querpflügen einer Brache auf starkem Boden in schmutzigem Zustand und anschließend auf einem Feld mit leichterem Boden, der sich von selbst zu rauem Gras entwickelt hatte und jede Gelegenheit bot, den Motor auf der Ebene und an einem steilen Hang zu testen.

Beim ersten Versuch wurde ein zweifurchiger Oliver-Pflug verwendet, der durchschnittlich 5 Zoll tief pflügte und eine 16 Zoll breite Furche hinterließ; außerdem wurde ein dreifurchiger Cockshutt- Pflug mit der gleichen Tiefe und einer Brustneigung von 10 Zoll verwendet.

Beim zweiten Versuch wurde der Dreischarpflug verwendet, der durchschnittlich 15 cm tief pflügte.

In beiden Fällen erledigte der Motor seine Arbeit mit Leichtigkeit, und pro vermessenem Acre betrug die dafür benötigte Zeit 1 Stunde und 30 Minuten, bei einem Verbrauch von 2 Gallonen Paraffin pro Acre.

Wir halten diese Ergebnisse für sehr zufriedenstellend.

Die Pflüge waren für die Böden nicht besonders geeignet, und die Traktoren waren daher im Nachteil.

Das von uns gewogene Gesamtgewicht des Traktors voll beladen mit Kraftstoff und Wasser betrug 23 1/4 Zentner .

Der Traktor ist im Verhältnis zu seiner Leistung leicht und daher landsparend, lässt sich einfach handhaben, kann in kleinen Kreisen wenden und hinterlässt eine sehr schmale Landzunge.

Mit wenig Benzin lässt sich der Motor im kalten Zustand schnell starten.

Nach diesen Versuchen fuhren wir weiter zum Ford-Werk in Trafford Park, Manchester, wohin einer der Motoren zur Demontage und eingehenden Untersuchung geschickt worden war.

Wir finden, dass die Konstruktion ausreichend robust ist und die Verarbeitung von erstklassiger Qualität. Die Antriebsräder finden wir eher leicht und gehen davon aus, dass in Zukunft ein neues und robusteres Modell geliefert werden soll.

Der Traktor ist ausschließlich für die Arbeit auf dem Land konzipiert und die mit Splinten versehenen Räder sollten mit einem gewissen Schutz versehen werden, um das Fahren auf der Straße beim Transport von einem Bauernhof zum anderen zu ermöglichen.

Unter Berücksichtigung der oben genannten Punkte empfehlen wir, unter den gegebenen Umständen Schritte zu unternehmen, um umgehend so viele dieser Traktoren wie möglich zu bauen.

Der Bericht wurde von Prof. WE Dalby und FS Courtney (Ingenieurwissenschaften), RN Greaves (Ingenieurwesen und Landwirtschaft), Robert W. Hobbs und Henry Overman (Landwirtschaft), Gilbert Greenall (Ehrendirektoren) und John E. Cross (Verwalter) unterzeichnet.

Fast unmittelbar nach Einreichung dieses Berichts erhielten wir das folgende Telegramm:

Habe noch nichts Konkretes bezüglich der Lieferung des notwendigen Stahls und der Anlagen für die Cork-Fabrik erhalten. Unter besten Umständen könnte die Produktion der Cork-Fabrik jedoch nicht vor dem nächsten Frühjahr beginnen. Die Notwendigkeit der Nahrungsmittelproduktion in England ist zwingend, und eine große Anzahl von Traktoren muss so bald wie möglich verfügbar sein, um bestehendes Grasland aufzubrechen und für Herbstweizen zu pflügen . Wurde von hohen Behörden gebeten, Herrn Ford um Hilfe zu bitten. Wären Sie bereit, Sorensen und andere mit Zeichnungen von allem Notwendigen zu schicken und sie der britischen Regierung zu leihen, damit Teile hier hergestellt und in Regierungsfabriken unter Sorensens Anleitung zusammengebaut werden können? Kann Ihnen versichern, dass dieser Vorschlag im nationalen Interesse gemacht wird und dass er, wenn er umgesetzt wird, von der Regierung für die Menschen getan wird, ohne dass Fertigungs- oder Kapitalinteressen investiert werden und keinerlei Profit durch irgendwelche Interessen erzielt wird. Die Angelegenheit ist sehr dringend. Es ist unmöglich, etwas Passendes aus Amerika zu versenden, da viele tausend Traktoren bereitgestellt werden müssen. Der Ford-Traktor gilt als das beste und einzig geeignete Design. Folglich hängt die nationale Notwendigkeit vollständig von Mr. Fords Design ab. Meine Arbeit hindert mich daran, nach Amerika zu kommen, um den Vorschlag persönlich vorzustellen. Dränge auf wohlwollende Prüfung und sofortige Entscheidung, da jeder Tag von entscheidender Bedeutung ist. Sie können sich darauf verlassen, dass die Produktion hier unter strengster, unparteiischer staatlicher Kontrolle erfolgt. Ich würde mich über Sorensen und jede andere Unterstützung und Beratung aus Amerika freuen. Telegrammantwort, Perry, zu Händen von Harding „ Prodome ", London.

PRODOME.

Soweit ich weiß, wurde die Versendung vom britischen Kabinett angeordnet. Wir telegrafierten sofort, dass wir bereit wären, die Zeichnungen zur Verfügung zu stellen, unsere bisherigen Erfahrungen zu nutzen und alle Männer zu stellen, die nötig sein könnten, um die Produktion in Gang zu bringen, und schickten mit dem nächsten Schiff Charles E. Sorensen mit den vollständigen Zeichnungen. Mr. Sorensen hatte das Werk in Manchester eröffnet und war mit den englischen Verhältnissen vertraut. Er war für die Herstellung von Traktoren in diesem Land verantwortlich.

Herr Sorensen begann mit den britischen Beamten zusammenzuarbeiten, um die Teile in England herstellen und zusammenbauen zu lassen. Viele der von uns verwendeten Materialien waren Spezialmaterialien und in England nicht erhältlich. Alle ihre Fabriken, die für Guss- und Maschinenarbeiten ausgerüstet waren, waren mit Munitionsaufträgen überlastet. Es erwies sich für das Ministerium als äußerst schwierig, Ausschreibungen jeglicher Art zu erhalten. Dann kam der Juni und eine Reihe zerstörerischer Luftangriffe auf London. Es gab eine Krise. Es musste etwas getan werden, und schließlich gelang es unseren Männern, nachdem sie die Hälfte der Fabriken Englands durchgegangen waren, die Ausschreibungen beim Ministerium einzureichen.

Lord Milner legte Herrn Sorensen diese Angebote vor. Bei der Wahl des besten Angebots betrug der Preis pro Traktor etwa 1.500 Dollar, ohne jegliche Liefergarantie.

"Dieser Preis ist völlig unverhältnismäßig", sagte Herr Sorensen.

„Diese sollten nicht mehr als 700 Dollar pro Stück kosten."

„Können Sie zu diesem Preis fünftausend machen?", fragte Lord Milner.

„Ja", antwortete Herr Sörensen.

„Wie lange werden Sie für die Lieferung brauchen?"

„Wir werden innerhalb von sechzig Tagen mit der Auslieferung beginnen."

Sie unterzeichneten sofort einen Vertrag, der unter anderem eine Anzahlung von 25 Prozent der Gesamtsumme vorsah. Herr Sorensen telegrafierte uns, was er getan hatte, und nahm das nächste Boot nach Hause. Die 25 Prozent wurden von uns übrigens erst angerührt, nachdem der gesamte Vertrag erfüllt war: Wir hinterlegten sie in einer Art Treuhandfonds.

Die Traktorenfabrik war noch nicht bereit, mit der Produktion zu beginnen. Das Werk in Highland Park war zwar umgebaut worden, aber jede Maschine darin war Tag und Nacht mit kriegswichtigen Arbeiten beschäftigt. Es gab nur eines zu tun. Wir bauten eine Noterweiterung unseres Werks in Dearborn, rüsteten es mit Maschinen aus, die per Telegraf bestellt worden waren und größtenteils per Express geliefert wurden, und in weniger als sechzig Tagen lagen die ersten Traktoren in den Docks in New York in den Händen der britischen Behörden. Sie verzögerten die Bereitstellung von Laderaum, aber am 6. Dezember 1917 erhielten wir dieses Telegramm:

London, 5. Dezember 1917.

SÖRENSEN,

Fordson , FR Dearborn.

Die ersten Traktoren sind eingetroffen. Wann werden Smith und die anderen abreisen? Kabel.

PERRY.

Die gesamte Lieferung von fünftausend Traktoren wurde innerhalb von drei Monaten abgewickelt, und deshalb wurden die Traktoren in England schon eingesetzt, lange bevor sie in den Vereinigten Staaten wirklich bekannt waren.

Die Entwicklung des Traktors ging tatsächlich der des Autos voraus. Auf dem Bauernhof machte ich meine ersten Versuche mit Traktoren, und man wird sich erinnern, dass ich einige Zeit bei einem Hersteller von Dampftraktoren angestellt war – den großen schweren Straßen- und Dreschmaschinen. Aber ich sah keine Zukunft für die großen Traktoren. Sie waren zu teuer für den kleinen Bauernhof, erforderten zu viel Geschick bei der Bedienung und waren im Vergleich zu ihrer Zugkraft viel zu schwer. Außerdem war das Publikum mehr daran interessiert, getragen als gezogen zu werden; die Kutsche ohne Pferde regte die Fantasie mehr an. Und so kam es, dass ich die Arbeit praktisch auf den Traktor verlagerte, bis das Automobil in Produktion war. Mit dem Automobil auf den Bauernhöfen wurde der Traktor zu einer Notwendigkeit. Denn zu diesem Zeitpunkt hatten die Bauern die Macht eingeführt.

Der Bauer braucht nicht so sehr neue Werkzeuge, sondern vielmehr Kraft, um die vorhandenen Werkzeuge zu betreiben. Ich bin viele mühsame Meilen hinter einem Pflug hergegangen und kenne die ganze Plackerei. Was für eine Verschwendung es für einen Menschen ist, Stunden und Tage hinter einem langsam fahrenden Pferdegespann zu verbringen, wenn ein Traktor in derselben Zeit sechsmal so viel Arbeit erledigen könnte! Es ist kein Wunder, dass der durchschnittliche Bauer, der alles langsam und von Hand erledigt, nicht mehr als ein Notunterhalt verdienen konnte, während landwirtschaftliche Produkte nie so reichlich und billig sind, wie sie sein sollten.

Wie beim Automobil wollten wir Leistung, nicht Gewicht. Der Gewichtsgedanke war in den Köpfen der Traktorhersteller fest verankert. Man dachte, dass Übergewicht zu viel Zugkraft bedeutete – dass die Maschine nur dann Halt finden würde, wenn sie schwer wäre. Und das trotz der Tatsache, dass eine Raupe nicht viel wiegt und ein ziemlich guter Kletterer ist. Ich habe meine Vorstellungen zum Thema Gewicht bereits dargelegt. Der einzige Traktortyp, an dem es sich meiner Meinung nach zu arbeiten lohnte, war einer, der leicht, stark und so einfach war, dass ihn jeder fahren konnte. Außerdem musste er so billig sein, dass ihn jeder kaufen konnte. Mit diesen Zielen vor Augen arbeiteten wir fast fünfzehn Jahre lang an einem Entwurf und gaben mehrere Millionen Dollar für Experimente aus. Wir folgten genau demselben Kurs wie beim Automobil. Jedes Teil musste so stark wie möglich sein, es durften nur wenige Teile vorhanden sein und das Ganze musste in großen Mengen produziert werden können. Wir dachten darüber nach, vielleicht den Automotor zu verwenden, und führten einige Experimente damit durch. Aber schließlich kamen wir zu der Überzeugung, dass der gewünschte Traktortyp und das Automobil praktisch nichts gemeinsam hatten. Von Anfang an war geplant, den Traktor als eigenständiges Unternehmen und in einem eigenen Werk herzustellen. Kein Werk ist groß genug, um zwei Produkte herzustellen.

Das Automobil ist zum Tragen konzipiert; der Traktor zum Ziehen – zum Klettern. Und dieser Unterschied in der Funktion machte einen gewaltigen Unterschied in der Konstruktion. Das schwierige Problem bestand darin, Lager zu finden, die dem starken Zug standhalten würden. Wir haben sie schließlich bekommen und eine Konstruktion, die unter allen Bedingungen die beste Durchschnittsleistung zu bieten scheint. Wir haben uns für einen Vierzylindermotor entschieden, der mit Benzin gestartet wird, danach aber mit Kerosin läuft. Das geringste Gewicht, das wir mit Kraft erreichen konnten, waren 2.425 Pfund. Der Halt liegt in den Ösen an den Antriebsrädern – wie in den Krallen der Katze.

neben seinen reinen Zugfunktionen auch für den Einsatz als stationäre Maschine konzipiert werden, damit er, wenn er nicht auf der Straße oder auf dem Feld war, mit einem Riemen angehängt werden konnte, um Maschinen anzutreiben. Kurz gesagt, er musste eine kompakte, vielseitige Kraftmaschine sein. Und das war er. Er hat nicht nur gepflügt, geeggt, bestellt und geerntet, sondern auch gedroschen, Getreidemühlen, Sägemühlen und verschiedene andere Mühlenarten betrieben, Baumstümpfe gezogen, Schnee gepflügt und so ziemlich alles getan, was eine Maschine mittlerer Leistung tun konnte, vom Schafscheren bis zum Drucken einer Zeitung. Er wurde mit schweren Reifen für den Straßentransport, mit Schlittenkufen für den Wald und das Eis und mit Felgenrädern für den Schienenverkehr ausgestattet. Als die Geschäfte in Detroit wegen Kohlenmangels geschlossen wurden, brachten wir den *Dearborn Independent heraus* , indem wir einen Traktor zur Elektrotypisierungsfabrik schickten. Wir stellten den Traktor in der Gasse auf, ließen ein Band vier Stockwerke hochfahren und stellten die Platten mit Traktorkraft her. Wir wurden auf seine Verwendung in 95 verschiedenen

Branchen aufmerksam gemacht, und wahrscheinlich kennen wir nur einen Bruchteil der Verwendungszwecke.

Der Mechanismus des Traktors ist noch einfacher als der des Automobils und er wird auf genau dieselbe Weise hergestellt. Bis zum heutigen Jahr wurde die Produktion durch das Fehlen einer geeigneten Fabrik gebremst. Die ersten Traktoren wurden im Werk in Dearborn hergestellt, das heute als Versuchsstation genutzt wird. Es war nicht groß genug, um die Wirtschaftlichkeit der Großproduktion zu nutzen, und es konnte auch nicht erweitert werden, da die Traktoren im Werk River Rouge hergestellt werden sollten, das bis zu diesem Jahr jedoch nicht voll in Betrieb war.

Jetzt ist das Werk für die Herstellung von Traktoren fertig. Die Arbeit läuft genau wie bei den Automobilen ab. Jedes Teil ist eine separate Abteilungsaufgabe und jedes Teil wird nach seiner Fertigstellung auf das Fließbandsystem gelegt, das es zur richtigen Erstmontage und schließlich zur Endmontage führt. Alles bewegt sich und es gibt keine Facharbeit. Die Kapazität des gegenwärtigen Werks beträgt eine Million Traktoren pro Jahr. Das ist die Zahl, die wir zu erreichen erwarten – denn die Welt braucht heute mehr denn je preiswerte, universell einsetzbare Kraftwerke – und außerdem weiß man heute genug über Maschinen, um solche Anlagen zu wollen.

Die ersten Traktoren gingen, wie gesagt, nach England. In den Vereinigten Staaten wurden sie 1918 erstmals für 750 Dollar angeboten. Im darauffolgenden Jahr musste der Preis aufgrund der höheren Kosten auf 885 Dollar angehoben werden; Mitte des Jahres war es wieder möglich, den Einführungspreis von 750 Dollar durchzusetzen. 1920 verlangten wir 790 Dollar; im darauffolgenden Jahr waren wir mit der Produktion ausreichend vertraut, um mit Preissenkungen zu beginnen. Der Preis sank auf 625 Dollar, und als das Werk in River Rouge 1922 in Betrieb ging, konnten wir auf 395 Dollar senken. All dies zeigt, welche Auswirkungen der Einstieg in die wissenschaftliche Produktion auf den Preis hat. So wie ich keine Ahnung habe, wie billig das Ford-Automobil letztendlich hergestellt werden kann, habe ich keine Ahnung, wie billig der Traktor letztendlich hergestellt werden kann.

Es ist wichtig, dass es billig ist. Sonst wird nicht alle Bauernhöfe mit Strom versorgt. Und alle müssen Strom haben. In ein paar Jahren wird ein Bauernhof, der ausschließlich von Pferde- und Handkraft abhängig ist, ebenso eine Kuriosität sein wie eine Fabrik, die mit einem Laufband betrieben wird. Der Bauer muss entweder Strom anschaffen oder sein Geschäft aufgeben. Die Kostenzahlen machen dies unvermeidlich. Während des Krieges testete die Regierung einen Fordson- Traktor, um seine Kosten im Vergleich zu der Arbeit mit Pferden zu vergleichen. Die Zahlen für den Traktor wurden zum hohen Preis plus Fracht berechnet. Die Abschreibungs-

und Reparaturkosten sind nicht so hoch, wie im Bericht angegeben, und selbst wenn sie es wären, werden die Preise halbiert, was wiederum die Abschreibungs- und Reparaturkosten halbieren würde. Dies sind die Zahlen:

KOSTEN, FORDSON, 880 USD. TRAGDAUER, 4.800 STUNDEN BEI 4/5 ACRES PRO STUNDE, 3.840 ACRES

3.840 Acres zu 880 $; Wertverlust pro Acre 0,221

Reparaturen für 3.840 Acres, 100 $; pro Acre 0,026

Treibstoffkosten, Kerosin bei 19 Cent; 2 Gallonen pro Acre .38

1 Gallone Öl pro 8 Acres; pro Acre 0,075

Fahrer, 2 $ pro Tag, 8 Acres; pro Acre 0,25
– Kosten für das Pflügen mit Fordson ; pro Acre 0,95

8 PFERDE KOSTEN: 1.200 $. ARBEITSZEIT: 5.000 STUNDEN BEI 4/5 ACRES PRO STUNDE, 4.000 ACRES

4.000 Acres zu 1.200 $, Wertverlust der Pferde pro Acre. . . .
30 Futter pro Pferd, 40 Cent (100 Arbeitstage) pro Acre . . . . .
40 Futter pro Pferd, 10 Cent pro Tag (265 Leerlauftage) pro Acre. . . 2,65 Zwei Fahrer, zwei Pflüge zu je 2 $ pro Tag pro Acre. . 50 ——— Kosten für das Pflügen mit Pferden pro Acre. 1,46

Bei den gegenwärtigen Kosten würde ein Acre etwa 40 Cent kosten, wobei Abschreibung und Reparaturen nur zwei Cent eingerechnet sind. Dabei ist jedoch der Zeitfaktor noch nicht berücksichtigt. Das Pflügen dauert etwa ein Viertel der Zeit, wobei nur die physische Energie zum Lenken des Traktors verwendet wird. Das Pflügen ist zu einer Angelegenheit des Fahrens über ein Feld geworden.

Die Landwirtschaft im alten Stil verblasst rasch zu einer malerischen Erinnerung. Das bedeutet nicht, dass die Arbeit vom Bauernhof verschwinden wird. Arbeit kann aus keinem produktiven Leben entfernt werden. Aber Power-Farming bedeutet dies – Plackerei wird vom Bauernhof verschwinden. Power-Farming bedeutet einfach, die Last von Fleisch und Blut auf Stahl zu übertragen. Wir befinden uns in den ersten Jahren des Power-Farming . Das Auto hat das moderne Leben auf dem Bauernhof revolutioniert, nicht weil es ein Fahrzeug war, sondern weil es Kraft hatte. Landwirtschaft sollte mehr sein als eine ländliche Beschäftigung. Es sollte das Geschäft des Nahrungsmittelanbaus sein. Und wenn es ein Geschäft wird, kann die eigentliche Arbeit der Landwirtschaft auf einem durchschnittlichen Bauernhof an 24 Tagen im Jahr erledigt werden. Die übrigen Tage können anderen Geschäften gewidmet werden. Landwirtschaft ist ein zu saisonaler

Beruf, als dass er die ganze Zeit eines Menschen in Anspruch nehmen könnte.

Als Lebensmittelindustrie rechtfertigt sich die Landwirtschaft nur dann als Geschäft, wenn sie Nahrungsmittel in ausreichender Menge anbaut und unter Bedingungen verteilt, die es jeder Familie ermöglichen, genug Nahrung für ihren angemessenen Bedarf zu haben. Es könnte keinen Lebensmitteltrust geben, wenn wir so überwältigende Mengen aller Arten von Nahrungsmitteln anbauen würden, dass Manipulation und Ausbeutung unmöglich wären. Der Bauer, der seinen Anbau begrenzt, spielt den Spekulanten in die Hände.

Und dann werden wir vielleicht Zeuge einer Wiederbelebung des kleinen Getreidemühlenbetriebs. Es war ein böser Tag, als die Getreidemühlen im Dorf verschwanden. Die genossenschaftliche Landwirtschaft wird sich so weit entwickeln, dass wir Verbände von Bauern mit eigenen Schlachthäusern sehen werden, in denen ihre eigenen Schweine zu Schinken und Speck verarbeitet werden, und mit eigenen Getreidemühlen, in denen ihr Getreide zu kommerziellen Nahrungsmitteln verarbeitet wird.

Warum ein in Texas aufgezogener Ochse nach Chicago gebracht und dann in Boston serviert werden sollte, ist eine Frage, die nicht beantwortet werden kann, solange alle Ochsen, die die Stadt braucht, in der Nähe von Boston aufgezogen werden können. Die Zentralisierung der Lebensmittelherstellungsindustrie, die enorme Transport- und Organisationskosten mit sich bringt, ist zu verschwenderisch, um sie in einer entwickelten Gemeinschaft auf lange Sicht fortzusetzen.

In der Landwirtschaft werden wir in den nächsten zwanzig Jahren eine ebenso große Entwicklung erleben wie in der verarbeitenden Industrie in den letzten zwanzig Jahren.

KAPITEL XV

WARUM WOHLTÄTIGKEIT?

Warum sollte es in einer zivilisierten Gesellschaft überhaupt notwendig sein, Almosen zu geben? Ich habe nichts gegen die karitative Gesinnung einzuwenden. Der Himmel bewahre uns davor, jemals gegenüber einem Mitgeschöpf in Not kalt zu werden. Menschliches Mitgefühl ist zu gut, als dass es durch eine kühle, berechnende Haltung ersetzt werden könnte. Man kann nur sehr wenige große Fortschritte nennen, die nicht auf menschlichem Mitgefühl beruhten. Jeder nennenswerte Dienst wird unternommen, um den Menschen zu helfen.

Das Problem ist, dass wir diese große, feine Antriebskraft für zu kleine Zwecke eingesetzt haben. Wenn menschliches Mitgefühl uns dazu bewegt, die Hungrigen zu ernähren, warum sollte es dann nicht den größeren Wunsch wecken – den Hunger in unserer Mitte unmöglich zu machen? Wenn wir genug Mitgefühl für die Menschen haben, um ihnen aus ihren Schwierigkeiten zu helfen, sollten wir sicherlich auch genug Mitgefühl haben, um sie fernzuhalten.

Es ist leicht zu geben; es ist schwerer, das Geben unnötig zu machen. Um das Geben unnötig zu machen, müssen wir über den Einzelnen hinaus auf die Ursache seines Elends schauen – natürlich ohne zu zögern, ihm in der Zwischenzeit zu helfen, aber nicht bei bloßer vorübergehender Hilfe stehen bleiben. Die Schwierigkeit scheint darin zu liegen, über den Tellerrand hinaus auf die Ursachen zu blicken. Es können mehr Menschen dazu bewegt werden, einer armen Familie zu helfen, als dazu, sich für die Beseitigung der Armut insgesamt einzusetzen.

Ich habe keine Geduld mit professioneller Wohltätigkeit oder mit irgendeiner Art kommerzialisierter Humanität. Sobald menschliche Hilfsbereitschaft systematisiert, organisiert, kommerzialisiert und professionalisiert wird, erlischt ihr Herz und sie wird zu einer kalten und klammen Angelegenheit.

Echte menschliche Hilfsbereitschaft wird nie in Katalogen aufgeführt oder beworben. Es gibt mehr Waisenkinder, die in Privathaushalten von Menschen betreut werden, die sie lieben, als in Heimen. Es gibt mehr alte Menschen, die von Freunden beherbergt werden, als man in Altersheimen findet. Es gibt mehr Hilfe durch Darlehen von Familie zu Familie als durch Darlehensgesellschaften. Das heißt, die menschliche Gesellschaft sorgt auf menschlicher Basis für sich selbst. Es ist eine ernste Frage, inwieweit wir die Kommerzialisierung des natürlichen Instinkts der Nächstenliebe dulden sollten.

Professionelle Wohltätigkeit ist nicht nur kalt, sondern schadet auch mehr, als sie hilft. Sie erniedrigt die Empfänger und betäubt ihre Selbstachtung. Ähnlich verhält es sich mit sentimentalem Idealismus. Vor nicht allzu vielen Jahren verbreitete sich die Vorstellung, dass „Dienst" etwas sei, von dem wir erwarten sollten, dass jemand für uns tut. Unzählige Menschen wurden zu Empfängern wohlgemeinter „sozialer Dienste". Ganze Teile unserer Bevölkerung wurden in einen Zustand erwartungsvoller, kindlicher Hilflosigkeit gezwängt. Es entwickelte sich ein regelrechter Beruf, Dinge für andere zu tun, der ein Ventil für einen lobenswerten Wunsch nach Dienst bot, aber überhaupt nichts zur Selbstständigkeit der Menschen beitrug oder zur Verbesserung der Bedingungen, aus denen die vermeintliche Notwendigkeit für solche Dienste erwuchs.

Schlimmer als diese Förderung kindlicher Wehmut, anstatt sie zu Selbständigkeit und Selbstgenügsamkeit zu erziehen, war die Schaffung eines Gefühls der Verbitterung, das fast immer die Opfer der Wohltätigkeit überkommt. Die Menschen beschweren sich oft über die „Undankbarkeit" derer, denen sie helfen. Nichts ist natürlicher. Erstens ist nur sehr wenig von unserer sogenannten Wohltätigkeit jemals echte Wohltätigkeit, die aus einem Herzen voller Interesse und Sympathie angeboten wird. Zweitens genießt es niemand, in einer Lage zu sein, in der er gezwungen ist, Gefälligkeiten anzunehmen.

Solche „soziale Arbeit" schafft ein gespanntes Verhältnis – der Empfänger der Gabe hat das Gefühl, dass er durch das Nehmen herabgesetzt wurde, und es stellt sich die Frage, ob der Geber nicht auch das Gefühl haben sollte, dass er durch das Geben herabgesetzt wurde. Wohltätigkeit hat nie zu einem geregelten Zustand der Dinge geführt. Das wohltätige System, das nicht darauf abzielt, sich selbst überflüssig zu machen, leistet keinen Dienst. Es schafft sich einfach selbst Arbeit und ist ein zusätzlicher Eintrag in der Bilanz der Nichtproduktion.

Wohltätigkeit wird überflüssig, wenn diejenigen, die scheinbar nicht in der Lage sind, ihren Lebensunterhalt zu verdienen, aus der nichtproduktiven Klasse herausgenommen und in die produktive versetzt werden. In einem früheren Kapitel habe ich dargelegt, wie Experimente in unseren Werkstätten gezeigt haben, dass es in ausreichend unterteilter Industrie Stellen gibt, die von Verkrüppelten, Lahmen und Blinden besetzt werden können. Die wissenschaftliche Industrie muss kein Monster sein, das jeden verschlingt, der ihr zu nahe kommt. Wenn sie das ist, erfüllt sie ihren Platz im Leben nicht. Innerhalb und außerhalb der Industrie muss es Arbeiten geben, die die ganze Kraft eines starken Mannes erfordern; es gibt andere Arbeiten, und zwar viele, die mehr Geschick erfordern, als die Handwerker des Mittelalters jemals hatten. Die genaue Unterteilung der Industrie ermöglicht es einem starken oder geschickten Mann, seine Kraft oder sein Geschick immer einzusetzen. In der Industrie der alten Handwerker verbrachte ein geschickter Mann einen Großteil seiner Zeit mit ungelernter Arbeit. Das war Verschwendung. Da damals jedoch jede Aufgabe sowohl Fach- als auch Hilfsarbeit erforderte und von einem Mann ausgeführt werden musste, gab es kaum Platz für den Mann, der zu dumm war, um eine Facharbeit zu erlernen, oder für den Mann, der keine Gelegenheit hatte, ein Handwerk zu erlernen.

Kein Mechaniker, der nur mit seinen Händen arbeitet, kann mehr als das Nötigste zum Lebensunterhalt verdienen. Er kann keinen Überschuss haben. Es wird als selbstverständlich angesehen, dass ein Mechaniker im Alter von seinen Kindern unterstützt werden muss oder, wenn er keine Kinder hat, der Allgemeinheit zur Last fällt. All das ist völlig unnötig. Die Aufteilung der Industrie schafft Stellen, die praktisch von jedem besetzt werden können. Es gibt mehr Stellen in der Industrie, die von Blinden besetzt werden können, als es Blinde gibt. Es gibt mehr Stellen, die von Krüppeln besetzt werden können, als es Krüppel gibt. Und an jeder dieser Stellen kann der Mann, der kurzsichtig als Objekt der Wohltätigkeit betrachtet werden könnte, genauso gut seinen Lebensunterhalt verdienen wie der eifrigste und körperlich Fähigste. Es ist Verschwendung, einen körperlich Fähigen mit einer Arbeit zu betrauen, die ein Krüppel genauso gut erledigen könnte . Es ist eine schreckliche Verschwendung, Blinde mit dem Korbflechten zu beauftragen. Es ist Verschwendung, Sträflinge Steine klopfen oder Hanf pflücken zu lassen oder irgendeine andere kleinliche, nutzlose Arbeit verrichten zu lassen.

Ein gut geführtes Gefängnis sollte sich nicht nur selbst tragen, sondern ein Gefängnisinsasse sollte auch in der Lage sein, seine Familie zu ernähren oder, wenn er keine Familie hat, eine Geldsumme anzusparen, die ausreicht, um nach seiner Entlassung aus dem Gefängnis auf eigenen Beinen zu stehen. Ich befürworte keine Zwangsarbeit von Sträflingen oder die Verpachtung von Menschen als Sklaven. Ein solcher Plan ist zu abscheulich, um ihn in Worte zu fassen. Wir haben es mit dem Gefängniswesen ohnehin maßlos übertrieben; wir fangen am falschen Ende an. Aber solange wir Gefängnisse haben, können sie so gut in das allgemeine Produktionsschema eingefügt werden, dass ein Gefängnis zu einer Produktionseinheit werden kann, die für die Erleichterung der Öffentlichkeit und den Nutzen der Gefangenen arbeitet. Ich weiß, dass es Gesetze gibt – dumme Gesetze, die von gedankenlosen Menschen erlassen wurden –, die die industriellen Aktivitäten von Gefängnissen einschränken. Diese Gesetze wurden größtenteils auf Geheiß der sogenannten Arbeiterschaft erlassen . Sie sind nicht zum Nutzen der Arbeiter. Eine Erhöhung der Belastungen einer Gemeinde nützt niemandem in der Gemeinde. Wenn wir den Gedanken des Dienstes im Auge behalten, dann gibt es in jeder Gemeinschaft immer mehr Arbeit zu erledigen, als Menschen da sind, die sie erledigen können.

Eine auf Dienstleistung ausgerichtete Industrie macht Philanthropie überflüssig. Philanthropie, ganz gleich, wie edel ihre Motive auch sein mögen, führt nicht zur Selbständigkeit. Wir müssen auf Selbständigkeit bauen. Eine Gemeinschaft ist besser, wenn sie unzufrieden ist, wenn sie mit dem, was sie hat, unzufrieden ist. Ich meine nicht die kleinliche, alltägliche, nörgelnde, nagende Art von Unzufriedenheit, sondern eine breite, mutige Art von Unzufriedenheit, die glaubt, dass alles, was getan wird, letztendlich besser gemacht werden kann und sollte. Eine auf Dienstleistung ausgerichtete Industrie – und der Arbeiter muss ebenso dienen wie der Führer – kann Löhne zahlen, die hoch genug sind, um es jeder Familie zu ermöglichen, sowohl selbständig als auch selbstversorgend zu sein. Eine Philanthropie, die ihre Zeit und ihr Geld darauf verwendet, der Welt zu helfen, mehr für sich selbst zu tun, ist weitaus besser als eine, die nur gibt und so Müßiggang fördert. Philanthropie sollte, wie alles andere auch, produktiv sein, und ich glaube, dass sie es sein kann. Ich habe selbst mit einer Berufsschule und einem Krankenhaus experimentiert, um herauszufinden, ob man solche Institutionen, die gemeinhin als wohltätig gelten, nicht auf eigene Füße stellen kann. Ich habe herausgefunden, dass das möglich ist.

Ich bin kein Freund der Berufsschule, wie sie üblicherweise organisiert ist – die Jungen erhalten nur ein paar Brocken Wissen und lernen nicht, wie sie dieses Wissen anwenden können. Die Berufsschule sollte keine Kreuzung zwischen einer technischen Hochschule und einer Schule sein; sie sollte ein Mittel sein, um Jungen zu lehren, produktiv zu sein. Wenn sie mit nutzlosen Aufgaben betraut werden – Dinge herstellen und sie dann wegwerfen – können sie nicht das Interesse entwickeln oder das Wissen erwerben, das ihnen zusteht. Und während der Schulzeit ist der Junge nicht produktiv; die Schulen treffen – außer durch Wohltätigkeit – keine Vorkehrungen für die Unterstützung des Jungen. Viele Jungen brauchen Unterstützung; sie müssen mit dem Erstbesten arbeiten, was ihnen in die Hände fällt. Sie haben keine Möglichkeit, auszuwählen.

Wenn der Junge also ohne Ausbildung ins Leben tritt, verstärkt er nur den bereits großen Mangel an qualifizierten Arbeitskräften . Die moderne Industrie erfordert ein Maß an Fähigkeiten und Fertigkeiten, das weder ein frühzeitiger Schulabbruch noch ein langes Verbleiben in der Schule vermitteln. Es stimmt, dass in den fortschrittlicheren Schulsystemen handwerkliche Ausbildungsabteilungen eingeführt wurden, um das Interesse des Jungen aufrechtzuerhalten und ihn im Handwerk auszubilden, aber selbst diese sind zugegebenermaßen nur Notbehelfe, da sie nur den kreativen Instinkten des normalen Jungen entgegenkommen, ohne sie zu befriedigen.

Um diese Bedingung zu erfüllen – die Bildungsmöglichkeiten des Jungen zu erfüllen und gleichzeitig seine industrielle Ausbildung auf konstruktive Weise zu beginnen – wurde 1916 die Henry-Ford-Handelsschule gegründet. Wir verwenden das Wort Philanthropie nicht in Verbindung mit dieser Bemühung. Sie entstand aus dem Wunsch, dem Jungen zu helfen, der aufgrund seiner Umstände die Schule vorzeitig verlassen musste. Dieser Wunsch zu helfen passte gut zur Notwendigkeit, ausgebildete Werkzeugmacher in den Werkstätten bereitzustellen. Von Anfang an haben wir an drei Grundprinzipien festgehalten: Erstens, dass der Junge ein Junge bleiben und nicht in einen vorzeitigen Arbeiter verwandelt werden sollte; zweitens, dass die akademische Ausbildung Hand in Hand mit der industriellen Ausbildung gehen sollte; drittens, dass dem Jungen ein Gefühl von Stolz und Verantwortung für seine Arbeit vermittelt werden sollte, indem er an Gegenständen ausgebildet wird, die verwendet werden sollten. Er arbeitet an Gegenständen von anerkanntem industriellem Wert. Die Schule ist als Privatschule eingetragen und steht Jungen im Alter zwischen zwölf und achtzehn Jahren offen. Sie wird auf der Grundlage von Stipendien organisiert und jeder Junge erhält bei seinem Eintritt ein jährliches Stipendium in bar in Höhe von vierhundert Dollar. Dieser Betrag wird schrittweise auf maximal 600 Dollar erhöht, sofern seine Aufzeichnungen zufriedenstellend sind.

Es wird ein Protokoll über die Arbeit im Unterricht und in der Werkstatt geführt, ebenso über den Fleiß, den der Junge in jeder dieser Klassen zeigt. Die Ergebnisse im Fleiß werden für spätere Anpassungen seines Stipendiums verwendet. Zusätzlich zu seinem Stipendium erhält jeder Junge jeden Monat einen kleinen Betrag, der auf sein Sparkonto eingezahlt werden muss. Dieser Sparfonds muss auf der Bank bleiben, solange der Junge in der Schule bleibt, es sei denn, er erhält von den Behörden die Erlaubnis, ihn für einen Notfall zu verwenden.

Nach und nach werden die Probleme der Schulleitung gelöst und bessere Wege zur Erreichung der Ziele entdeckt. Anfangs war es üblich, den Jungen ein Drittel des Tages mit Unterricht und zwei Drittel mit Werkstattarbeit zu verbringen. Diese tägliche Anpassung erwies sich als Hindernis für den Fortschritt, und jetzt absolviert der Junge seine Ausbildung in Wochenblöcken – eine Woche Unterricht und zwei Wochen Werkstatt. Der Unterricht findet fortlaufend statt, die verschiedenen Gruppen verbringen ihre Wochen abwechselnd.

Die besten verfügbaren Lehrer sind im Kollegium vertreten, und das Lehrbuch ist das Ford-Werk. Es bietet mehr Ressourcen für die praktische Ausbildung als die meisten Universitäten. Die Rechenstunden werden in konkreten Werkstattaufgaben vermittelt. Der Junge wird nicht mehr mit dem mysteriösen A gequält, der vier Meilen rudern kann, während B nur zwei rudert. Die tatsächlichen Prozesse und tatsächlichen Bedingungen werden ihm vorgeführt – er wird gelehrt, zu beobachten. Städte sind nicht mehr schwarze Flecken auf Karten und Kontinente sind nicht mehr nur Seiten eines Buches. Die Werkstattlieferungen nach Singapur, die Werkstatteingänge von Material aus Afrika und Südamerika werden ihm gezeigt, und die Welt wird zu einem bewohnten Planeten statt zu einem farbigen Globus auf dem Lehrerpult. In Physik und Chemie bietet das Industriewerk ein Labor, in dem Theorie zur Praxis und die Lektion zur tatsächlichen Erfahrung wird. Nehmen wir an, die Funktionsweise einer Pumpe wird gelehrt. Der Lehrer erklärt die Teile und ihre Funktionen, beantwortet Fragen, und dann marschieren alle in die Maschinenräume, um sich eine große Pumpe anzusehen. Die Schule hat eine reguläre Fabrikwerkstatt mit der besten Ausrüstung. Die Jungen arbeiten sich von einer Maschine zur nächsten vor. Sie arbeiten ausschließlich an Teilen oder Artikeln, die das Unternehmen benötigt, aber unser Bedarf ist so groß, dass diese Liste fast alles umfasst. Die geprüften Arbeiten werden von der Ford Motor Company gekauft, und natürlich sind Arbeiten, die die Prüfung nicht bestehen, ein Verlust für die Schule.

Die Jungen, die am weitesten fortgeschritten sind, leisten Feinarbeit im Mikrometerbereich und führen jede Operation mit einem klaren Verständnis der damit verbundenen Zwecke und Prinzipien aus. Sie reparieren ihre eigenen Maschinen; sie lernen, wie sie mit Maschinen umgehen; sie studieren die Herstellung von Modellen und legen in sauberen, gut beleuchteten Räumen mit ihren Lehrern den Grundstein für eine erfolgreiche Karriere.

Nach ihrem Abschluss sind in den Werkstätten immer Stellen für sie frei, bei denen sie gut bezahlt werden. Für das soziale und moralische Wohlergehen der Jungen wird unaufdringlich gesorgt. Die Aufsicht erfolgt nicht durch Autorität, sondern durch freundliches Interesse. Die häuslichen Verhältnisse jedes Jungen sind ziemlich gut bekannt, und seine Neigungen werden beobachtet. Und es wird kein Versuch unternommen, ihn zu verhätscheln. Es wird kein Versuch unternommen, ihn verweichlicht zu machen. Als eines Tages zwei Jungen kurz davor standen, miteinander zu kämpfen, wurden sie nicht über die Bösartigkeit des Kämpfens belehrt. Man riet ihnen, ihre Differenzen auf bessere Weise beizulegen, aber als sie, wie Jungen, die primitivere Art der Beilegung bevorzugten, bekamen sie Handschuhe und mussten ihre Auseinandersetzung in einer Ecke der Werkstatt austragen. Das einzige Verbot, das ihnen auferlegt wurde, war, dass sie die Auseinandersetzung dort beenden und nicht außerhalb der Werkstatt beim Kämpfen erwischt werden durften. Das Ergebnis war eine kurze Begegnung und – Freundschaft.

Sie werden wie Jungen behandelt; ihre besseren jungenhaften Instinkte werden gefördert; und wenn man sie in den Werkstätten und im Unterricht sieht, kann man das Licht der aufkeimenden Meisterschaft in ihren Augen nicht leicht übersehen. Sie haben ein Gefühl der „Zugehörigkeit". Sie haben das Gefühl, etwas Sinnvolles zu tun . Sie lernen bereitwillig und eifrig, weil sie die Dinge lernen, die jeder aktive Junge lernen möchte und zu denen er ständig Fragen stellt, die keiner seiner Eltern beantworten kann.

Angefangen mit sechs Jungen hat die Schule jetzt zweihundert Schüler und verfügt über ein so praktisches System, dass sie auf siebenhundert erweitert werden kann. Sie begann mit einem Defizit, aber da es eine meiner Grundideen ist, dass alles, was an sich wertvoll ist, selbsttragend gemacht werden kann, hat sie ihre Prozesse so entwickelt, dass sie sich jetzt selbst trägt.

Wir konnten den Jungen seine Kindheit ermöglichen. Diese Jungen lernen, Arbeiter zu sein, aber sie vergessen nicht, wie man ein Junge ist. Das ist von größter Wichtigkeit. Sie verdienen 19 bis 35 Cent pro Stunde – das ist mehr, als sie als Jungen in der Art von Arbeit verdienen könnten, die einem Jugendlichen offen steht. Sie können ihre Familien besser unterstützen, indem sie in der Schule bleiben, als indem sie arbeiten gehen. Wenn sie fertig sind, haben sie eine gute allgemeine Bildung, den Beginn einer technischen Ausbildung, und sie sind als Arbeiter so geschickt, dass sie einen Lohn verdienen können, der ihnen die Freiheit gibt, ihre Ausbildung fortzusetzen, wenn sie wollen. Wenn sie keine weitere Ausbildung wollen, haben sie zumindest die Fähigkeiten, um überall hohe Löhne zu verlangen. Sie müssen nicht in unsere Fabriken gehen; die meisten von ihnen tun es, weil sie nicht wissen, wo es bessere Jobs gibt – wir wollen, dass alle unsere Jobs gut für die Männer sind, die sie annehmen. Aber an die Jungen sind keine Fesseln geknüpft. Sie haben sich ihren Weg selbst erarbeitet und sind niemandem verpflichtet. Es gibt keine Wohltätigkeit. Der Ort trägt sich selbst.

Das Ford Hospital wird nach ähnlichen Grundsätzen gebaut, aber wegen der Unterbrechung durch den Krieg – als es der Regierung übergeben wurde und zum General Hospital Nr. 36 wurde, das etwa 1.500 Patienten beherbergt – sind die Arbeiten noch nicht so weit fortgeschritten, dass sie zu absolut sicheren Ergebnissen führen. Ich habe nicht bewusst damit begonnen, dieses Krankenhaus zu bauen. Es begann 1914 als Detroit General Hospital und sollte durch Spenden der Bevölkerung errichtet werden. Gemeinsam mit anderen spendete ich, und der Bau begann. Lange bevor die ersten Gebäude fertig waren, waren die Mittel erschöpft, und ich wurde gebeten, eine weitere Spende zu leisten. Ich lehnte ab, weil ich dachte, dass die Manager vor Baubeginn hätten wissen müssen, wie viel das Gebäude kosten würde. Und ein solcher Anfang gab nicht viel Vertrauen in die Art und Weise, wie das Gebäude nach seiner Fertigstellung verwaltet werden würde. Ich bot jedoch an, das ganze Krankenhaus zu übernehmen und alle Spenden zurückzuzahlen, die geleistet worden waren. Dies wurde erreicht, und wir machten mit den Arbeiten weiter, als am 1. August 1918 die gesamte Einrichtung der Regierung übergeben wurde. Es wurde uns im Oktober 1919 zurückgegeben und am 10. November desselben Jahres wurde der erste Privatpatient aufgenommen.

Das Krankenhaus liegt am West Grand Boulevard in Detroit und das Grundstück umfasst zwanzig Morgen, so dass reichlich Platz für eine Erweiterung vorhanden ist. Wir haben vor, die Einrichtungen zu erweitern, wenn es sich lohnt. Der ursprüngliche Entwurf des Krankenhauses wurde völlig aufgegeben, und wir haben uns bemüht , sowohl in Bezug auf den Entwurf als auch auf die Verwaltung eine neue Art von Krankenhaus zu entwickeln. Es gibt viele Krankenhäuser für die Reichen. Es gibt viele Krankenhäuser für die Armen. Es gibt keine Krankenhäuser für diejenigen, die es sich leisten können, nur einen moderaten Betrag zu zahlen, und dennoch zahlen möchten, ohne das Gefühl zu haben, dass sie Empfänger von Wohltätigkeit sind. Es wurde als selbstverständlich angesehen, dass ein Krankenhaus nicht gleichzeitig dienen und sich selbst tragen kann – dass es entweder eine Einrichtung sein muss, die durch private Spenden betrieben wird, oder in die Kategorie der privaten Sanatorien übergehen muss, die gewinnorientiert geführt werden. Dieses Krankenhaus ist so konzipiert, dass es sich selbst trägt – um ein Maximum an Service bei minimalen Kosten und ohne den geringsten Anschein von Wohltätigkeit zu bieten.

In den neuen Gebäuden, die wir errichtet haben, gibt es keine Krankenzimmer. Alle Zimmer sind privat und verfügen über ein Bad. Die Zimmer – die in Gruppen von je 24 angeordnet sind – sind alle in Größe, Ausstattung und Einrichtung gleich. Es gibt keine Zimmerwahl. Es ist geplant, dass es innerhalb des Krankenhauses keinerlei Wahlmöglichkeiten gibt. Jeder Patient ist jedem anderen Patienten gleichgestellt.

Es ist keineswegs sicher, ob Krankenhäuser in ihrer heutigen Form für Patienten oder für Ärzte existieren. Ich bin mir der großen Zeit bewusst, die ein fähiger Arzt oder Chirurg wohltätigen Zwecken widmet, aber ich bin auch nicht davon überzeugt, dass die Honorare von Chirurgen nach dem Vermögen des Patienten geregelt werden sollten, und ich bin vollkommen davon überzeugt, dass die sogenannte „Berufsetikette“ ein Fluch für die Menschheit und die Entwicklung der Medizin ist. Die Diagnose ist nicht sehr weit entwickelt. Ich möchte nicht zu den Eigentümern eines Krankenhauses gehören, in dem nicht alle Schritte unternommen wurden, um sicherzustellen, dass die Patienten wegen dem behandelt werden, was ihnen tatsächlich fehlt, und nicht wegen etwas, das ein Arzt bei ihnen festgestellt hat. Die Berufsetikette macht es sehr schwierig, eine falsche Diagnose zu korrigieren. Der behandelnde Arzt wird, sofern er nicht ein Mann mit großem Taktgefühl ist, eine Diagnose oder Behandlung nicht ändern, es sei denn, der Arzt, der ihn hinzugezogen hat, stimmt damit völlig überein, und wenn dann eine Änderung vorgenommen wird, geschieht dies normalerweise ohne das Wissen des Patienten. Es scheint die Vorstellung vorzuherrschen, dass ein Patient, insbesondere wenn er sich im Krankenhaus befindet, zum Eigentum des Arztes wird. Ein gewissenhafter Arzt beutet den Patienten nicht aus. Ein weniger gewissenhafter Arzt tut dies. Viele Ärzte scheinen die Aufrechterhaltung ihrer eigenen Diagnosen als ebenso wichtig zu erachten wie die Genesung des Patienten.

Es war ein Ziel unseres Krankenhauses, all diese Praktiken zu vermeiden und das Interesse des Patienten an erste Stelle zu setzen. Daher ist es ein sogenanntes „geschlossenes" Krankenhaus. Alle Ärzte und Krankenschwestern sind auf Jahresbasis angestellt und dürfen außerhalb des Krankenhauses nicht praktizieren. Einschließlich der Praktikanten gehören 21 Ärzte und Chirurgen zum Personal. Diese Männer wurden mit großer Sorgfalt ausgewählt und erhalten Gehälter, die mindestens so hoch sind wie das, was sie normalerweise in einer erfolgreichen Privatpraxis verdienen würden. Keiner von ihnen hat irgendein finanzielles Interesse an einem Patienten, und ein Patient darf nicht von einem Arzt außerhalb behandelt werden. Wir erkennen die Rolle und den Nutzen des Hausarztes gerne an. Wir versuchen nicht, ihn zu ersetzen. Wir übernehmen den Fall, wenn er aufhört, und geben den Patienten so schnell wie möglich zurück. Unser System macht es für uns unerwünscht, Patienten länger als nötig zu behalten – wir brauchen diese Art von Geschäft nicht. Und wir werden dem Hausarzt unser Wissen über den Fall mitteilen, aber während der Patient im Krankenhaus ist, übernehmen wir die volle Verantwortung. Es ist für die Praxis externer Ärzte „geschlossen", jedoch nicht ausgeschlossen, dass wir mit jedem Hausarzt zusammenarbeiten, der dies wünscht.

Die Aufnahme eines Patienten ist interessant. Der eintreffende Patient wird zuerst vom Oberarzt untersucht und dann zur Untersuchung an drei, vier oder eine beliebige andere Zahl von Ärzten weitergeleitet. Diese Weiterleitung erfolgt unabhängig davon, aus welchem Grund der Patient ins Krankenhaus gekommen ist, denn wie wir allmählich lernen, ist der Gesamtzustand und nicht eine einzelne Krankheit von Bedeutung. Jeder der Ärzte führt eine vollständige Untersuchung durch und sendet seine schriftlichen Befunde an den Chefarzt, ohne dass er die Möglichkeit hat, sich mit einem der anderen untersuchenden Ärzte zu beraten. Mindestens drei und manchmal sechs oder sieben absolut vollständige und völlig unabhängige Diagnosen liegen somit in den Händen des Krankenhausleiters. Sie bilden eine vollständige Akte des Falles. Diese Vorsichtsmaßnahmen werden getroffen, um im Rahmen des heutigen Wissens eine korrekte Diagnose sicherzustellen.

Zur Zeit stehen etwa 600 Betten zur Verfügung. Jeder Patient zahlt nach einem festen Plan, der das Krankenhauszimmer, die Verpflegung, die medizinische und chirurgische Betreuung sowie die Pflege umfasst. Es gibt keine Extras. Es gibt keine privaten Krankenschwestern. Wenn ein Fall mehr

Aufmerksamkeit erfordert, als die dem Flügel zugewiesenen Krankenschwestern leisten können, wird eine weitere Krankenschwester eingesetzt, ohne dass dem Patienten zusätzliche Kosten entstehen. Dies ist jedoch selten notwendig, da die Patienten nach dem Pflegeaufwand, den sie benötigen, gruppiert werden. Es kann eine Krankenschwester für zwei Patienten oder eine für fünf Patienten geben, je nach Art der Fälle. Keine Krankenschwester hat jemals mehr als sieben Patienten zu versorgen, und aufgrund der Vorkehrungen ist es einer Krankenschwester leicht möglich, sieben Patienten zu versorgen, die nicht schwer krank sind. In einem normalen Krankenhaus müssen die Krankenschwestern viele nutzlose Schritte machen. Sie verbringen mehr Zeit mit Gehen als mit der Pflege des Patienten. Dieses Krankenhaus ist so konzipiert, dass es Schritte spart. Jede Etage ist in sich abgeschlossen, und genau wie wir in den Fabriken versucht haben, unnötige Bewegungen zu vermeiden, haben wir auch versucht, unnötige Bewegungen im Krankenhaus zu vermeiden. Die Kosten für Zimmer, Pflege und ärztliche Betreuung betragen 4,50 USD pro Tag. Diese Kosten werden gesenkt, wenn das Krankenhaus größer wird. Die Kosten für eine größere Operation betragen 125 USD. Die Kosten für kleinere Operationen richten sich nach einer festen Skala. Alle Kosten sind vorläufig. Das Krankenhaus hat ein Kostensystem wie eine Fabrik. Die Kosten werden so geregelt, dass sie gerade so über die Runden kommen.

Es scheint keinen guten Grund zu geben, warum das Experiment nicht erfolgreich sein sollte. Sein Erfolg ist einzig und allein eine Frage des Managements und der Mathematik. Dieselbe Art von Management, die es einer Fabrik ermöglicht, den umfassendsten Service zu bieten, wird es einem Krankenhaus ermöglichen, den umfassendsten Service zu bieten, und zwar zu einem Preis, der so niedrig ist, dass er für jeden erschwinglich ist. Der einzige Unterschied zwischen der Buchhaltung eines Krankenhauses und einer Fabrik besteht darin, dass ich nicht erwarte, dass das Krankenhaus Gewinn abwirft; wir erwarten jedoch, dass er die Abschreibungen deckt. Die Investitionen in dieses Krankenhaus betragen bis heute etwa 9.000.000 Dollar.

Wenn wir von der Wohltätigkeit wegkommen, können die Gelder, die heute in wohltätige Unternehmen fließen, zur Förderung der Produktion eingesetzt werden – zur Herstellung billiger und in großer Menge vorhandener Güter. Und dann werden wir nicht nur die Steuerlast von der Gemeinschaft nehmen und die Menschen befreien, sondern auch den allgemeinen Wohlstand steigern. Wir überlassen dem Privatinteresse zu viele Dinge, die wir im kollektiven Interesse für uns selbst tun sollten. Wir brauchen mehr konstruktives Denken im öffentlichen Dienst. Wir brauchen eine Art „allgemeine Ausbildung" in wirtschaftlichen Fakten. Die übertriebenen Ambitionen des Spekulationskapitals sowie die unvernünftigen Forderungen verantwortungsloser Arbeiter sind auf Unkenntnis der wirtschaftlichen Grundlagen des Lebens zurückzuführen. Niemand kann mehr aus dem Leben herausholen, als das Leben hervorbringen kann – und doch glaubt fast jeder, er könne es. Das Spekulationskapital will mehr; die Arbeiter wollen mehr; die Rohstoffquelle will mehr; und die kaufende Öffentlichkeit will mehr. Eine Familie weiß, dass sie nicht über ihr Einkommen hinaus leben kann; sogar die Kinder wissen das. Aber die Öffentlichkeit scheint nie zu lernen, dass sie nicht über ihr Einkommen hinaus leben kann – also mehr haben kann, als sie produziert.

Wenn wir die Notwendigkeit von Wohltätigkeit ausräumen wollen, müssen wir nicht nur die wirtschaftlichen Tatsachen des Lebens im Auge behalten, sondern auch, dass mangelndes Wissen über diese Tatsachen Angst schürt. Wenn wir die Angst verbannen, können wir uns selbständig machen. Wo Selbständigkeit herrscht, gibt es keine Wohltätigkeit.

Angst ist das Ergebnis des Vertrauens in etwas Äußeres – vielleicht in die Güte eines Vorarbeiters, in den Erfolg eines Ladens, in die Stabilität eines Marktes. Das ist nur eine andere Art zu sagen, dass Angst der Teil des Menschen ist, der anerkennt, dass seine Karriere von irdischen Umständen abhängt. Angst ist das Ergebnis davon, dass der Körper die Oberhand über die Seele gewinnt.

Die Gewohnheit des Scheiterns ist rein mentaler Natur und die Mutter der Angst. Diese Gewohnheit heftet sich an die Menschen, weil ihnen die Vision fehlt. Sie fangen an, etwas zu tun, das von A bis Z reicht. Bei A scheitern sie, bei B stolpern sie und bei C stoßen sie auf eine scheinbar unüberwindliche Schwierigkeit. Dann rufen sie „Achtung !" und werfen die ganze Aufgabe hin. Sie haben sich nicht einmal die Chance gegeben, wirklich zu scheitern; sie haben ihrer Vision keine Chance gegeben, bewiesen oder widerlegt zu werden. Sie haben sich einfach von den natürlichen Schwierigkeiten besiegen lassen, die jede Art von Anstrengung begleiten.

Es gibt mehr Menschen, die geschlagen werden, als dass sie scheitern. Sie brauchen weder Weisheit noch Geld, noch Brillanz oder „Zugkraft", sondern einfach nur Knorpel und Knochen. Diese rohe, einfache, primitive Kraft, die wir „Durchhaltevermögen" nennen, ist der ungekrönte König der Welt des Strebens . Die Menschen liegen mit ihrer Sicht der Dinge völlig falsch. Sie sehen die Erfolge, die Menschen erzielt haben, und irgendwie scheinen sie einfach zu sein. Aber das ist meilenweit von den Tatsachen entfernt. Das Scheitern ist einfach. Erfolg ist immer schwer. Ein Mensch kann mit Leichtigkeit scheitern; er kann nur erfolgreich sein, wenn er alles gibt, was er hat und ist. Das ist es, was den Erfolg so bemitleidenswert macht, wenn er in Bereichen erfolgt, die nicht nützlich und erhebend sind.

Wenn ein Mann ständig Angst vor der industriellen Situation hat, sollte er sein Leben ändern, um nicht davon abhängig zu sein. Es gibt immer noch das Land, und heute leben weniger Menschen auf dem Land als je zuvor. Wenn ein Mann in Angst lebt, dass sich die Gunst eines Arbeitgebers zu seinen Gunsten ändert, sollte er sich aus der Abhängigkeit von jedem Arbeitgeber befreien. Er kann sein eigener Chef werden. Es kann sein, dass er ein ärmerer Chef sein wird als der, den er verlässt, und dass seine Erträge viel geringer sein werden, aber zumindest wird er sich vom Schatten seiner Lieblingsangst befreit haben, und das ist in Geld und Position viel wert. Noch besser ist es für den Mann, über sich hinauszuwachsen und sich selbst zu übertreffen, indem er seine Ängste inmitten der Umstände loswird, in denen sein tägliches Schicksal liegt. Werden Sie ein freier Mann an dem Ort, an dem Sie Ihre Freiheit zum ersten Mal aufgegeben haben. Gewinnen Sie Ihren Kampf dort, wo Sie ihn verloren haben. Und Sie werden erkennen, dass, obwohl vieles außerhalb von Ihnen nicht richtig war, noch mehr in Ihnen war, was nicht richtig war. So werden Sie lernen, dass das Falsche in Ihnen sogar das Richtige verdirbt, das außerhalb von Ihnen ist.

Der Mensch ist immer noch das überlegenste Wesen auf Erden. Was auch immer geschieht, er ist immer noch ein Mensch. Morgen kann das Geschäft nachlassen – er ist immer noch ein Mensch. Er erlebt die Veränderungen der Umstände, so wie er die Temperaturschwankungen erlebt – er ist immer noch ein Mensch. Wenn er nur diesen Gedanken in sich wiederbeleben könnte, würde er neue Brunnen und Minen in seinem eigenen Wesen öffnen. Außerhalb seiner selbst gibt es keine Sicherheit. Außerhalb seiner selbst gibt es keinen Reichtum. Die Beseitigung der Angst bedeutet die Schaffung von Sicherheit und Versorgung.

Jeder Amerikaner sollte sich gegen Verhätschelungen wappnen. Amerikaner sollten Verhätschelungen ablehnen. Sie sind eine Droge. Stehen Sie auf und treten Sie hervor; lassen Sie Schwächlinge Almosen erhalten.

KAPITEL XVI

Die Eisenbahnen

Nichts in diesem Land ist ein besseres Beispiel dafür, wie ein Unternehmen von seiner Dienstleistungsfunktion abgebracht werden kann, als die Eisenbahn. Wir haben ein Eisenbahnproblem, und der Lösung dieses Problems wurden viele wissenschaftliche Überlegungen und Diskussionen gewidmet. Jeder ist mit der Eisenbahn unzufrieden. Die Öffentlichkeit ist unzufrieden, weil sowohl die Passagier- als auch die Frachtraten zu hoch sind. Die Eisenbahnangestellten sind unzufrieden, weil sie sagen, ihre Löhne seien zu niedrig und ihre Arbeitszeiten zu lang. Die Eisenbahneigentümer sind unzufrieden, weil sie behaupten, dass für das investierte Geld keine angemessene Rendite erzielt wird. Alle Verträge eines ordnungsgemäß geführten Unternehmens sollten zufriedenstellend sein. Wenn die Öffentlichkeit, die Angestellten und die Eigentümer durch das Unternehmen nicht besser dastehen, dann muss mit der Art und Weise, wie das Unternehmen durchgeführt wird, tatsächlich etwas sehr falsch sein.

Ich bin überhaupt nicht geneigt, mich als Eisenbahnbehörde auszugeben. Es mag Eisenbahnbehörden geben, aber wenn die Leistungen, die die amerikanische Eisenbahn heute erbringt, das Ergebnis angesammelten Eisenbahnwissens sind, dann kann ich nicht behaupten, dass ich die Nützlichkeit dieses Wissens auch nur im Geringsten respektiere. Ich habe nicht den geringsten Zweifel daran, dass die aktiven Manager der Eisenbahnen, die Männer, die die Arbeit wirklich machen, durchaus in der Lage sind, die Eisenbahnen des Landes zur Zufriedenheit aller zu leiten, und ich habe ebenso wenig Zweifel daran, dass diese aktiven Manager aufgrund einer Verkettung von Umständen fast aufgehört haben, zu leiten. Und genau hier liegt die Ursache des größten Teils des Übels. Den Männern, die sich mit Eisenbahnen auskennen, wurde nicht gestattet, Eisenbahnen zu leiten.

In einem früheren Kapitel über Finanzen wurden die Gefahren dargelegt, die mit der wahllosen Kreditaufnahme einhergehen. Es ist unvermeidlich, dass jeder, der sich frei Geld leihen kann, um Fehler des Managements zu decken, lieber Kredite aufnehmen wird, als die Fehler zu korrigieren. Unsere Eisenbahnmanager waren praktisch gezwungen, Kredite aufzunehmen, denn seit der Gründung der Eisenbahnen waren sie keine freien Agenten. Die lenkende Hand der Eisenbahn war nicht der Eisenbahner, sondern der Bankier. Als die Kredite der Eisenbahnen hoch waren, konnte man mit der Ausgabe von Anleihen und der Spekulation mit den Wertpapieren mehr Geld verdienen als mit Dienstleistungen für die Öffentlichkeit. Ein sehr kleiner Teil des von den Eisenbahnen verdienten Geldes floss zurück in die Sanierung der Anlagen. Als durch geschicktes Management der Nettoertrag groß genug wurde, um eine beträchtliche Dividende auf die Aktien auszuschütten, wurde diese Dividende zunächst von den Spekulanten im Inneren, die die Finanzpolitik der Eisenbahn kontrollierten, verwendet, um die Aktien zu steigern und ihre Beteiligungen abzustoßen, und dann, um auf der Grundlage des durch die Gewinne erzielten Kredits eine Anleihe auszugeben. Als die Gewinne sanken oder künstlich gedrückt wurden, kauften die Spekulanten die Aktien zurück und inszenierten im Laufe der Zeit einen weiteren Anstieg und Abstoß. Es gibt in den Vereinigten Staaten kaum eine Eisenbahngesellschaft, die nicht ein oder mehrere Insolvenzverfahren durchlaufen hat, weil die Finanzinteressenten Ladung um Ladung Wertpapiere aufhäuften, bis die Strukturen kippten und zusammenbrachen. Dann beteiligten sie sich an den Insolvenzverfahren, verdienten Geld auf Kosten leichtgläubiger Wertpapierinhaber und begannen das alte Pyramidenspiel von vorne.

Der natürliche Verbündete des Bankiers ist der Anwalt. Für solche Spiele, wie sie bei den Eisenbahnen gespielt wurden, war eine fachkundige Rechtsberatung erforderlich. Anwälte wissen, genau wie Bankiers, absolut nichts über Geschäfte. Sie glauben, ein Geschäft sei dann ordnungsgemäß geführt, wenn es sich im Rahmen des Gesetzes bewegt oder wenn das Gesetz geändert oder interpretiert werden kann, um dem jeweiligen Zweck zu entsprechen. Sie leben von Regeln. Die Bankiers nahmen den Managern die Finanzen aus der Hand. Sie setzten Anwälte ein, um sicherzustellen, dass die Eisenbahnen das Gesetz nur auf legale Weise verletzten, und so entstanden riesige Rechtsabteilungen. Anstatt nach den Regeln des gesunden Menschenverstands und den Umständen entsprechend zu operieren, musste jede Eisenbahngesellschaft auf den Rat eines Anwalts hören. Regeln verbreiteten sich in allen Teilen der Organisation. Dann kam die Lawine staatlicher und bundesstaatlicher Vorschriften, bis wir heute feststellen, dass die Eisenbahnen in einer Masse von Regeln und Vorschriften gefangen sind. Mit den Anwälten und Finanziers im Inneren und verschiedenen staatlichen Kommissionen im Äußeren hat der Eisenbahnmanager kaum eine Chance. Das ist das Problem mit den Eisenbahnen. Geschäfte können nicht nach dem Gesetz geführt werden.

Wir hatten Gelegenheit, uns selbst zu beweisen, was es bedeutet, von der bankrechtlichen Leihgabe befreit zu sein, und zwar anhand unserer Erfahrungen mit der Detroit, Toledo & Ironton Railway. Wir kauften die Eisenbahn, weil ihre Trasse einige unserer Verbesserungen am River Rouge behinderte. Wir kauften sie nicht als Investition oder als Ergänzung unserer Industrie oder wegen ihrer strategischen Lage. Die außerordentlich gute Lage der Eisenbahn scheint erst seit unserem Kauf allgemein offensichtlich geworden zu sein. Das ist jedoch nebensächlich. Wir kauften die Eisenbahn, weil sie unsere Pläne behinderte. Dann mussten wir etwas mit ihr tun. Das

Einzige, was wir tun konnten, war, sie als produktives Unternehmen zu betreiben und dabei genau dieselben Prinzipien anzuwenden, die in jedem Bereich unserer Industrie gelten. Wir haben bisher keinerlei besondere Anstrengungen unternommen, und die Eisenbahn wurde nicht als Beispiel dafür errichtet, wie jede Eisenbahn betrieben werden sollte. Es ist wahr, dass die Anwendung der Regel „maximaler Service bei minimalen Kosten" dazu geführt hat, dass die Einnahmen der Straße die Ausgaben überstiegen – was für diese Straße eine höchst ungewöhnliche Situation darstellt. Es wurde behauptet, dass die von uns vorgenommenen Änderungen – und denken Sie daran, dass sie einfach als Teil der täglichen Arbeit vorgenommen wurden – besonders revolutionär sind und keinerlei Anwendung auf das Eisenbahnmanagement im Allgemeinen haben. Mir persönlich scheint, dass sich unsere kleine Linie nicht sehr von den großen Linien unterscheidet. Bei unserer eigenen Arbeit haben wir immer festgestellt, dass es keine Rolle spielt, auf welches Gebiet wir sie anwenden, wenn unsere Prinzipien richtig sind. Die Prinzipien, die wir in dem großen Werk in Highland Park anwenden, scheinen in jedem Werk, das wir errichten, gleich gut zu funktionieren. Es hat bei uns nie einen Unterschied gemacht, ob wir das, was wir tun, mit fünf oder mit fünfhundert multiplizieren. Größe ist ohnehin nur eine Frage des Einmaleins.

Die Detroit, Toledo & Ironton Railway wurde vor etwa zwanzig Jahren gegründet und seither alle paar Jahre umstrukturiert. Die letzte Umstrukturierung fand 1914 statt. Der Krieg und die staatliche Kontrolle der Eisenbahnen unterbrachen den Umstrukturierungszyklus. Die Bahn besitzt 343 Meilen Gleise, hat 52 Meilen Zweigstrecken und 45 Meilen Streckenrechte über andere Straßen. Sie führt von Detroit fast genau südlich nach Ironton am Ohio River und erschließt so die Kohlevorkommen von West Virginia. Sie kreuzt die meisten großen Hauptstrecken und ist eine Straße, die sich aus allgemeiner Geschäftssicht lohnen sollte. Sie hat sich gelohnt. Sie scheint sich für die Banker gelohnt zu haben. 1913 betrug die Nettokapitalisierung pro Meile Straße 105.000 Dollar. Beim nächsten Insolvenzverfahren wurde sie auf 47.000 Dollar pro Meile gekürzt. Ich weiß nicht, wie viel Geld insgesamt dank der Straße eingenommen wurde. Ich weiß, dass die Anleihegläubiger bei der Reorganisation von 1914 veranlagt und gezwungen wurden, fast fünf Millionen Dollar an die Staatskasse abzugeben – das ist der Betrag, den wir für die gesamte Straße bezahlt haben. Wir zahlten sechzig Cent pro Dollar für die ausstehenden Hypothekenanleihen, obwohl der geltende Preis kurz vor dem Kauf zwischen dreißig und vierzig Cent pro Dollar lag. Wir zahlten einen Dollar pro Aktie für die Stammaktien und fünf Dollar pro Aktie für die Vorzugsaktien – was ein fairer Preis zu sein schien, wenn man bedenkt, dass auf die Anleihen nie Zinsen gezahlt worden waren und eine Dividende auf die Aktien eine äußerst entfernte Möglichkeit war. Der Fuhrpark der Straße bestand aus etwa siebzig Lokomotiven, siebenundzwanzig Personenwagen und etwa zweitausendachthundert Güterwagen. Der gesamte Fuhrpark war in einem äußerst schlechten Zustand und ein großer Teil davon war überhaupt nicht fahrbereit. Alle Gebäude waren schmutzig, ungestrichen und im Allgemeinen heruntergekommen. Der Gleiskörper war mehr als nur ein Roststreifen und weniger als eine Eisenbahn. Die Reparaturwerkstätten waren überbesetzt und unterbesetzt. Praktisch alles, was mit dem Betrieb zusammenhing, wurde mit einem Höchstmaß an Verschwendung durchgeführt. Es gab jedoch eine außerordentlich große Exekutiv- und Verwaltungsabteilung und natürlich eine Rechtsabteilung. Allein die Rechtsabteilung kostete in einem Monat fast 18.000 Dollar.

Wir übernahmen die Bahn im März 1921. Wir begannen, industrielle Prinzipien anzuwenden. Es hatte in Detroit ein Büro der Geschäftsleitung gegeben. Wir schlossen es und übergaben die Verwaltung einem Mann, dem wir die Hälfte des flachen Schreibtischs im Frachtbüro überließen. Die Rechtsabteilung wurde mit den Büros der Geschäftsleitung zusammengelegt. Es gibt keinen Grund für so viele Rechtsstreitigkeiten im Zusammenhang mit der Eisenbahn. Unsere Leute beglichen schnell die Masse der offenen Forderungen, von denen einige schon seit Jahren offen waren. Wenn neue Forderungen auftauchen, werden sie sofort und auf der Grundlage der Fakten beglichen, so dass die Rechtskosten selten 200 Dollar pro Monat übersteigen. Die gesamte unnötige Buchhaltung und Bürokratie wurde abgeschafft und die Lohnliste der Bahn von 2.700 auf 1.650 Männer reduziert. Gemäß unserer allgemeinen Politik wurden alle Titel und Ämter außer den gesetzlich vorgeschriebenen abgeschafft. Die normale Eisenbahnorganisation ist starr; eine Nachricht muss über eine bestimmte Autoritätslinie nach oben gehen und von keinem Mann wird erwartet, etwas ohne ausdrückliche Anweisungen seines Vorgesetzten zu tun. Eines Morgens ging ich sehr früh auf die Straße und fand einen Wrackzug mit Dampf, einer Mannschaft an Bord und startklar vor. Er hatte eine halbe Stunde lang „auf Befehle gewartet". Wir gingen hinunter und räumten das Wrack, bevor die Befehle kamen; das war, bevor die Idee der persönlichen Verantwortung durchgedrungen war. Es war ein wenig schwierig, die Gewohnheit der „Befehle" abzulegen; die Männer hatten anfangs Angst, Verantwortung zu übernehmen. Aber je weiter wir kamen, desto mehr schien ihnen der Plan zu gefallen, und jetzt schränkt keiner mehr seine Pflichten ein. Ein Mann wird für einen Arbeitstag von acht Stunden bezahlt, und es wird von ihm erwartet, dass er während dieser acht Stunden arbeitet. Wenn er Lokführer ist und eine Fahrt in vier Stunden beendet, dann arbeitet er die nächsten vier Stunden an dem, was sonst noch gefragt ist. Wenn ein Mann mehr als acht Stunden arbeitet, wird ihm die Überstunde nicht bezahlt – er zieht seine Überstunden vom nächsten Arbeitstag ab oder spart sie auf und bekommt einen ganzen

Tag bezahlt frei. Unser Achtstundentag ist ein Tag von acht Stunden und keine Grundlage für die Berechnung des Lohns.

Der Mindestlohn beträgt sechs Dollar pro Tag. Es gibt keine zusätzlichen Arbeiter. Wir haben in den Büros, in den Werkstätten und auf den Straßen Personal abgebaut. In einer Werkstatt leisten jetzt 20 Männer mehr Arbeit als vorher 59. Vor nicht allzu langer Zeit arbeitete eine unserer Gleisbaukolonnen, bestehend aus einem Vorarbeiter und 15 Männern, neben einer Parallelstraße, auf der eine Kolonne von 40 Männern genau die gleichen Gleisreparaturen und -schotterungen durchführte. In fünf Tagen hat unsere Kolonne zwei Telegrafenmasten mehr gebaut als die Konkurrenzkolonne!

Die Straße wird saniert; fast die gesamte Strecke wurde neu geschottert und viele Meilen neuer Schienen wurden verlegt. Die Lokomotiven und das rollende Material werden in unseren eigenen Werkstätten und mit sehr geringem Aufwand überholt. Wir haben festgestellt, dass die zuvor gekauften Materialien von schlechter Qualität oder für den Einsatz ungeeignet waren; wir sparen Geld bei den Materialien, indem wir bessere Qualitäten kaufen und darauf achten, dass nichts verschwendet wird. Die Männer scheinen durchaus bereit zu sein, beim Sparen mitzuhelfen. Sie werfen nichts weg, was noch verwendet werden könnte. Wir fragen einen Mann: „Was kann man aus einer Lokomotive herausholen?" und er antwortet mit einer Sparbilanz. Und wir stecken keine Unsummen in die Kassen. Alles wird aus den Einnahmen gemacht. Das ist unsere Politik. Die Züge müssen durchkommen und pünktlich sein. Die Zeit für den Gütertransport wurde um etwa zwei Drittel verkürzt. Ein Wagen auf einem Abstellgleis ist nicht einfach nur ein Wagen auf einem Abstellgleis. Es ist ein großes Fragezeichen. Jemand muss wissen, warum er dort steht. Früher dauerte es 8 oder 9 Tage, um Güter nach Philadelphia oder New York zu bringen; jetzt dauert es dreieinhalb Tage. Die Organisation leistet ihren Dienst.

Es werden alle möglichen Erklärungen dafür vorgebracht, warum aus einem Defizit ein Überschuss wurde. Mir wurde gesagt, dass dies alles auf die Umleitung der Fracht der Ford-Industrie zurückzuführen sei. Wenn wir unser gesamtes Geschäft auf diese Straße umgeleitet hätten, würde das nicht erklären, warum wir mit so viel niedrigeren Betriebskosten als zuvor auskommen. Wir leiten so viel wie möglich von unserem eigenen Geschäft über die Straße, aber nur, weil wir dort den besten Service erhalten. In den vergangenen Jahren hatten wir versucht, Fracht über diese Straße zu versenden, weil sie günstig gelegen war, aber wir konnten sie aufgrund der verspäteten Lieferungen nie in großem Umfang nutzen. Wir konnten nicht damit rechnen, dass eine Lieferung innerhalb von fünf oder sechs Wochen eintreffen würde; das band zu viel Geld und störte auch unseren Produktionsplan. Es gab keinen Grund, warum die Straße keinen Zeitplan haben sollte; aber das tat sie nicht. Die Verzögerungen wurden zu

Rechtsfragen, die auf dem entsprechenden Rechtsweg behandelt werden mussten; das ist nicht die Art des Geschäfts. Wir denken, dass eine Verzögerung eine Kritik an unserer Arbeit ist und etwas ist, das sofort untersucht werden muss. Das ist Geschäft.

Die Eisenbahnen sind im Allgemeinen zusammengebrochen, und wenn das frühere Verhalten der Detroit, Toledo & Ironton ein Maßstab für das Management im Allgemeinen ist, gibt es keinen Grund auf der Welt, warum sie nicht zusammengebrochen sein sollten. Zu viele Eisenbahnen werden nicht von praktischen Leuten, sondern von Bankbüros aus betrieben, und die Verfahrensprinzipien, die gesamte Perspektive sind finanzieller Natur – nicht transport- , sondern finanzieller Natur. Es gab einen Zusammenbruch, weil den Eisenbahnen mehr Aufmerksamkeit als Faktoren an der Börse denn als Dienern des Volkes geschenkt wurde. Überholte Ideen wurden beibehalten, die Entwicklung wurde praktisch gestoppt, und Eisenbahnern mit Weitblick wurde keine Freiheit gegeben, sich weiterzuentwickeln.

Wird eine Milliarde Dollar diese Art von Problemen lösen? Nein, eine Milliarde Dollar wird die Schwierigkeiten nur noch um eine Milliarde Dollar verschlimmern. Der Zweck der Milliarde besteht lediglich darin, die gegenwärtigen Methoden der Eisenbahnverwaltung beizubehalten, und aufgrund der gegenwärtigen Methoden haben wir überhaupt irgendwelche Eisenbahnprobleme.

Die falschen und dummen Dinge, die wir vor Jahren getan haben, holen uns gerade ein. Zu Beginn des Eisenbahnverkehrs in den Vereinigten Staaten musste den Leuten dessen Benutzung beigebracht werden, genau wie man ihnen den Gebrauch des Telefons beibringen musste. Außerdem mussten die neuen Eisenbahnen Geschäfte machen, um zahlungsfähig zu bleiben. Und weil die Eisenbahnfinanzierung in einer der miesesten Perioden unserer Wirtschaftsgeschichte begann, wurden eine Reihe von Praktiken als Präzedenzfälle geschaffen, die die Eisenbahnarbeit seither beeinflusst haben. Eines der ersten Dinge, die die Eisenbahn tat, war, alle anderen Transportmethoden zu drosseln. Es gab die Anfänge eines großartigen Kanalsystems in diesem Land, und eine große Bewegung für die Kanalisierung war auf ihrem Höhepunkt. Die Eisenbahngesellschaften kauften die Kanalgesellschaften auf und ließen die Kanäle sich mit Unkraut und Unrat füllen und ersticken . Überall in den Oststaaten und in Teilen der Mittelweststaaten findet man Reste dieses Netzes von Binnenwasserstraßen. Sie werden jetzt so schnell wie möglich wiederhergestellt und miteinander verbunden; Verschiedene öffentliche und private Kommissionen verfolgten die Vision eines umfassenden Wasserstraßensystems, das alle Teile des Landes versorgt, und dank ihrer Bemühungen, ihrer Beharrlichkeit und ihres Glaubens werden Fortschritte erzielt.

Aber es gab noch ein anderes System. Es bestand darin, die Transportwege so lang wie möglich zu machen. Jeder , der mit den Enthüllungen vertraut ist, die zur Gründung der Interstate Commerce Commission führten, weiß, was damit gemeint ist. Es gab eine Zeit, in der der Schienenverkehr nicht als Dienst der reisenden, produzierenden und kommerziellen Öffentlichkeit angesehen wurde. Die Wirtschaft wurde behandelt, als existiere sie zum Nutzen der Eisenbahn. In dieser Zeit der Torheit war es nicht gute Eisenbahn, Güter auf dem direktesten Weg von ihrem Verschiffungsort zu ihrem Bestimmungsort zu bringen, sondern sie so lange wie möglich auf der Straße zu halten, sie auf dem längsten Weg zu schicken, so vielen Anschlussbahnen wie möglich einen Teil des Gewinns zu geben und die Öffentlichkeit den daraus resultierenden Zeit- und Geldverlust tragen zu lassen. Das galt einst als gute Eisenbahn. Es ist bis heute noch nicht ganz aus der Praxis verschwunden.

Eine der großen Veränderungen in unserem Wirtschaftsleben, zu der diese Eisenbahnpolitik beigetragen hat, war die Zentralisierung gewisser Aktivitäten, nicht weil Zentralisierung notwendig gewesen wäre oder weil sie zum Wohlergehen der Menschen beigetragen hätte, sondern weil sie unter anderem den Eisenbahnen doppelte Umsätze einbrachte. Nehmen wir zwei Grundnahrungsmittel - Fleisch und Getreide. Wenn Sie sich die Karten ansehen, die die Schlachthöfe herausgeben, und sehen, woher das Vieh kommt, und wenn Sie dann bedenken, dass das Vieh, nachdem es zu Nahrungsmitteln verarbeitet wurde, mit denselben Eisenbahnen wieder zurück an den Ort gebracht wird, von dem es kam, erhalten Sie einige Einblicke in das Transportproblem und den Fleischpreis. Nehmen Sie auch Getreide. Jeder, der Anzeigen liest, weiß, wo die großen Getreidemühlen des Landes liegen. Und er weiß wahrscheinlich auch, dass diese großen Mühlen nicht in den Gegenden liegen, in denen das Getreide der Vereinigten Staaten angebaut wird. Es werden unglaubliche Mengen Getreide, Tausende von Zugladungen, nutzlos über weite Strecken transportiert und dann in Form von Mehl wieder über weite Strecken in die Staaten und Regionen zurückgeschafft, wo das Getreide angebaut wurde - eine Belastung der Eisenbahnen, die weder den Gemeinden, aus denen das Getreide stammt, noch sonst irgendjemandem außer den monopolistischen Mühlen und den Eisenbahnen nützt. Die Eisenbahnen können immer ein großes Geschäft machen, ohne der Wirtschaft des Landes überhaupt zu helfen; sie können immer mit genau solchen nutzlosen Transporten beschäftigt sein. Bei Fleisch und Getreide und vielleicht auch bei Baumwolle könnte die Transportlast um mehr als die Hälfte verringert werden, indem man das Produkt vor der Verschiffung gebrauchsfertig vorbereitet. Wenn eine Kohlengemeinde in Pennsylvania Kohle abbauen und sie dann mit der Bahn zum Sieben nach Michigan oder Wisconsin schicken und sie dann zur Verwendung wieder nach Pennsylvania zurückschleudern würde, wäre das nicht viel dümmer, als lebendes texanisches Rindfleisch nach Chicago zu transportieren, um es dort zu schlachten und dann tot nach Texas zurückzuschicken; oder der Transport von Getreide aus Kansas nach Minnesota, um es dort in den Mühlen zu mahlen und als Mehl wieder zurückzubringen. Das ist ein gutes Geschäft für die Eisenbahnen, aber ein schlechtes Geschäft für die Wirtschaft. Ein Aspekt des Transportproblems, dem zu wenige Menschen Aufmerksamkeit schenken, ist dieser nutzlose Transport von Material. Wenn wir das Problem mit dem Ansatz angehen würden, die Eisenbahnen von ihren nutzlosen Transporten zu befreien, könnten wir feststellen, dass wir besser aufgestellt sind, als wir denken, um uns um das legitime Transportgeschäft des Landes zu kümmern. Bei Rohstoffen wie Kohle ist es notwendig, dass sie von ihrem Standort dorthin transportiert werden, wo sie benötigt werden. Dasselbe gilt für die Rohstoffe der Industrie – sie müssen von dem Ort, an dem die Natur sie gelagert hat, dorthin transportiert werden, wo es Menschen gibt, die bereit sind, sie zu verarbeiten. Und da diese Rohstoffe nicht oft in einem Abschnitt gesammelt sind, ist ein beträchtlicher Transportaufwand zu einem zentralen Sammelplatz erforderlich. Die Kohle kommt aus einem Abschnitt, das Kupfer aus einem anderen, das Eisen aus einem anderen, das Holz aus einem anderen – sie müssen alle zusammengebracht werden.

Wo immer es möglich ist, sollte jedoch eine Politik der Dezentralisierung verfolgt werden. Wir brauchen statt riesiger Getreidemühlen eine Vielzahl kleinerer Mühlen, die über alle Anbaugebiete verteilt sind. Wo immer es möglich ist, sollte das Gebiet, das den Rohstoff produziert, auch das Endprodukt produzieren. Getreide sollte dort, wo es angebaut wird, zu Mehl gemahlen werden. Ein Schweinezuchtland sollte keine Schweine exportieren, sondern Schweinefleisch, Schinken und Speck. Die Baumwollspinnereien sollten in der Nähe der Baumwollfelder liegen. Dies ist keine revolutionäre Idee. In gewissem Sinne ist es eine reaktionäre. Es suggeriert nichts Neues; es suggeriert etwas sehr Altes. So hat das Land die Dinge gemacht, bevor wir uns angewöhnt haben, alles ein paar tausend Meilen weit zu transportieren und die Transportkosten auf die Rechnung des Verbrauchers zu setzen. Unsere Gemeinden sollten in sich selbst vollständiger sein. Sie sollten nicht unnötig vom Schienenverkehr abhängig sein. Mit dem, was sie produzieren, sollten sie ihren eigenen Bedarf decken und den Überschuss versenden. Und wie können sie das tun, wenn sie nicht die Möglichkeit haben, ihre Rohstoffe wie Getreide und Vieh in Fertigprodukte umzuwandeln? Wenn die Privatwirtschaft diese Möglichkeit nicht bietet, kann dies die Zusammenarbeit der Landwirte tun. Die größte Ungerechtigkeit, die der Landwirt heute erleidet, ist, dass er, obwohl er der größte Produzent ist, nicht auch der größte Händler sein kann, weil er gezwungen ist, an diejenigen zu verkaufen, die seine Produkte in handelsübliche Form bringen. Wenn er sein Getreide in Mehl, sein Vieh in Rindfleisch und seine Schweine in Schinken und Speck verwandeln könnte, würde er nicht nur einen größeren Gewinn aus seinem Produkt erzielen, sondern auch seine umliegenden Gemeinden unabhängiger von den Anforderungen der Eisenbahn machen und so das Transportsystem verbessern, indem er es von der Last seiner unfertigen Produkte befreit. Das ist nicht nur vernünftig und praktikabel, sondern wird auch absolut notwendig. Mehr noch, es wird an vielen Orten getan. Aber es wird seine volle Wirkung auf die Transportsituation und die Lebenshaltungskosten erst entfalten, wenn es in größerem Umfang und für mehr Arten von Materialien getan wird.

Es ist eine der Kompensationen der Natur, dem Geschäft, das ihm nicht dient, den Wohlstand zu entziehen.

Wir haben festgestellt, dass wir auf der Detroit-Toledo-Ironton-Strecke im Rahmen unserer allgemeinen Politik unsere Tarife senken und mehr Geschäft machen könnten. Wir haben einige Kürzungen vorgenommen, aber die Interstate Commerce Commission hat sie abgelehnt! Warum sollte man unter solchen Bedingungen die Eisenbahnen als Geschäft bezeichnen? Oder als Dienstleistung?

KAPITEL XVII

ALLGEMEINES

Niemand übertrifft Thomas A. Edison an Weitblick und Verständnis. Ich traf ihn zum ersten Mal vor vielen Jahren, als ich bei der Detroit Edison Company war – wahrscheinlich ungefähr 1887. Die Elektrotechniker hielten eine Konferenz in Atlantic City ab, und Edison, als führender Wissenschaftler der Elektrotechnik, hielt eine Ansprache. Ich arbeitete damals an meinem Benzinmotor, und die meisten Leute, darunter alle meine Kollegen in der Elektrofirma, hatten sich die Mühe gemacht, mir zu erklären, dass die Zeit, die man an einem Benzinmotor verbrachte, Zeitverschwendung sei – dass die Energie der Zukunft die Elektrizität sein würde. Diese Kritik hatte keinen Eindruck auf mich gemacht. Ich arbeitete mit aller Kraft an der Entwicklung. Aber da ich mich mit Edison im selben Raum befand, kam mir die Idee, dass es eine gute Idee wäre, herauszufinden, ob der Meister der Elektrizität glaubte, dass sie die einzige Energie der Zukunft sein würde. Nachdem Mr. Edison seine Ansprache beendet hatte, gelang es mir, ihn einen Moment allein zu erwischen. Ich erzählte ihm, woran ich arbeitete.

Er war sofort interessiert. Er ist an jeder Suche nach neuem Wissen interessiert. Und dann fragte ich ihn, ob er glaube, dass der Verbrennungsmotor eine Zukunft habe. Er antwortete ungefähr so:

Ja, jeder leichte Motor, der eine hohe Leistung entwickeln und autark sein kann, hat eine große Zukunft. Keine Antriebskraft wird jemals die gesamte Arbeit eines Landes erledigen können. Wir wissen nicht, was Elektrizität leisten kann, aber ich gehe davon aus, dass sie nicht alles leisten kann.

Machen Sie weiter mit Ihrem Motor. Wenn Sie bekommen, was Sie wollen, sehe ich eine großartige Zukunft.

Das ist charakteristisch für Edison. Er war die zentrale Figur der damals jungen und enthusiastischen Elektroindustrie. Die einfachen Leute der Elektroindustrie sahen in der Zukunft nichts als Elektrizität, aber ihr Anführer sah mit kristallklarer Klarheit, dass kein einzelner Energieversorger die gesamte Arbeit des Landes erledigen konnte. Ich nehme an, das war der Grund, warum er der Anführer war.

So war mein erstes Treffen mit Edison. Ich sah ihn erst viele Jahre später wieder – bis unser Motor entwickelt war und in Produktion ging. Er erinnerte sich genau an unser erstes Treffen. Seitdem haben wir uns oft gesehen. Er ist einer meiner engsten Freunde und wir haben gemeinsam viele Ideen ausgetauscht.

Sein Wissen ist nahezu universell. Er interessiert sich für jedes erdenkliche Thema und kennt keine Grenzen. Er glaubt, dass alles möglich ist. Gleichzeitig bleibt er auf dem Boden der Tatsachen. Er geht Schritt für Schritt vorwärts. „Unmöglich" ist für ihn eine Beschreibung für das, was wir im Moment nicht erreichen können. Er weiß, dass wir durch das Anhäufen von Wissen die Macht aufbauen, das Unmögliche zu überwinden. Das ist die rationale Art, das „Unmögliche" zu tun. Die irrationale Art besteht darin, den Versuch zu unternehmen, ohne sich die Mühe zu machen, Wissen anzuhäufen. Mr. Edison nähert sich gerade erst dem Höhepunkt seiner Macht. Er ist der Mann, der uns zeigen wird, was die Chemie wirklich leisten kann. Denn er ist ein echter Wissenschaftler, der das Wissen, nach dem er immer sucht, als Werkzeug betrachtet, um den Fortschritt der Welt zu gestalten. Er ist nicht der Typ Wissenschaftler, der bloß Wissen anhäuft und seinen Kopf in ein Museum verwandelt. Edison ist bei weitem der größte Wissenschaftler der Welt. Ich bin mir nicht sicher, ob er nicht auch der schlechteste Geschäftsmann der Welt ist. Er versteht fast nichts von Geschäften.

John Burroughs war ein weiterer von denen, die mich mit ihrer Freundschaft beehrten . Ich mag auch Vögel. Ich bin gern im Freien. Ich gehe gern über Land und springe über Zäune. Wir haben fünfhundert Vogelhäuser auf der Farm. Wir nennen sie unsere Vogelhotels, und eines davon, das Hotel Pontchartrain – ein Schwalbenhaus – hat sechsundsiebzig Wohnungen. Den ganzen Winter über hängen Drahtkörbe mit Futter an den Bäumen herum, und dann gibt es da noch ein großes Becken, in dem das Wasser durch eine elektrische Heizung vor dem Gefrieren bewahrt wird. Sommer wie Winter stehen den Vögeln Futter, Wasser und Unterschlupf zur Verfügung. Wir haben Fasane und Wachteln in Brutkästen ausgebrütet und sie dann in elektrische Brutkästen gegeben. Wir haben alle möglichen Vogelhäuser und Nester. Die Spatzen, die Gastfreundschaft sehr missbrauchen, bestehen darauf, dass ihre Nester unbeweglich sind – dass sie nicht im Wind schwanken; die Zaunkönige mögen schwankende Nester. Also haben wir eine Reihe von Zaunkönigkästen auf Federstahlstreifen montiert, damit sie im Wind schwanken. Den Zaunkönigen gefiel die Idee, den Spatzen nicht, und so konnten wir die Zaunkönige in Ruhe nisten lassen. Im Sommer lassen wir Kirschen an den Bäumen und Erdbeeren in den Beeten offen, und ich glaube, wir haben nicht nur mehr, sondern auch mehr verschiedene Arten von Vogelrufern als irgendwo sonst in den nördlichen Staaten. John Burroughs meinte, er glaube, wir hätten welche, und als er eines Tages bei uns zu Besuch war, stieß er auf einen Vogel, den er noch nie zuvor gesehen hatte.

Vor etwa zehn Jahren importierten wir eine große Zahl Vögel aus dem Ausland – Goldammern, Buchfinken, Grünfinken, Rotkehlchen,

Berghänflinge , Gimpel, Eichelhäher, Hänflinge, Lerchen — etwa fünfhundert. Sie blieben eine Weile hier, aber wo sie jetzt sind, weiß ich nicht. Ich werde keine weiteren importieren. Vögel haben das Recht, dort zu leben, wo sie leben möchten.

Vögel sind die besten Gefährten. Wir brauchen sie wegen ihrer Schönheit und Gesellschaft, und wir brauchen sie auch aus dem rein wirtschaftlichen Grund, dass sie schädliche Insekten vernichten. Das einzige Mal, dass ich die Ford-Organisation jemals genutzt habe, um Einfluss auf die Gesetzgebung zu nehmen, war im Interesse der Vögel, und ich denke, der Zweck heiligte die Mittel. Der Weeks-McLean Bird Bill, der Vogelschutzgebiete für unsere Zugvögel vorsieht, hing im Kongress und hatte alle Wahrscheinlichkeit, eines natürlichen Todes zu sterben. Seine unmittelbaren Sponsoren konnten bei den Kongressabgeordneten kein großes Interesse wecken. Vögel haben kein Stimmrecht. Wir unterstützten diesen Gesetzentwurf und baten jeden unserer sechstausend Händler, seinem Vertreter im Kongress ein Telegramm zu schicken. Es wurde allmählich klar, dass Vögel Stimmrechte haben könnten; der Gesetzentwurf wurde angenommen. Unsere Organisation wurde nie für politische Zwecke missbraucht und wird es auch nie werden. Wir gehen davon aus, dass unsere Leute ein Recht auf ihre eigenen Vorlieben haben.

Um auf John Burroughs zurückzukommen. Natürlich wusste ich, wer er war, und ich hatte fast alles gelesen, was er geschrieben hatte, aber ich hatte nie daran gedacht, ihn zu treffen, bis er vor einigen Jahren einen Groll gegen den modernen Fortschritt entwickelte. Er verabscheute Geld und besonders verabscheute er die Macht, die Geld vulgären Menschen verleiht, die schöne Landschaft zu verwüsten. Er begann die Industrie, mit der Geld gemacht wird, zu hassen. Er mochte den Lärm von Fabriken und Eisenbahnen nicht. Er kritisierte den industriellen Fortschritt und erklärte, das Automobil werde die Wertschätzung der Natur zerstören. Ich war grundsätzlich anderer Meinung als er. Ich dachte, seine Gefühle hätten ihn auf die falsche Spur geführt , und so schickte ich ihm ein Automobil mit der Bitte, es auszuprobieren und selbst herauszufinden, ob es ihm nicht helfen würde, die Natur besser kennenzulernen. Dieses Automobil — und es dauerte einige Zeit, bis er lernte, es selbst zu bedienen — veränderte seine Sichtweise völlig. Er stellte fest, dass es ihm half, mehr zu sehen, und seit er es bekam, unternahm er fast alle seine Vogeljagdexpeditionen hinter dem Lenkrad. Er erfuhr, dass ihm die ganze Landschaft offen stand, statt sich auf ein paar Meilen rund um Slabsides beschränken zu müssen.

Aus diesem Automobil erwuchs unsere Freundschaft, und es war eine schöne. Niemand konnte anders, als sich besser zu fühlen, John Burroughs zu kennen. Er war kein professioneller Naturforscher, noch ließ er Sentimentalität mit harter Forschung gleichsetzen. Es ist leicht, draußen sentimental zu werden; es ist schwer, der Wahrheit über einen Vogel auf dieselbe Weise nachzugehen wie einem mechanischen Prinzip. Aber John Burroughs tat dies, und infolgedessen waren die Beobachtungen, die er niederschrieb, größtenteils genau. Er war ungeduldig mit Männern, die in ihren Beobachtungen des natürlichen Lebens nicht genau waren. John Burroughs liebte die Natur zunächst um ihrer selbst willen; sie war nicht nur sein Stoffvorrat als professioneller Schriftsteller. Er liebte sie, bevor er über sie schrieb.

Spät im Leben wurde er Philosoph. Seine Philosophie war weniger eine Naturphilosophie als vielmehr eine Naturphilosophie – die langen, heiteren Gedanken eines Mannes, der im ruhigen Geist der Bäume gelebt hatte. Er war kein Heide; er war kein Pantheist; aber er machte keine großen Unterschiede zwischen Natur und menschlicher Natur, noch zwischen menschlicher Natur und göttlicher. John Burroughs führte ein erfülltes Leben. Er hatte das Glück, auf der Farm, auf der er geboren wurde, zu Hause zu sein. Lange Jahre lang war seine Umgebung so, dass sie ihm einen ruhigen Geist bescherte. Er liebte die Wälder und brachte auch staubige Stadtmenschen dazu, sie zu lieben – er half ihnen, zu sehen, was er sah. Mehr als seinen Lebensunterhalt verdiente er nicht. Er hätte das vielleicht tun können, aber das war nicht sein Ziel. Wie bei einem anderen amerikanischen Naturforscher hätte man seinen Beruf als Inspektor von Vogelnestern und Bergpfaden beschreiben können. Natürlich zahlt man sich damit nicht in Dollar und Cent aus.

Als er die 70 Jahre hinter sich hatte, änderte er seine Ansichten über die Industrie. Vielleicht hatte ich etwas damit zu tun. Er erkannte, dass die ganze Welt nicht von der Jagd nach Vogelnestern leben konnte. Eine Zeit lang hatte er einen Groll gegen jeden modernen Fortschritt, besonders wenn er mit dem Verbrennen von Kohle und dem Lärm des Verkehrs verbunden war. Vielleicht kam er damit literarischer Affektiertheit so nahe, wie er es nur konnte. Auch Wordsworth mochte Eisenbahnen nicht, und Thoreau sagte, er könne zu Fuß mehr vom Land sehen. Vielleicht waren es Einflüsse wie diese, die John Burroughs eine Zeit lang gegen den industriellen Fortschritt aufbrachten. Aber nur eine Zeit lang. Er erkannte, dass es für ihn ein Glück war, dass die Geschmäcker anderer in andere Bahnen liefen, so wie es für die Welt ein Glück war, dass sein Geschmack in seine eigenen Bahnen lief. Seit Beginn der aufgezeichneten Beobachtung hat es keine erkennbare Entwicklung in der Methode des Vogelnestbaus gegeben, aber das war kaum ein Grund, warum Menschen moderne, hygienische Häuser nicht Höhlenwohnungen vorziehen sollten. Dies war ein Teil von John Burroughs' Geisteszustand – er hatte keine Angst, seine Ansichten zu ändern. Er war ein Liebhaber der Natur, nicht ihr zum Opfer gefallen. Im Laufe der Zeit lernte er, moderne Geräte zu schätzen und zu billigen, und obwohl dies an sich schon eine interessante Tatsache ist, ist es nicht so interessant wie die Tatsache, dass er diese Veränderung erst mit siebzig Jahren vornahm. John Burroughs war nie zu alt für Veränderungen. Er wuchs bis zuletzt. Der Mann, der zu sehr auf Veränderungen fixiert ist, ist bereits tot. Die Beerdigung ist nur noch ein Detail.

Wenn er mehr über eine Person als über eine andere sprach, dann war es Emerson. Er kannte Emerson nicht nur als Autor auswendig, sondern auch als Geist. Er lehrte mich, Emerson kennenzulernen. Er war so sehr von Emerson durchdrungen, dass er eine Zeit lang so dachte wie er und sogar seine Ausdrucksweise übernahm. Aber später fand er seinen eigenen Weg – der für ihn besser war.

John Burroughs' Tod war nicht traurig. Wenn das Korn braun und reif in der Erntesonne liegt und die Erntehelfer damit beschäftigt sind, es zu Garben zu binden, gibt es keine Trauer um das Korn. Es ist gereift und hat seine Frist erfüllt, und das war auch bei John Burroughs der Fall. Bei ihm war es volle Reife und Ernte, kein Verfall. Er arbeitete fast bis zum Ende. Seine Pläne reichten über das Ende hinaus. Sie begruben ihn inmitten der Orte, die er liebte, und es war sein vierundachtzigster Geburtstag. Diese Orte werden so erhalten bleiben, wie er sie liebte.

John Burroughs, Edison und ich machten zusammen mit Harvey S. Firestone mehrere Vagabundenreisen. Wir reisten in Wohnmobilen und schliefen unter Zeltplanen. Einmal reisten wir wie Zigeuner durch die Adirondacks und dann wieder durch die Alleghenies Richtung Süden. Die Reisen machten viel Spaß – nur dass sie allmählich zu viel Aufmerksamkeit erregten.

* * * * *

Heute bin ich kriegsfeindlicher als je zuvor, und ich glaube, die Menschen auf der Welt wissen – auch wenn die Politiker es nicht wissen –, dass Krieg niemals etwas regelt. Erst der Krieg hat die geordneten und gewinnbringenden Prozesse der Welt zu dem gemacht, was sie heute sind – eine lose, unzusammenhängende Masse. Natürlich werden manche Menschen durch den Krieg reich, andere werden arm. Aber die Menschen, die reich werden, sind nicht diejenigen, die gekämpft haben oder hinter den Linien wirklich geholfen haben. Kein Patriot verdient Geld durch den Krieg. Kein Mensch mit wahrem Patriotismus könnte Geld durch den Krieg verdienen – durch das Opfer anderer Menschenleben. Solange der Soldat nicht Geld verdient, indem er kämpft, solange Mütter nicht Geld verdienen, indem sie ihre Söhne dem Tod überlassen – solange sollte kein Bürger Geld damit verdienen, seinem Land die Mittel zur Verfügung zu stellen, um sein Leben zu erhalten.

Wenn die Kriege weitergehen, wird es für den ehrlichen Geschäftsmann immer schwieriger, den Krieg als legitimes Mittel zu hohen und schnellen Profiten zu betrachten. Kriegsgewinne verlieren täglich an Bedeutung. Sogar die Gier wird eines Tages angesichts der überwältigenden Unbeliebtheit und Opposition, die den Kriegsgewinnlern entgegenschlägt, zögern. Die Wirtschaft sollte auf der Seite des Friedens stehen, denn Frieden ist das beste Kapital der Wirtschaft.

Und war der Erfindergeist überhaupt jemals so unfruchtbar wie während des Krieges?

Eine unparteiische Untersuchung des letzten Krieges, dessen, was ihm vorausging und was aus ihm hervorging, würde zweifelsfrei zeigen, dass es auf der Welt eine Gruppe von Männern mit enormen Machtbefugnissen gibt, die es vorzieht, unbekannt zu bleiben, die weder ein Amt noch ein Zeichen von Macht anstrebt, die keiner Nation angehört, sondern international ist — eine Kraft, die jede Regierung, jede weitverbreitete Wirtschaftsorganisation, jede Werbeagentur, jede Ressource nationaler Psychologie nutzt, um die Welt in Panik zu versetzen, um noch mehr Macht über die Welt zu erlangen. Ein alter Glücksspieltrick bestand darin, dass der Spieler „Polizei!" rief, wenn viel Geld auf dem Tisch lag, und in der darauf folgenden Panik das Geld ergriff und damit davonrannte. Es gibt eine Macht in der Welt, die „Krieg!" schreit, und in der Verwirrung der Nationen rennt das hemmungslose Opfer, das die Menschen für Sicherheit und Frieden bringen, mit der Beute der Panik davon.

Man sollte bedenken, dass die Welt, obwohl wir den militärischen Kampf gewonnen haben, noch keinen vollständigen Sieg über die Kriegstreiber errungen hat. Wir sollten nicht vergessen, dass Kriege ein rein künstlich geschaffenes Übel sind und nach einer bestimmten Technik geführt werden. Eine Kampagne für den Krieg wird nach ebenso bestimmten Richtlinien geführt wie eine Kampagne für jeden anderen Zweck. Zuerst wird das Volk manipuliert. Durch geschickte Geschichten wird das Misstrauen des Volkes gegenüber der Nation geweckt, gegen die der Krieg angestrebt wird. Machen Sie die Nation misstrauisch; machen Sie die andere Nation misstrauisch. Alles, was Sie dazu brauchen, sind ein paar Agenten mit etwas Geschick und ohne Gewissen und eine Presse, deren Interessen mit den Interessen verbunden sind, die vom Krieg profitieren. Dann wird die „offene Tat" bald erscheinen. Es ist überhaupt kein Trick, eine „offene Tat" herbeizuführen, wenn Sie den Hass zweier Nationen erst einmal auf das richtige Niveau gebracht haben.

In jedem Land gab es Männer, die froh waren, als der Weltkrieg begann, und traurig, als er zu Ende ging. Hunderte amerikanischer Vermögen stammen aus dem Bürgerkrieg; Tausende neuer Vermögen stammen aus dem

Weltkrieg. Niemand kann leugnen, dass der Krieg ein lukratives Geschäft für diejenigen ist, die diese Art von Geld mögen. Krieg ist eine Orgie des Geldes, genau wie er eine Orgie des Blutes ist.

Und wir würden uns nicht so leicht in einen Krieg treiben lassen, wenn wir bedenken würden, was eine Nation wirklich groß macht. Es ist nicht das Ausmaß des Handels, das eine Nation groß macht. Die Schaffung privater Vermögen macht kein Land groß, ebenso wenig wie die Schaffung einer Autokratie. Ebenso wenig macht es die bloße Umwandlung einer landwirtschaftlichen Bevölkerung in eine Fabrikbevölkerung groß. Ein Land wird groß, wenn durch die kluge Nutzung seiner Ressourcen und die Fähigkeiten seiner Menschen das Eigentum weiträumig und gerecht verteilt ist.

Der Außenhandel ist voller Wahnvorstellungen. Wir sollten uns wünschen, dass jede Nation so viel Selbstversorgung wie möglich erbringt. Statt sie in Bezug auf das, was wir herstellen, von uns abhängig zu machen, sollten wir uns wünschen, dass sie lernen, selbst zu produzieren und eine solide Zivilisation aufzubauen. Wenn jede Nation lernt, die Dinge herzustellen, die sie herstellen kann, werden wir in der Lage sein, uns gegenseitig auf der Grundlage jener speziellen Weisen zu dienen, auf denen es keinen Wettbewerb geben kann. Die nördliche gemäßigte Zone wird niemals in der Lage sein, mit den Tropen bei den speziellen Produkten der Tropen zu konkurrieren. Unser Land wird niemals mit dem Orient bei der Teeproduktion oder mit dem Süden bei der Gummiproduktion konkurrieren können.

Ein großer Teil unseres Außenhandels beruht auf der Rückständigkeit unserer ausländischen Kunden. Egoismus ist ein Motiv, das diese Rückständigkeit aufrechterhalten würde. Menschlichkeit ist ein Motiv, das den rückständigen Nationen zu einer selbsttragenden Basis verhelfen würde. Nehmen wir zum Beispiel Mexiko. Wir haben viel über die „Entwicklung" Mexikos gehört. Ausbeutung ist das Wort, das man stattdessen verwenden sollte. Wenn seine reichen natürlichen Ressourcen zur Vermehrung des Privatvermögens ausländischer Kapitalisten ausgebeutet werden, ist das keine Entwicklung, sondern eine Vergewaltigung. Man kann Mexiko nie entwickeln, solange man nicht das mexikanische Volk entwickelt. Und doch, wie viel von der „Entwicklung" Mexikos durch ausländische Ausbeuter wurde jemals der Entwicklung seines Volkes Rechnung getragen? Der mexikanische Peon wurde als bloßer Brennstoff für die ausländischen Geldmacher betrachtet. Der Außenhandel war seine Erniedrigung.

Kurzsichtige Menschen haben Angst vor solchen Ratschlägen. Sie sagen: „Was würde aus unserem Außenhandel werden?"

Wenn die Eingeborenen Afrikas anfangen, ihre eigene Baumwolle anzubauen, die Eingeborenen Russlands anfangen, ihre eigenen landwirtschaftlichen Geräte herzustellen, und die Eingeborenen Chinas anfangen, ihren Bedarf selbst zu decken, wird das sicherlich einen Unterschied machen, aber kann sich irgendein nachdenklicher Mensch vorstellen, dass die Welt auf der gegenwärtigen Grundlage, dass einige wenige Nationen den Bedarf der Welt decken, noch lange weiterbestehen kann? Wir müssen uns vorstellen, wie die Welt aussehen wird, wenn die Zivilisation sich allgemein durchgesetzt hat, wenn alle Völker gelernt haben, sich selbst zu helfen.

Wenn ein Land verrückt nach Außenhandel ist, ist es in der Regel von anderen Ländern abhängig, was seine Rohstoffe angeht, macht seine Bevölkerung zu Fabrikfutter, schafft eine private Klasse von Reichen und vernachlässigt seine eigenen unmittelbaren Interessen. Hier in den Vereinigten Staaten haben wir genug Arbeit mit der Entwicklung unseres eigenen Landes zu tun, um uns für lange Zeit von der Notwendigkeit zu befreien, nach Außenhandel zu suchen. Wir haben genug Landwirtschaft, um uns zu ernähren, während wir dies tun, und genug Geld, um die Arbeit zu erledigen. Gibt es etwas Dümmeres, als dass die Vereinigten Staaten untätig herumstehen, weil Japan oder Frankreich oder irgendein anderes Land uns keinen Auftrag geschickt hat, während uns eine hundertjährige Arbeit mit der Entwicklung unseres eigenen Landes bevorsteht?

Der Handel begann im Dienste. Die Menschen brachten ihren Überschuss zu den Menschen, die keinen hatten. Das Land, das Mais anbaute, brachte ihn in das Land, das keinen Mais anbauen konnte. Das Holzland brachte Holz in die baumlose Ebene. Das Weinbauland brachte Obst in die kalten nördlichen Gefilde. Das Weideland brachte Fleisch in die graslose Region. Es war alles Dienst. Wenn alle Völker der Welt die Kunst der Selbstversorgung entwickelt haben, wird der Handel auf diese Grundlage zurückkehren. Das Geschäft wird wieder zum Dienst. Es wird keinen Wettbewerb geben, weil die Grundlage des Wettbewerbs verschwunden sein wird. Die verschiedenen Völker werden Fähigkeiten entwickeln, die den Charakter von Monopolen haben und nicht wettbewerbsorientiert sind. Von Anfang an haben die Rassen unterschiedliche Arten von Genialität gezeigt: die eine für die Regierung, die andere für die Kolonisierung, die andere für das Meer, die andere für Kunst und Musik, die andere für die Landwirtschaft, die andere für das Geschäft und so weiter. Lincoln sagte, diese Nation könne nicht halb Sklave und halb Freiheit überleben. Die Menschheit kann nicht ewig halb Ausbeuter und halb Ausgebeuteter existieren. Solange wir nicht gleichermaßen Käufer und Verkäufer, Produzenten und Konsumenten werden und nicht den Profit, sondern den Service im Auge behalten, werden die Verhältnisse turbulent.

Frankreich hat der Welt etwas zu bieten, das ihm keine Konkurrenz vorenthalten kann. Dasselbe gilt für Italien. Dasselbe für Russland. Dasselbe für die Länder Südamerikas. Dasselbe für Japan. Dasselbe für Großbritannien. Dasselbe für die Vereinigten Staaten. Je eher wir zu einer Basis natürlicher Besonderheiten zurückkehren und dieses System des wahllosen Raubes aufgeben, desto eher werden wir uns des internationalen Selbstrespekts – und des internationalen Friedens – sicher sein können. Der Versuch, den Welthandel an sich zu reißen, kann Kriege fördern. Er kann jedoch keinen Wohlstand fördern. Eines Tages werden sogar die internationalen Bankiers dies lernen.

Ich konnte nie ehrenhafte Gründe für den Beginn des Weltkrieges entdecken. Er scheint aus einer sehr komplizierten Situation entstanden zu sein, die größtenteils von jenen geschaffen wurde, die glaubten, sie könnten vom Krieg profitieren. Aufgrund der Informationen, die ich 1916 erhielt, glaubte ich, dass einige Nationen sich nach Frieden sehnten und eine Demonstration für den Frieden begrüßen würden. In der Hoffnung, dass dies zutraf, finanzierte ich die Expedition nach Stockholm mit dem Schiff, das seither als „Friedensschiff" bezeichnet wird. Ich bereue den Versuch nicht. Die bloße Tatsache, dass er scheiterte, ist für mich kein schlüssiger Beweis dafür, dass es sich nicht gelohnt hat, ihn zu versuchen. Wir lernen mehr aus unseren Fehlern als aus unseren Erfolgen. Was ich auf dieser Reise gelernt habe, war die aufgewendete Zeit und das Geld wert. Ich weiß heute nicht, ob die Informationen, die ich erhielt, wahr oder falsch waren. Das ist mir egal. Aber ich denke, jeder wird zustimmen, dass es der Welt besser gehen würde als heute, wenn es möglich gewesen wäre, den Krieg 1916 zu beenden.

ehrenhaften oder unehrenhaften Vorteil . Als die Vereinigten Staaten in den Krieg eintraten, hatte ich gehofft, dass es ein Krieg sein würde, der Kriege beendet, aber jetzt weiß ich, dass Kriege Kriege nicht mehr beenden, als ein außergewöhnlich großer Brand die Brandgefahr beseitigt. Als unser Land in den Krieg eintrat, wurde es zur Pflicht eines jeden Bürgers, sein Möglichstes zu tun, um das, was wir unternommen hatten, bis zum Ende durchzuziehen. Ich glaube, dass es die Pflicht des Mannes ist, der den Krieg ablehnt, sich bis zu seiner tatsächlichen Kriegserklärung gegen den Krieg zu stellen. Meine Ablehnung des Krieges beruht nicht auf pazifistischen oder widerstandslosen Prinzipien. Es mag sein, dass der gegenwärtige Zustand der Zivilisation so ist, dass bestimmte internationale Fragen nicht diskutiert werden können; es mag sein, dass sie ausgefochten werden müssen. Aber das Kämpfen klärt die Frage nie. Es bringt die Teilnehmer nur in eine Geisteshaltung, in der sie zustimmen, das zu diskutieren, worüber sie gekämpft haben.

Als wir im Krieg waren, wurde jede Einrichtung der Ford-Industrie der Regierung zur Verfügung gestellt. Bis zur Kriegserklärung hatten wir uns strikt geweigert, Kriegsaufträge von ausländischen Kriegsparteien anzunehmen. Es widerspricht völlig den Grundsätzen unseres Geschäfts, die Routine unserer Produktion zu stören, es sei denn, es liegt ein Notfall vor. Es widerspricht unseren menschlichen Grundsätzen, einer der beiden Seiten in einem Krieg zu helfen, in den unser Land nicht verwickelt ist. Diese Grundsätze fanden keine Anwendung, als die Vereinigten Staaten in den Krieg eintraten. Von April 1917 bis November 1918 arbeitete unsere Fabrik praktisch ausschließlich für die Regierung. Natürlich stellten wir als Teil unserer allgemeinen Produktion Autos und Teile sowie spezielle Lieferwagen und Krankenwagen her, aber wir stellten auch viele andere Artikel her, die für uns mehr oder weniger neu waren. Wir stellten 2 1/2-Tonnen- und 6-Tonnen-Lastwagen her. Wir stellten Liberty-Motoren in großen Mengen her, Aero-Zylinder, 1,55-Millimeter- und 4,7-Millimeter-Caissons. Wir stellten Abhörgeräte, Stahlhelme (sowohl in Highland Park als auch in Philadelphia) und Eagle Boats her und führten umfangreiche Versuchsarbeiten an Panzerplatten , Kompensatoren und Körperpanzerungen durch . Für die Eagle Boats errichteten wir eigens auf dem River Rouge-Gelände eine Fabrik. Diese Boote waren für den Kampf gegen U-Boote konzipiert. Sie waren 204 Fuß lang und aus Stahl gefertigt , und eine der Voraussetzungen für ihren Bau war, dass ihre Konstruktion keine andere Kriegsproduktion beeinträchtigen durfte und sie schnell geliefert werden konnten. Der Entwurf wurde vom Marineministerium ausgearbeitet. Am 22. Dezember 1917 bot ich an, die Boote für die Marine zu bauen. Die Diskussion endete am 15. Januar 1918, als das Marineministerium den Auftrag an die Ford Company vergab. Am 11. Juli wurde das erste fertige Boot vom Stapel gelassen. Wir stellten sowohl die Rümpfe als auch die Motoren her und außer für den Motor wurden für die Konstruktion weder Schmiedestücke noch Walzbalken verwendet. Wir stanzten die Rümpfe vollständig aus Stahlblech. Sie wurden in Innenräumen gebaut. In vier Monaten errichteten wir am River Rouge ein Gebäude, das eine halbe Meile lang, 350 Fuß breit und 100 Fuß hoch war und mehr als 13 Morgen Land bedeckte. Diese Boote wurden nicht von Schiffsbauingenieuren gebaut. Sie wurden einfach dadurch gebaut, dass wir unsere Produktionsprinzipien auf ein neues Produkt anwandten.

Mit dem Waffenstillstand beendeten wir sofort den Krieg und kehrten zum Frieden zurück.

* * * * *

Ein fähiger Mensch ist ein Mensch, der Dinge tun kann, und seine Fähigkeit, Dinge zu tun, hängt davon ab, was in ihm steckt. Was in ihm steckt, hängt davon ab, womit er angefangen hat und was er getan hat, um es zu steigern und zu disziplinieren.

Ein gebildeter Mensch ist nicht jemand, dessen Gedächtnis darauf trainiert ist, sich ein paar Daten aus der Geschichte zu merken – er ist jemand, der Dinge vollbringen kann. Ein Mensch, der nicht denken kann, ist kein gebildeter Mensch, egal wie viele Hochschulabschlüsse er erworben haben mag. Denken ist die härteste Arbeit, die man verrichten kann – was wahrscheinlich der Grund ist, warum wir so wenige Denker haben. Es gibt zwei Extreme, die es zu vermeiden gilt: das eine ist die Haltung der Verachtung gegenüber der Bildung, das andere ist der tragische Snobismus, anzunehmen, dass das Durchlaufen eines Bildungssystems ein sicheres Heilmittel gegen Unwissenheit und Mittelmäßigkeit ist. Man kann in keiner Schule lernen, was die Welt im nächsten Jahr tun wird, aber man kann einige der Dinge lernen, die die Welt in früheren Jahren versucht hat zu tun, und wo sie gescheitert ist und wo sie erfolgreich war. Wenn Bildung darin bestünde, den jungen Studenten vor einigen der falschen Theorien zu warnen, auf denen die Menschen aufzubauen versucht haben, damit er sich den Zeitverlust erspart, dies durch bittere Erfahrung herauszufinden, wäre ihr Nutzen unbestritten. Eine Ausbildung, die aus Wegweisern besteht, die auf die Fehler und Irrtümer der Vergangenheit hinweisen, wäre zweifellos sehr nützlich. Es ist keine Ausbildung, nur die Theorien vieler Professoren zu kennen. Spekulationen sind sehr interessant und manchmal auch gewinnbringend, aber sie sind keine Ausbildung. Heutzutage in der Wissenschaft gebildet zu sein bedeutet lediglich, hundert Theorien zu kennen, die nicht bewiesen wurden. Und diese Theorien nicht zu kennen, bedeutet, „ungebildet", „unwissend" usw. zu sein. Wenn das Wissen über Vermutungen Lernen ist, dann kann man durch das einfache Mittel, seine eigenen Vermutungen anzustellen, gebildet werden. Und aus demselben Grund kann man den Rest der Welt als „unwissend" bezeichnen, weil er seine Vermutungen nicht kennt. Aber das Beste, was Bildung für einen Menschen tun kann, ist, ihn in den Besitz seiner Kräfte zu bringen, ihm die Kontrolle über die Werkzeuge zu geben, mit denen ihn das Schicksal ausgestattet hat , und ihm beizubringen, wie man denkt. Das College leistet seine besten Dienste als intellektuelles Fitnessstudio, in dem die geistigen Muskeln entwickelt und der Student gestärkt wird, um zu tun, was er kann. Die Behauptung, man könne sich nur auf dem College geistig fit halten, ist jedoch falsch, wie jeder Pädagoge weiß. Die wahre Bildung eines Menschen beginnt, nachdem er die Schule verlassen hat. Wahre Bildung erlangt man durch die Disziplin des Lebens.

Es gibt viele Arten von Wissen, und es hängt davon ab, in welchem Kreis man sich gerade befindet oder wie die Moden des Tages gerade laufen, welche Art von Wissen gerade am meisten respektiert wird. Es gibt Moden im Wissen, genau wie in allem anderen. Als einige von uns noch Jungs waren, beschränkte sich das Wissen auf die Bibel. Es gab bestimmte Männer in der Nachbarschaft , die das Buch gründlich kannten, und sie wurden bewundert und respektiert. Bibelkenntnisse wurden damals hoch geschätzt. Aber heutzutage ist es fraglich, ob eine tiefe Kenntnis der Bibel ausreicht, um einem Mann einen Ruf als Gelehrter zu verschaffen.

Wissen ist meiner Meinung nach etwas, das jemand in der Vergangenheit wusste und in einer Form hinterlassen hat, die es jedem ermöglicht, es zu erlangen, der es möchte. Wenn ein Mensch mit normalen menschlichen Fähigkeiten geboren wird, wenn er mit genügend Fähigkeiten ausgestattet ist, um die Werkzeuge zu verwenden, die wir „Buchstaben" beim Lesen oder Schreiben nennen, gibt es kein Wissen im Besitz der Rasse, das er nicht haben kann – wenn er es will! Der einzige Grund, warum nicht jeder Mensch alles weiß, was der menschliche Geist jemals gelernt hat, ist, dass noch niemand es für lohnenswert befunden hat , so viel zu wissen. Menschen befriedigen ihren Geist mehr, indem sie Dinge selbst herausfinden, als indem sie Dinge anhäufen, die jemand anderes herausgefunden hat. Sie können Ihr ganzes Leben lang hinausgehen und Wissen sammeln, und trotz all Ihrer Ansammlung werden Sie nicht einmal mit Ihrer eigenen Zeit mithalten können. Sie können Ihren Kopf mit allen „Fakten" aller Zeiten füllen, und Ihr Kopf kann nur eine überladene Faktenbox sein, wenn Sie damit fertig sind. Der Punkt ist dieser: Große Wissenshaufen im Kopf sind nicht dasselbe wie geistige Aktivität. Ein Mensch kann sehr gelehrt und sehr nutzlos sein. Andererseits kann ein Mensch auch ungebildet und dennoch sehr nützlich sein.

Das Ziel der Bildung besteht nicht darin, den Geist eines Menschen mit Fakten zu füllen, sondern ihm beizubringen, wie er seinen Verstand zum Denken einsetzen kann. Und es kommt oft vor, dass ein Mensch besser denken kann, wenn er nicht durch das Wissen aus der Vergangenheit behindert wird.

Es ist eine sehr menschliche Tendenz zu denken, dass die Menschheit nichts lernen kann, was sie noch nicht weiß. Und doch muss jedem vollkommen klar sein, dass das bisherige Wissen der Menschheit unser zukünftiges Lernen nicht behindern darf. Die Menschheit ist noch nicht sehr weit gekommen, wenn man ihren Fortschritt an dem Wissen misst, das sie noch erlangen muss – den Geheimnissen, die sie noch lernen muss.

Eine gute Methode, den Fortschritt zu behindern, besteht darin, den Kopf eines Menschen mit dem gesamten Wissen der Vergangenheit zu füllen. Dadurch bekommt er das Gefühl, dass er nichts mehr zu lernen hat, weil sein Kopf voll ist. Das bloße Sammeln von Wissen kann die nutzloseste Arbeit sein, die ein Mensch tun kann. Was können Sie tun, um der Welt zu helfen und sie zu heilen? Das ist der Bildungstest. Wenn ein Mensch seine eigenen Ziele erreichen kann, zählt er als einer. Wenn er zehn oder hundert oder tausend anderen Menschen helfen kann, ihre Ziele zu erreichen, zählt er als mehr. Er mag in vielen Dingen, die in den Bereich des Gedruckten fallen, ziemlich eingerostet sein, aber er ist trotzdem ein gelehrter Mann. Wenn ein Mann sein eigenes Gebiet beherrscht, was auch immer es sein mag, hat er seinen Abschluss gemacht – er hat das Reich der Weisheit betreten.

* * * * *

Das Werk, das wir als Studien zur Judenfrage bezeichnen und das von seinen Gegnern verschiedentlich als „der Judenfeldzug", „der Angriff auf die Juden", „der antisemitische Pogrom" usw. beschrieben wird, bedarf keiner Erklärung für diejenigen, die es verfolgt haben. Seine Motive und Ziele müssen anhand des Werks selbst beurteilt werden. Es wird als Beitrag zu einer Frage angeboten, die das Land zutiefst betrifft, einer Frage, die im Grunde rassistischer Natur ist und die eher Einflüsse und Ideale als Personen betrifft. Unsere Aussagen müssen von aufrichtigen Lesern beurteilt werden, die intelligent genug sind, unsere Worte dem Leben gegenüberzustellen, so wie sie es beobachten können. Wenn unsere Worte und ihre Beobachtung übereinstimmen, ist der Fall erledigt. Es ist völlig albern, uns zu verdammen, bevor bewiesen ist, dass unsere Aussagen unbegründet oder rücksichtslos sind. Der erste Punkt, der berücksichtigt werden muss, ist die Wahrheit dessen, was wir dargelegt haben. Und genau das ist der Punkt, den unsere Kritiker gerne umgehen.

Die Leser unserer Artikel werden sofort erkennen, dass wir nicht von Vorurteilen getrieben sind, es sei denn, es handelt sich um Vorurteile zugunsten der Prinzipien, die unsere Zivilisation ausmachen. In diesem Land waren gewisse Einflussströme zu beobachten, die eine deutliche Verschlechterung unserer Literatur, unserer Unterhaltungen und unseres gesellschaftlichen Verhaltens verursachten; die Wirtschaft verlor ihre alte solide Solidität; überall war ein allgemeiner Rückgang der Standards zu spüren. Es war nicht die robuste Grobheit des weißen Mannes, die grobe Unhöflichkeit etwa von Shakespeares Charakteren, sondern ein übler Orientalismus, der heimtückisch jeden Ausdruckskanal beeinflusst hat – und zwar in einem solchen Ausmaß, dass es an der Zeit war, ihn zu bekämpfen. Die Tatsache, dass diese Einflüsse alle auf eine rassische Quelle zurückzuführen sind, ist eine Tatsache, mit der nicht nur wir, sondern auch die intelligenten Menschen der betreffenden Rasse rechnen müssen. Es ist ihnen durchaus hoch anzurechnen, dass sie Schritte unternommen haben, um den eklatantesten Verstößen gegen die amerikanische Gastfreundschaft ihren Schutz zu entziehen. Dennoch besteht immer noch die Möglichkeit, überholte Vorstellungen rassischer Überlegenheit aufzugeben, die durch einen wirtschaftlichen oder intellektuell subversiven Krieg gegen die christliche Gesellschaft aufrechterhalten werden.

Unsere Arbeit erhebt nicht den Anspruch, das letzte Wort über die Juden in Amerika zu sagen. Sie sagt nur das Wort, das seinen offensichtlichen gegenwärtigen Einfluss auf das Land beschreibt. Wenn sich dieser Einfluss ändert, kann sich auch die Berichterstattung darüber ändern. Im Augenblick liegt die Frage also ganz in den Händen der Juden. Wenn sie so weise sind, wie sie behaupten, werden sie sich bemühen , die Juden zu Amerikanern zu machen, anstatt sich darum zu bemühen , Amerika jüdisch zu machen. Der Geist der Vereinigten Staaten von Amerika ist im weitesten Sinne christlich, und es ist ihr Schicksal, christlich zu bleiben. Dies hat keine sektiererische Bedeutung, sondern bezieht sich auf ein Grundprinzip, das sich von anderen Prinzipien dadurch unterscheidet, dass es Freiheit mit Moral verbindet und die Gesellschaft auf einen Verhaltenskodex verpflichtet, der auf grundlegenden christlichen Vorstellungen von Menschenrechten und -pflichten beruht.

Was Vorurteile oder Hass gegen Personen angeht, so ist das weder amerikanisch noch christlich. Wir wenden uns nur gegen Ideen, falsche Ideen, die die moralische Ausdauer der Menschen untergraben. Diese Ideen haben leicht identifizierbare Quellen, sie werden durch leicht erkennbare Methoden verbreitet und sie werden durch bloße Enthüllung kontrolliert. Wir haben einfach die Methode der Enthüllung verwendet. Wenn die Menschen lernen, die Quelle und die Natur des Einflusses zu identifizieren, der sie umgibt, ist das ausreichend. Wenn das amerikanische Volk erst einmal versteht, dass es nicht natürliche Degeneration ist, sondern kalkulierte Subversion, die uns plagt, dann sind sie sicher. Die Erklärung ist die Heilung.

Diese Arbeit wurde ohne persönliche Motive aufgenommen. Als wir ein Stadium erreicht hatten, in dem wir glaubten, das amerikanische Volk könne den Schlüssel begreifen, ließen wir sie vorerst ruhen. Unsere Feinde sagen, wir hätten sie aus Rache begonnen und aus Angst aufgegeben. Die Zeit wird zeigen, dass unsere Kritiker nur Ausflüchte betreiben, weil sie es nicht wagen, die Hauptfrage anzugehen. Die Zeit wird auch zeigen, dass wir den Interessen der Juden besser dienen als jene, die ihnen ins Gesicht loben und sie hinter ihrem Rücken kritisieren.

KAPITEL XVIII

DEMOKRATIE UND INDUSTRIE

Vielleicht wird heutzutage kein Wort mehr überstrapaziert als das Wort „Demokratie", und diejenigen, die am lautesten darüber schreien, wollen es meiner Meinung nach in der Regel am wenigsten. Ich bin immer misstrauisch gegenüber Menschen, die leichtfertig von Demokratie sprechen. Ich frage mich, ob sie eine Art Despotie errichten wollen oder ob sie wollen, dass jemand für sie tut, was sie selbst für sich tun sollten. Ich bin für die Art von Demokratie, die jedem entsprechend seiner Fähigkeiten die gleichen Chancen gibt. Ich denke, wenn wir dem Dienst an unseren Mitmenschen mehr Aufmerksamkeit schenken, werden wir uns weniger um die leeren Regierungsformen und mehr um die Dinge kümmern, die getan werden müssen. Wenn wir an Dienst denken, werden wir uns nicht um gute Gefühle in der Industrie oder im Leben kümmern; wir werden uns nicht um Massen und Klassen oder geschlossene und offene Läden und solche Dinge kümmern, die überhaupt nichts mit dem wirklichen Leben zu tun haben. Wir können uns auf die Fakten konzentrieren. Wir brauchen Fakten.

Es ist ein Schock, wenn einem bewusst wird, dass nicht alle Menschen menschlich sind – dass ganze Gruppen von Menschen anderen nicht mit menschlichen Gefühlen begegnen. Man hat große Anstrengungen unternommen, dies als Haltung einer Klasse erscheinen zu lassen, aber in Wirklichkeit ist es die Haltung aller „Klassen", sofern sie von der falschen Vorstellung von „Klassen" beeinflusst werden. Früher, als die Menschen durch ständige Propaganda glauben gemacht werden sollten, dass nur die „Reichen" keine menschlichen Gefühle hätten, setzte sich die Meinung durch, dass die menschlichen Tugenden unter den „Armen" florierten.

Aber die „Reichen" und die „Armen" sind beides sehr kleine Minderheiten, und man kann die Gesellschaft nicht in solche Kategorien einteilen. Es gibt nicht genug „Reiche" und nicht genug „Arme", um eine solche Klassifizierung zu rechtfertigen. Reiche Menschen sind arm geworden, ohne ihre Natur zu ändern, und arme Menschen sind reich geworden, ohne dass sich das Problem geändert hätte.

Zwischen den Reichen und den Armen liegt die große Masse der Menschen, die weder reich noch arm sind. Eine Gesellschaft, die ausschließlich aus Millionären besteht, wäre nicht anders als unsere heutige Gesellschaft; einige der Millionäre müssten Weizen anbauen und Brot backen, Maschinen bauen und Züge fahren – sonst würden sie alle verhungern. Jemand muss die Arbeit machen. In Wirklichkeit haben wir keine festen Klassen. Es gibt Menschen, die arbeiten wollen, und Menschen, die nicht arbeiten wollen. Die meisten der „Klassen", über die man liest, sind rein fiktiv. Nehmen Sie bestimmte kapitalistische Zeitungen. Sie werden über einige der Aussagen über die Arbeiterklasse erstaunt sein. Wir, die wir Teil der Arbeiterklasse waren und immer noch sind, wissen, dass diese Aussagen nicht wahr sind. Nehmen Sie bestimmte Arbeiterzeitungen . Sie werden gleichermaßen über einige der Aussagen, die sie über „Kapitalisten" machen, erstaunt sein. Und doch gibt es auf beiden Seiten ein Körnchen Wahrheit. Der Mann, der Kapitalist und sonst nichts ist, der mit den Früchten der Arbeit anderer Menschen spielt , verdient alles, was gegen ihn gesagt wird. Er gehört genau zur selben Klasse wie der geizige Spieler, der die Arbeiter um ihren Lohn betrügt. Die Aussagen, die wir in der kapitalistischen Presse über die Arbeiterklasse lesen , werden selten von Managern großer Industrien geschrieben, sondern von einer Klasse von Schriftstellern, die schreiben, was ihrer Meinung nach ihren Arbeitgebern gefallen wird. Sie schreiben, was ihrer Meinung nach gefallen wird. Untersuchen Sie die Arbeiterpresse und Sie werden eine andere Klasse von Schriftstellern finden, die in ähnlicher Weise versuchen, die Vorurteile zu kitzeln, die sie beim Arbeiter vermuten . Beide Arten von Schriftstellern sind bloße Propagandisten. Und Propaganda, die keine Fakten verbreitet, ist selbstzerstörerisch. Und das sollte sie auch sein. Sie können den Menschen keinen Patriotismus predigen, um sie dazu zu bringen, stillzuhalten, während Sie sie ausrauben – und mit dieser Art von Predigt sehr lange davonkommen. Sie können nicht die Pflicht predigen, hart zu arbeiten und reichlich zu produzieren und dies zu einem Deckmantel für einen zusätzlichen Gewinn für sich selbst machen. Und der Arbeiter kann den Mangel an Arbeit auch nicht durch eine Phrase verbergen.

Zweifellos verfügt die Arbeitgeberklasse über Fakten, die die Arbeitnehmer haben sollten, um sich eine fundierte Meinung bilden und faire Urteile fällen zu können. Zweifellos verfügen die Arbeitnehmer über Fakten, die für den Arbeitgeber ebenso wichtig sind. Es ist jedoch äußerst fraglich, ob eine der beiden Seiten alle Fakten besitzt. Und hier ist Propaganda, selbst wenn sie möglicherweise vollständig erfolgreich sein könnte, mangelhaft. Es ist nicht wünschenswert, dass einer Klasse mit anderen Ideen ein bestimmtes Ideenspektrum „aufgedrängt" wird. Was wir wirklich brauchen, ist, alle Ideen zusammenzutragen und daraus etwas aufzubauen.

Nehmen wir zum Beispiel die ganze Angelegenheit der Gewerkschaftsarbeit und des Streikrechts.

Die einzige starke Gruppe von Gewerkschaftern im Land ist die Gruppe, die Gehälter von den Gewerkschaften bezieht. Einige von ihnen sind sehr reich. Einige von ihnen sind daran interessiert, die Angelegenheiten unserer großen Finanzinstitute zu beeinflussen. Andere sind in ihrem sogenannten Sozialismus so extrem, dass sie an Bolschewismus und Anarchismus grenzen – ihre Gewerkschaftsgehälter befreien sie von der Notwendigkeit zu arbeiten, sodass sie ihre Energie subversiver Propaganda widmen können. Sie alle genießen ein gewisses Ansehen und eine gewisse Macht, die sie im natürlichen Verlauf des Wettbewerbs sonst nicht hätten erlangen können.

Wäre das offizielle Personal der Gewerkschaften so stark, so ehrlich, so anständig und so weise wie die Mehrheit der Mitglieder, hätte die ganze Bewegung in den letzten Jahren ein anderes Gesicht angenommen. Aber dieses offizielle Personal hat sich im Großen und Ganzen – es gibt bemerkenswerte Ausnahmen – nicht einem Bündnis mit den natürlichen Stärken des Arbeiters verschrieben; es hat sich vielmehr darauf konzentriert, seine Schwächen auszunutzen, vor allem die Schwächen jenes neu angekommenen Teils der Bevölkerung, der noch nicht weiß, was Amerikanismus ist, und der es auch nie erfahren wird, wenn er der Vormundschaft seiner örtlichen Gewerkschaftsführer überlassen bleibt.

Die Arbeiter, mit Ausnahme der wenigen , die mit der trügerischen Doktrin des „Klassenkampfs“ geimpft wurden und die Philosophie akzeptiert haben, dass Fortschritt darin besteht, Zwietracht in der Industrie zu schüren („Wenn Sie Ihre 12 Dollar am Tag bekommen, hören Sie nicht damit auf. Agitieren Sie für 14 Dollar. Wenn Sie Ihre acht Stunden am Tag bekommen, seien Sie kein Narr und geben Sie sich nicht zufrieden; agitieren Sie sechs Stunden lang. Fangen Sie etwas an! Fangen Sie immer etwas an!“), haben den gesunden Menschenverstand, der es ihnen ermöglicht zu erkennen, dass sich die Bedingungen ändern, wenn Prinzipien akzeptiert und befolgt werden. Die Gewerkschaftsführer haben das nie gesehen. Sie möchten, dass die Bedingungen so bleiben, wie sie sind: Bedingungen der Ungerechtigkeit, Provokation, Streiks, schlechten Stimmung und des verkrüppelten nationalen Lebens. Wo sonst bräuchten sie Gewerkschaftsfunktionäre? Jeder Streik ist für sie ein neues Argument; sie zeigen darauf und sagen: „Sehen Sie! Sie brauchen uns immer noch.“

Der einzige wahre Gewerkschaftsführer ist derjenige, der die Arbeiter zur Arbeit und zu Löhnen führt, und nicht derjenige, der die Arbeiter zu Streiks, Sabotage und Hunger führt. Die Gewerkschaft , die in diesem Land in den Vordergrund tritt, ist die Gewerkschaft aller, deren Interessen voneinander abhängig sind – deren Interessen insgesamt von der Nützlichkeit und Effizienz der von ihnen geleisteten Arbeit abhängen.

Es wird eine Veränderung geben. Wenn die Gewerkschaft der „Gewerkschaftsführer“ verschwindet, wird mit ihr auch die Gewerkschaft der blinden Chefs verschwinden – Chefs, die nie etwas Anständiges für ihre Angestellten getan haben, bis sie dazu gezwungen wurden. Wenn der blinde Chef eine Krankheit war, war der selbstsüchtige Gewerkschaftsführer das Gegenmittel. Als der Gewerkschaftsführer zur Krankheit wurde, wurde der blinde Chef zum Gegenmittel. Beide sind Außenseiter, beide haben in einer gut organisierten Gesellschaft keinen Platz. Und beide verschwinden gemeinsam.

Es ist der blinde Chef, dessen Stimme man heute vernehmen kann: „Jetzt ist es an der Zeit, die Arbeiterschaft zu zerschlagen , wir haben sie in die Flucht geschlagen." Diese Stimme verstummt zusammen mit der Stimme, die den „Klassenkampf" predigt. Die Produzenten – von den Männern am Zeichenbrett bis zu den Männern auf der Formungsfläche – haben sich zu einer echten Gewerkschaft zusammengeschlossen und werden von nun an ihre eigenen Angelegenheiten regeln.

Die Ausbeutung der Unzufriedenheit ist heute ein etabliertes Geschäft. Ihr Ziel ist nicht, etwas zu regeln oder zu erreichen, sondern die Unzufriedenheit aufrechtzuerhalten. Und die Instrumente, die dazu eingesetzt werden, sind eine ganze Reihe falscher Theorien und Versprechungen, die niemals erfüllt werden können, solange die Erde das bleibt, was sie ist.

Ich bin nicht gegen Gewerkschaftsorganisationen . Ich bin nicht gegen jede Art von Organisation, die Fortschritt bringt. Worauf es ankommt, ist die Organisation zur Begrenzung der Produktion – ob durch Arbeitgeber oder Arbeitnehmer.

Der Arbeiter selbst muss sich vor einigen sehr gefährlichen Vorstellungen in Acht nehmen – gefährlich für ihn selbst und für das Wohlergehen des Landes. Manchmal wird gesagt, je weniger ein Arbeiter tut, desto mehr Arbeitsplätze schafft er für andere . Dieser Irrtum geht davon aus, dass Müßiggang schöpferisch ist. Müßiggang hat nie Arbeitsplätze geschaffen. Er schafft nur Lasten. Der fleißige Mann verdrängt nie einen Kollegen aus der Arbeit; tatsächlich ist es der fleißige Mann, der der Partner des fleißigen Managers ist – der immer mehr Geschäfte und damit immer mehr Arbeitsplätze schafft. Es ist sehr schade, dass sich unter vernünftigen Menschen jemals die Idee verbreitet hat, dass sie durch ihre „Soldatenarbeit" jemand anderem helfen. Ein kurzer Moment des Nachdenkens zeigt die Schwäche einer solchen Idee. Das gesunde Geschäft, das Geschäft, das den Menschen immer mehr Möglichkeiten bietet, einen ehrenhaften und ausreichenden Lebensunterhalt zu verdienen, ist das Geschäft, in dem jeder Mann eine Tagarbeit leistet, auf die er stolz ist. Und das Land, das am sichersten steht, ist das Land, in dem die Menschen ehrlich arbeiten und keine Tricks mit den Produktionsmitteln spielen. Wir dürfen die Wirtschaftsgesetze nicht leichtfertig umgehen, denn wenn wir das tun, werden sie uns hart treffen.

Die Tatsache, dass eine Arbeit, die früher von zehn Männern erledigt wurde, jetzt von neun Männern ausgeführt wird, bedeutet nicht, dass der zehnte Mann arbeitslos ist. Er ist lediglich nicht mit dieser Arbeit beschäftigt, und die Öffentlichkeit trägt nicht die Last seines Unterhalts, indem sie für diese

Arbeit mehr zahlt, als sie sollte – denn schließlich ist es die Öffentlichkeit, die zahlt!

Ein Industrieunternehmen, das wach genug ist, um sich effizienter zu organisieren, und ehrlich genug gegenüber der Öffentlichkeit ist, um ihm nur die notwendigen Kosten in Rechnung zu stellen und nicht mehr, ist normalerweise ein so unternehmungslustiges Unternehmen, dass es genügend Arbeitsplätze hat, um den zehnten Mann zu beschäftigen. Es wird zwangsläufig wachsen, und Wachstum bedeutet Arbeitsplätze. Ein gut geführtes Unternehmen ist immer bestrebt, die Arbeitskosten für die Öffentlichkeit zu senken; und es wird mit Sicherheit mehr Mitarbeiter beschäftigen als ein Unternehmen, das herumlungert und die Öffentlichkeit die Kosten für sein Missmanagement zahlen lässt.

Der zehnte Mann war ein unnötiger Kostenfaktor. Der Endverbraucher bezahlte ihn. Aber die Tatsache, dass er für diesen bestimmten Job unnötig war, bedeutet nicht, dass er für die Arbeit in der Welt oder sogar für die Arbeit in seinem bestimmten Geschäft unnötig ist.

Die Öffentlichkeit zahlt für jede Misswirtschaft. Mehr als die Hälfte der Probleme, die heute in der Welt herrschen, sind auf die „Soldatenarbeit", die Verwässerung, die Billigkeit und die Ineffizienz zurückzuführen, für die die Menschen ihr gutes Geld bezahlen. Wo immer zwei Männer für das bezahlt werden, was einer leisten kann, zahlen die Menschen das Doppelte dessen, was sie eigentlich sollten. Und es ist eine Tatsache, dass wir in den Vereinigten Staaten noch vor kurzem im Verhältnis zum Einzelprodukt nicht das geleistet haben, was wir in den Jahren vor dem Krieg geleistet haben.

Ein Arbeitstag bedeutet mehr, als nur die vorgeschriebene Anzahl Stunden im Betrieb „im Dienst" zu sein. Es bedeutet, für den erhaltenen Lohn einen Gegenwert in Form von Dienst zu leisten. Und wenn dieser Gegenwert in irgendeiner Weise manipuliert wird – wenn der Mann mehr gibt als er erhält oder mehr erhält als er gibt –, dauert es nicht lange, bis ernsthafte Störungen sichtbar werden. Wenn man diesen Zustand auf das ganze Land ausdehnt, kommt es zu einem völligen Geschäftsumsturz. Diese industriellen Schwierigkeiten bedeuten nichts weiter als die Zerstörung grundlegender Gegenwerte im Betrieb. Die Geschäftsleitung muss die Schuld mit den Arbeitern teilen . Die Geschäftsleitung war auch faul. Sie fand es einfacher, zusätzlich fünfhundert Männer einzustellen, als ihre Methoden so zu verbessern, dass einhundert Männer der alten Belegschaft für andere Arbeiten freigesetzt werden konnten. Die Öffentlichkeit zahlte, und das Geschäft florierte, und die Geschäftsleitung kümmerte sich keinen Deut darum. Im Büro war es nicht anders als im Betrieb. Das Gesetz der Gegenwerte wurde von den Geschäftsleitungsmitgliedern genauso gebrochen wie von den Arbeitern. Praktisch nichts Wichtiges wird durch bloße Nachfrage gesichert. Deshalb scheitern Streiks immer – auch wenn sie scheinbar erfolgreich sind. Ein Streik, der höhere Löhne oder kürzere Arbeitszeiten bringt und die Last auf die Gemeinschaft abwälzt, ist in Wirklichkeit erfolglos. Er macht die Industrie nur weniger leistungsfähig – und verringert die Zahl der Arbeitsplätze, die sie unterstützen kann. Das soll nicht heißen, dass kein Streik gerechtfertigt ist – er könnte die Aufmerksamkeit auf ein Übel lenken. Männer können mit Recht streiken – ob sie dadurch Gerechtigkeit erfahren, ist eine andere Frage. Der Streik für angemessene Bedingungen und gerechte Entlohnung ist gerechtfertigt. Schade ist, dass Männer gezwungen werden, den Streik zu nutzen, um das zu bekommen, was ihnen von Rechts wegen zusteht. Kein Amerikaner sollte gezwungen werden, für seine Rechte zu streiken. Er sollte sie auf natürliche Weise, leicht und selbstverständlich erhalten. Diese gerechtfertigten Streiks sind normalerweise die Schuld des Arbeitgebers. Einige Arbeitgeber sind für ihre Arbeit nicht geeignet. Die Beschäftigung von Männern – die Lenkung ihrer Energien, die Anordnung ihrer Entlohnung in einem ehrlichen Verhältnis zu ihrer Produktion und zum Erfolg des Unternehmens – ist keine kleine Aufgabe. Ein Arbeitgeber kann für seine Arbeit ungeeignet sein, genau wie ein Mann an der Drehbank ungeeignet sein kann. Gerechtfertigte Streiks sind ein Zeichen dafür, dass der Chef einen anderen Job braucht – einen, den er erledigen kann. Der ungeeignete Arbeitgeber macht mehr Ärger als der ungeeignete Arbeitnehmer. Letzteren kann man auf einen anderen, passenderen Job versetzen. Bei ersterem muss man jedoch normalerweise dem Entschädigungsgesetz überlassen. Der gerechtfertigte Streik ist also einer, der nie hätte ausgerufen werden müssen, wenn der Arbeitgeber seine Arbeit getan hätte.

Es gibt eine zweite Art von Streik – den Streik mit versteckter Absicht. Bei dieser Art von Streik werden die Arbeiter zu Werkzeugen eines Manipulators, der seine eigenen Ziele damit verfolgt. Zur Veranschaulichung: Hier ist eine große Industrie, deren Erfolg darauf beruht, dass sie ein öffentliches Bedürfnis durch effiziente und geschickte Produktion befriedigt hat. Sie hat sich in Sachen Gerechtigkeit einen Namen gemacht. Eine solche Industrie stellt eine große Versuchung für Spekulanten dar. Wenn sie nur die Kontrolle über sie gewinnen können, können sie aus all der ehrlichen Anstrengung, die in sie gesteckt wurde, großen Nutzen ziehen. Sie können die Lohn- und Gewinnbeteiligung der Begünstigten zerstören, der Öffentlichkeit, dem Produkt und dem Arbeiter den letzten Dollar auspressen und sie in die Notlage anderer Unternehmen bringen, die nach niedrigen Grundsätzen geführt werden. Das Motiv kann die persönliche Gier der Spekulanten sein oder sie wollen die Politik eines Unternehmens ändern, weil sein Beispiel für andere Arbeitgeber peinlich ist, die nicht das Richtige tun wollen. Die Industrie kann nicht von innen heraus angegriffen werden, weil ihre Arbeiter keinen Grund haben zu streiken. Also wird eine andere Methode angewandt.

Das Unternehmen kann viele externe Werkstätten damit beschäftigen, es mit Material zu versorgen. Wenn es gelingt, diese externen Werkstätten zu blockieren, könnte dies zu einer Lähmung dieser großen Industrie führen.

Also werden Streiks in den Industrien außerhalb der Fabrik angezettelt. Es wird alles versucht, um die Versorgungsquellen der Fabriken zu beschneiden. Wenn die Arbeiter in den Fabriken außerhalb wüssten, was das Spiel ist, würden sie sich weigern, mitzuspielen, aber sie wissen es nicht; sie dienen als Werkzeuge der Kapitalisten, ohne es zu wissen. Es gibt jedoch einen Punkt, der den Argwohn der Arbeiter erregen sollte, die sich an solchen Streiks beteiligen. Wenn der Streik nicht von selbst beigelegt werden kann, egal, was die eine Seite zu tun anbietet, ist das fast ein sicherer Beweis dafür, dass es eine dritte Partei gibt, die daran interessiert ist, den Streik fortzusetzen. Dieser verborgene Einfluss will keine Einigung unter irgendwelchen Bedingungen. Wenn ein solcher Streik von den Streikenden gewonnen wird, verbessert sich dann das Los der Arbeiter? Werden die Arbeiter besser behandelt oder bezahlt, nachdem die Industrie in die Hände von Spekulanten außerhalb der Fabriken geworfen wurde?

Es gibt eine dritte Art von Streik – den Streik, der von Geldinteressen provoziert wird, um der Arbeiterschaft einen schlechten Ruf zu verleihen. Der amerikanische Arbeiter hatte schon immer den Ruf eines gesunden Urteilsvermögens. Er hat sich nicht von jedem Schreihals mitreißen lassen, der versprach, das Millennium aus dem Nichts zu erschaffen. Er hatte seinen eigenen Kopf und hat ihn benutzt. Er hat immer die grundlegende Wahrheit anerkannt, dass das Fehlen von Vernunft niemals durch Gewalt wettgemacht werden kann. Auf seine Weise hat der amerikanische Arbeiter bei seinem eigenen Volk und in der ganzen Welt ein gewisses Ansehen gewonnen. Die öffentliche Meinung war geneigt, seine Meinungen und Wünsche mit Respekt zu betrachten. Aber es scheint eine entschlossene Anstrengung zu geben, den bolschewistischen Makel auf die amerikanische Arbeiterschaft zu heften , indem man sie zu solch unmöglichen Haltungen und solch völlig unerhörten Handlungen anstachelt, die die öffentliche Meinung von Respekt in Kritik verwandeln werden. Streiks bloß zu vermeiden, fördert jedoch nicht die Industrie. Wir können dem Arbeiter sagen:

„Sie haben eine Beschwerde, aber der Streik ist keine Abhilfe – er macht die Situation nur schlimmer, egal, ob Sie gewinnen oder verlieren.“

Dann kann der Arbeiter dies als wahr anerkennen und auf einen Streik verzichten.
Ist damit irgendetwas geklärt?

Nein! Wenn die Arbeiter Streiks als unwürdiges Mittel zur Durchsetzung wünschenswerter Bedingungen ablehnen, bedeutet das lediglich, dass die

Arbeitgeber von sich aus aktiv werden und mangelhafte Bedingungen korrigieren müssen.

Die Erfahrungen der Ford-Industrie mit den Arbeitern sind sowohl in den Vereinigten Staaten als auch im Ausland vollkommen zufriedenstellend. Wir sind den Gewerkschaften gegenüber nicht feindlich eingestellt, beteiligen uns jedoch an keinerlei Vereinbarungen mit Arbeitnehmer- oder Arbeitgeberorganisationen. Die gezahlten Löhne sind stets höher, als jede vernünftige Gewerkschaft fordern könnte, und die Arbeitszeiten sind stets kürzer. Eine Gewerkschaftsmitgliedschaft kann unseren Leuten nichts bringen. Einige von ihnen gehören vielleicht Gewerkschaften an, die Mehrheit wahrscheinlich nicht. Wir wissen es nicht und versuchen auch nicht, es herauszufinden, denn es geht uns nicht im Geringsten etwas an. Wir respektieren die Gewerkschaften, sympathisieren mit ihren guten Zielen und verurteilen ihre schlechten. Im Gegenzug denke ich, dass sie uns Respekt entgegenbringen, denn in unseren Werken hat es nie einen autoritären Versuch gegeben, zwischen die Arbeiter und die Geschäftsleitung zu treten. Natürlich haben radikale Agitatoren ab und zu versucht, Unruhe zu stiften, aber die Arbeiter haben sie meist einfach als menschliche Sonderlinge betrachtet und sich für sie genauso interessiert wie für einen vierbeinigen Mann.

In England haben wir uns in unserem Werk in Manchester mit der Gewerkschaftsfrage auseinandergesetzt . Die Arbeiter von Manchester sind größtenteils gewerkschaftlich organisiert, und es gelten die üblichen englischen Gewerkschaftsbeschränkungen hinsichtlich der Produktion. Wir übernahmen eine Karosseriefabrik, in der eine Reihe von Tischlern in der Gewerkschaft arbeiteten. Die Gewerkschaftsfunktionäre wollten sofort unsere Führungskräfte sprechen und die Bedingungen vereinbaren. Wir verhandeln nur mit unseren eigenen Mitarbeitern und nie mit Vertretern von außerhalb, also weigerten sich unsere Leute, die Gewerkschaftsfunktionäre zu treffen. Daraufhin riefen sie die Tischler zum Streik auf. Die Tischler wollten nicht streiken und wurden aus der Gewerkschaft ausgeschlossen. Dann reichten die ausgeschlossenen Männer Klage gegen die Gewerkschaft ein, um ihren Anteil am Leistungsfonds zurückzufordern. Ich weiß nicht, wie der Rechtsstreit ausging, aber das war das Ende der Einmischung der Gewerkschaftsfunktionäre in unsere Betriebe in England.

Wir versuchen nicht, die Leute, die bei uns arbeiten, zu verhätscheln. Es ist ein Geben-und-Nehmen-Verhältnis. Während der Zeit, in der wir die Löhne stark erhöhten, hatten wir eine beträchtliche Aufsichtsbehörde. Das Privatleben der Männer wurde untersucht und es wurde versucht herauszufinden, was sie mit ihrem Lohn machten. Vielleicht war das damals notwendig; es lieferte uns wertvolle Informationen. Aber als Dauerlösung wäre das überhaupt nicht zielführend gewesen und wurde deshalb aufgegeben.

Wir glauben nicht an die „fröhliche Hand", die professionalisierte „persönliche Note" oder das „menschliche Element". Für so etwas ist es zu spät. Die Menschen wollen mehr als ein würdiges Gefühl. Soziale Verhältnisse bestehen nicht aus Worten. Sie sind das Nettoergebnis der täglichen Beziehungen zwischen den Menschen. Der beste soziale Geist zeigt sich in einer Handlung, die die Geschäftsleitung etwas kostet und allen zugutekommt. Nur so kann man gute Absichten beweisen und Respekt gewinnen. Propaganda, Bulletins, Vorträge – das ist nichts. Was zählt, ist die richtige, aufrichtig ausgeführte Handlung.

Ein großes Unternehmen ist eigentlich zu groß, um menschlich zu sein. Es wird so groß, dass es die Persönlichkeit des Menschen verdrängt. In einem großen Unternehmen gehen der Arbeitgeber wie der Arbeitnehmer in der Masse unter. Gemeinsam haben sie eine große produktive Organisation geschaffen, die Artikel ausliefert, die die Welt kauft und im Gegenzug mit Geld bezahlt, das den Lebensunterhalt aller im Unternehmen sichert. Das Unternehmen selbst wird zur großen Sache.

Ein großes Unternehmen, das Hunderten und Tausenden von Familien den Lebensunterhalt sichert, hat etwas Heiliges an sich. Wenn man sich die Babys ansieht, die zur Welt kommen, die Jungen und Mädchen, die zur Schule gehen, die jungen Arbeiter, die dank ihrer Arbeit heiraten und sich selbständig machen, die Tausenden von Häusern, die auf Raten aus dem Verdienst der Menschen bezahlt werden – wenn man sich eine große Produktionsorganisation ansieht, die all dies ermöglicht, dann wird der Fortbestand dieses Unternehmens zu einer heiligen Aufgabe. Es wird größer und wichtiger als die einzelnen Menschen.

Der Arbeitgeber ist nur ein Mensch wie seine Angestellten und allen menschlichen Beschränkungen unterworfen. Er ist nur berechtigt, seinen Arbeitsplatz zu behalten, wenn er ihn auch ausfüllen kann. Wenn er das Geschäft auf Kurs halten kann, wenn seine Leute darauf vertrauen können, dass er seinen Teil der Arbeit ordentlich und ohne Gefährdung ihrer Sicherheit erledigt, dann hat er seinen Platz eingenommen. Ansonsten ist er für seine Position genauso wenig geeignet wie ein Kleinkind. Der Arbeitgeber ist, wie jeder andere auch, ausschließlich nach seinen Fähigkeiten zu beurteilen. Für die Leute mag er nur ein Name sein – ein Name auf einem Schild. Aber da ist das Geschäft – es ist mehr als ein Name. Es sichert den Lebensunterhalt – und Lebensunterhalt ist etwas ziemlich Greifbares. Das Geschäft ist eine Realität. Es tut Dinge. Es ist ein funktionierender Betrieb. Der Beweis für seine Eignung ist, dass die Lohntüten weiter fließen.

Im Geschäftsleben kann man kaum zu viel Harmonie haben. Aber man kann es bei der Auswahl der Menschen zu weit treiben, weil sie harmonieren. Es kann so viel Harmonie herrschen, dass es nicht genug Schub und Gegenschub gibt, die das Leben ausmachen – nicht genug Wettbewerb, der Anstrengung und Fortschritt bedeutet. Es ist eine Sache, wenn eine Organisation harmonisch auf ein Ziel hinarbeitet, aber es ist eine ganz andere Sache, wenn eine Organisation harmonisch mit jeder einzelnen Einheit zusammenarbeitet. Manche Organisationen verschwenden so viel Energie und Zeit darauf, ein Gefühl der Harmonie aufrechtzuerhalten, dass ihnen keine Kraft mehr bleibt, um für das Ziel zu arbeiten, für das sie geschaffen wurden. Die Organisation ist dem Ziel untergeordnet. Die einzige harmonische Organisation, die etwas wert ist, ist eine Organisation, in der alle Mitglieder auf das eine Hauptziel ausgerichtet sind – dem Ziel näher zu kommen. Ein gemeinsames Ziel, an das ehrlich geglaubt und das aufrichtig gewünscht wird – das ist das große harmonisierende Prinzip.

Ich bemitleide den armen Kerl, der so weich und schlaff ist, dass er immer eine „Atmosphäre des guten Gefühls" um sich haben muss, bevor er seine Arbeit tun kann. Es gibt solche Menschen. Und wenn sie nicht genug geistige und moralische Härte erlangen, um sich aus ihrer sanften Abhängigkeit vom „Gefühl" zu befreien, sind sie letztlich Versager. Sie sind nicht nur geschäftliche Versager, sondern auch charakterliche Versager; es ist, als hätten ihre Knochen nie die Härte erreicht, die sie hätten erreichen können, auf eigenen Füßen zu stehen. In unseren Geschäftsorganisationen wird insgesamt zu viel auf das gute Gefühl gesetzt. Die Menschen arbeiten zu gern mit den Menschen zusammen, die sie mögen. Letztendlich verdirbt dies viele wertvolle Eigenschaften.

Verstehen Sie mich nicht falsch. Wenn ich den Begriff „gutes Gefühl" verwende, meine ich damit die Gewohnheit, die eigenen Vorlieben und Abneigungen zum alleinigen Maßstab der Beurteilung zu machen. Angenommen, Sie mögen einen Mann nicht. Ist das etwas gegen ihn? Vielleicht ist es etwas gegen Sie. Was haben Ihre Vorlieben oder Abneigungen mit den Fakten zu tun? Jeder vernünftige Mensch weiß, dass es Männer gibt, die er nicht mag, die aber in Wirklichkeit fähiger sind als er selbst.

Und wenn man all dies aus dem Arbeitsalltag auf breitere Felder überträgt, ist es nicht notwendig, dass die Reichen die Armen lieben oder die Armen die Reichen. Es ist nicht notwendig, dass der Arbeitgeber den Arbeitnehmer liebt oder der Arbeitnehmer den Arbeitgeber. Notwendig ist, dass jeder versucht, dem anderen entsprechend seinen Verdiensten Gerechtigkeit widerfahren zu lassen. Das ist echte Demokratie und nicht die Frage, wem die Ziegel und der Mörtel und die Öfen und Mühlen gehören sollten. Und Demokratie hat nichts mit der Frage zu tun: „Wer sollte der Chef sein?"

Das ist so, als würde man fragen: „Wer sollte der Tenor im Quartett sein?"
Natürlich der Mann, der Tenor singen kann. Caruso hätte man nicht absetzen
können. Angenommen, eine Theorie der musikalischen Demokratie hätte
Caruso dem musikalischen Proletariat überstellt. Hätte das einen anderen
Tenor hervorgebracht, der seinen Platz eingenommen hätte? Oder wären
Carusos Talente trotzdem seine eigenen geblieben?

KAPITEL XIX

WAS WIR ERWARTEN KÖNNEN

Wir befinden uns – wenn ich die Zeichen nicht falsch deute – mitten in einem Wandel. Er vollzieht sich überall um uns herum, langsam und kaum beachtet, aber mit fester Gewissheit. Allmählich lernen wir, Ursache und Wirkung in Beziehung zu setzen. Vieles von dem, was wir als Störung bezeichnen – viele der Umwälzungen in scheinbar etablierten Institutionen – ist in Wirklichkeit nur das oberflächliche Anzeichen für etwas, das einer Erneuerung nahekommt. Die öffentliche Meinung ändert sich, und wir brauchen eigentlich nur einen etwas anderen Standpunkt, um aus dem sehr schlechten System der Vergangenheit ein sehr gutes System der Zukunft zu machen. Wir ersetzen jene besondere Tugend, die früher als Hartnäckigkeit bewundert wurde und in Wirklichkeit nur Holzköpfigkeit war, durch Intelligenz, und wir werden auch den breiigen Sentimentalismus los. Die einen verwechselten Härte mit Fortschritt, die anderen verwechselten Sanftheit mit Fortschritt. Wir bekommen einen besseren Blick auf die Realitäten und beginnen zu erkennen, dass wir bereits alle Dinge auf der Welt haben, die für ein erfülltes Leben notwendig sind, und dass wir sie besser nutzen werden, wenn wir erst einmal wissen, was sie sind und was sie bedeuten.

Was auch immer falsch ist – und wir alle wissen, dass vieles falsch ist – kann durch eine klare Definition des Falschen korrigiert werden. Wir haben so viel auf einander geachtet, darauf, was der eine hat und was dem anderen fehlt, dass wir aus etwas, das zu groß für Persönlichkeiten ist, eine persönliche Angelegenheit gemacht haben. Natürlich hat die menschliche Natur großen Einfluss auf unsere wirtschaftlichen Probleme. Egoismus existiert und zweifelsohne prägt er alle Wettbewerbsaktivitäten des Lebens. Wäre Egoismus das Merkmal einer bestimmten Klasse, könnte man ihn leicht in den Griff bekommen, aber er ist überall im Wesen des Menschen vorhanden. Und Gier existiert. Und Neid existiert. Und Eifersucht existiert.

Doch da der Kampf ums bloße Dasein weniger wird – und er ist weniger geworden als früher, obwohl das Gefühl der Unsicherheit zugenommen haben mag –, haben wir die Gelegenheit, einige der feineren Motive loszulassen. Wir denken weniger über den Schnickschnack der Zivilisation nach, je mehr wir uns an ihn gewöhnen. Der Fortschritt, wie ihn die Welt bisher kannte, geht mit einer großen Zunahme der Dinge des Lebens einher. Im durchschnittlichen amerikanischen Hinterhof gibt es mehr Ausrüstung, mehr geschmiedete Materialien als im gesamten Herrschaftsgebiet eines afrikanischen Königs. Der durchschnittliche amerikanische Junge ist von mehr Utensilien umgeben als eine ganze Eskimogemeinschaft. Die Utensilien in Küche, Esszimmer, Schlafzimmer und Kohlenkeller ergeben eine Liste, die den luxuriösesten Potentaten vor fünfhundert Jahren in Erstaunen versetzt hätte. Die Zunahme der Hindernisse des Lebens markiert nur eine Etappe. Wir sind wie der Indianer, der mit all seinem Geld in die Stadt kommt und alles kauft, was er sieht. Es wird nicht ausreichend berücksichtigt, wie viel Arbeit und Material die Industrie aufwendet, um die Welt mit ihrem Plunder und ihren Schmuckstücken zu versorgen, die nur zum Verkauf hergestellt und nur gekauft werden, um sie zu besitzen – die in der Welt keinen Dienst leisten und schließlich bloßer Müll sind, so wie sie anfangs bloßer Abfall waren. Die Menschheit verlässt gerade ihr Stadium der Schmuckherstellung, und die Industrie kommt herunter, um die Bedürfnisse der Welt zu befriedigen. Daher können wir einen weiteren Fortschritt in Richtung jenes Lebens erwarten, das viele jetzt sehen, das uns aber das gegenwärtige „gut genug"-Stadium daran hindert, es zu erreichen.

Und wir entwachsen dieser Anbetung materieller Besitztümer. Es ist kein Privileg mehr, reich zu sein. Tatsächlich ist es kein weitverbreitetes Ziel mehr, reich zu sein. Die Menschen interessieren sich nicht mehr für Geld als Geld, wie sie es einst taten. Sie empfinden keine Ehrfurcht mehr davor und auch nicht vor dem, der es besitzt. Was wir als nutzlosen Überschuss anhäufen, ehrt uns nicht .

Man muss nur einen Augenblick nachdenken, um zu erkennen, dass enorme Geldanhäufungen für den persönlichen Vorteil des Einzelnen nichts bedeuten. Ein Mensch ist ein Mensch und wird von der gleichen Menge und Qualität an Nahrung ernährt und von der gleichen Menge an Kleidung gewärmt, egal ob er reich oder arm ist. Und niemand kann gleichzeitig mehr als einen Raum bewohnen.

Wenn man jedoch Visionen von einem guten Dienst hat, wenn man große Pläne hegt, die mit gewöhnlichen Mitteln nicht zu verwirklichen wären, wenn man den Ehrgeiz hat, die industrielle Wüste wie eine Rose zum Blühen zu bringen und den Arbeitsalltag plötzlich mit frischen und enthusiastischen menschlichen Motiven von höherem Charakter und höherer Leistungsfähigkeit zu erfüllen, dann sieht man in großen Geldsummen das, was der Bauer in seinem Saatkorn sieht – den Beginn neuer und reicherer Ernten, deren Nutzen ebenso wenig selbstsüchtig beschränkt werden kann wie die Strahlen der Sonne.

Es gibt zwei Narren auf dieser Welt. Der eine ist der Millionär, der glaubt, er könne durch das Horten von Geld irgendwie echte Macht anhäufen, und der andere ist der mittellose Reformer, der glaubt, alle Übel der Welt seien geheilt, wenn er nur das Geld einer Klasse wegnehmen und einer anderen geben könne. Sie sind beide auf dem Holzweg. Sie könnten genauso gut versuchen, alle Dame- oder Dominosteine der Welt in die Enge zu treiben, in der Illusion, sie würden sich dadurch eine große Menge an Geschick aneignen. Einige der erfolgreichsten Geldmacher unserer Zeit haben nie auch nur einen Penny zum Wohlstand der Menschen beigetragen. Führt ein Kartenspieler zum Wohlstand der Welt?

Wenn wir alle bis an die Grenzen unserer kreativen Kapazität Wohlstand schaffen würden, dann wäre es einfach genug für alle da und jeder würde genug bekommen. Jeder wirkliche Mangel an lebensnotwendigen Gütern auf der Welt – nicht ein fiktiver Mangel, der durch den Mangel an klirrenden Metallscheiben in der Handtasche verursacht wird – ist nur auf mangelnde Produktion zurückzuführen. Und mangelnde Produktion ist allzu oft auf mangelndes Wissen darüber zurückzuführen, wie und was produziert werden soll.

* * * * *

Als Ausgangspunkt müssen wir Folgendes glauben:

Dass die Erde genug hervorbringt oder hervorbringen kann, um allen eine angemessene Versorgung zu bieten – nicht nur mit Nahrungsmitteln, sondern auch mit allem anderen, was wir brauchen. Denn alles wird von der Erde hervorgebracht.

Dass es möglich ist, Arbeit , Produktion, Verteilung und Vergütung so zu organisieren, dass sichergestellt ist, dass diejenigen, die einen Beitrag leisten, einen Anteil erhalten, der nach strenger Gerechtigkeit bestimmt wird.

Dass unser Wirtschaftssystem ungeachtet der Schwächen der menschlichen Natur so angepasst werden kann, dass der Egoismus zwar vielleicht nicht abgeschafft wird, ihm aber die Macht genommen werden kann, ernsthafte wirtschaftliche Ungerechtigkeit hervorzurufen.

* * * * *

Das Geschäftsleben ist leicht oder schwer, je nachdem, wie geschickt oder ungeschickt man bei der Produktion und Verteilung ist. Man hat geglaubt, dass das Geschäft des Profits wegen existiert. Das ist falsch. Das Geschäft existiert, um zu dienen. Es ist ein Beruf und muss eine anerkannte Berufsethik haben, deren Verletzung einen Menschen degradiert. Das Geschäft braucht mehr Berufsgeist. Der Berufsgeist strebt nach beruflicher Integrität, aus Stolz, nicht aus Zwang. Der Berufsgeist erkennt seine eigenen Verstöße und bestraft sie. Das Geschäft wird eines Tages sauber werden. Eine Maschine, die alle paar Minuten stehen bleibt, ist eine unvollkommene Maschine, und ihre Unvollkommenheit liegt in ihr selbst. Ein Körper, der alle paar Minuten krank wird, ist ein kranker Körper, und seine Krankheit liegt in ihm selbst. So ist es mit dem Geschäft. Seine Fehler, viele davon rein Fehler der moralischen Verfassung des Geschäfts, behindern seinen Fortschritt und machen es alle paar Minuten krank. Eines Tages wird die

Ethik des Geschäfts allgemein anerkannt sein, und an diesem Tag wird das Geschäft als der älteste und nützlichste aller Berufe angesehen werden.

* * * * *

Alles, was die Ford-Industrie getan hat – alles, was ich getan habe –, ist, durch ihre Arbeit zu beweisen , dass der Dienst vor dem Profit kommt und dass die Art von Geschäft, die die Welt durch ihre Anwesenheit besser macht, ein ehrenwerter Beruf ist. Oft habe ich den Eindruck, dass der als bemerkenswert angesehene Fortschritt unserer Unternehmen – ich werde nicht „Erfolg" sagen, denn dieses Wort ist ein Grabspruch, und wir stehen erst am Anfang – einem Zufall zuzuschreiben ist; und dass die Methoden, die wir verwendet haben, obwohl sie auf ihre Art gut genug sind, nur für die Herstellung unserer speziellen Produkte geeignet sind und in keiner anderen Branche oder für andere Produkte oder Persönlichkeiten als die unseren überhaupt funktionieren würden.

Früher galt es als selbstverständlich, dass unsere Theorien und Methoden im Grunde nicht stichhaltig waren. Das lag daran, dass sie nicht verstanden wurden. Die Ereignisse haben diese Art von Kommentaren vernichtet, aber es bleibt die aufrichtige Überzeugung, dass das, was wir getan haben, von keinem anderen Unternehmen getan werden könnte – dass wir von einem Zauberstab berührt wurden, dass weder wir noch sonst jemand Schuhe, Hüte, Nähmaschinen, Uhren, Schreibmaschinen oder andere notwendige Dinge herstellen könnte, so wie wir Autos und Traktoren herstellen. Und dass wir unsere Fehler sehr schnell entdecken würden, wenn wir uns nur in andere Bereiche wagten. Ich stimme mit nichts davon überein. Nichts ist aus der Luft gegriffen. Die vorangegangenen Seiten sollten das beweisen. Wir haben nichts, was andere nicht auch hätten. Wir hatten kein Glück außer dem, das immer jedem zuteil wird , der sein Bestes in seine Arbeit steckt. An unserem Anfang gab es nichts, was man als „günstig" bezeichnen könnte. Wir begannen mit fast nichts. Was wir haben, haben wir verdient, und wir haben es durch unermüdliche Arbeit und Glauben an ein Prinzip verdient. Wir haben einen Luxus in eine Notwendigkeit verwandelt, und zwar ohne Tricks oder Ausflüchte. Als wir begannen, unsere heutigen Autos zu bauen, gab es im Land nur wenige gute Straßen, Benzin war knapp und in der Öffentlichkeit war die Vorstellung fest verankert, dass ein Auto bestenfalls ein Spielzeug für reiche Leute sei. Unser einziger Vorteil war, dass es keinen Präzedenzfall gab.

Wir begannen, nach einem Glaubensbekenntnis zu produzieren – einem Glaubensbekenntnis, das damals in der Geschäftswelt unbekannt war. Das Neue wird immer als merkwürdig empfunden, und manche von uns sind so veranlagt, dass wir nie über den Gedanken hinwegkommen, dass alles Neue merkwürdig und wahrscheinlich seltsam sein muss. Die mechanische

Umsetzung unseres Glaubensbekenntnisses ändert sich ständig. Wir finden ständig neue und bessere Wege, es in die Praxis umzusetzen, aber wir haben es nicht für notwendig befunden, die Grundsätze zu ändern, und ich kann mir nicht vorstellen, dass es jemals notwendig sein könnte, sie zu ändern, denn ich bin der Meinung, dass sie absolut universell sind und zu einem besseren und umfassenderen Leben für alle führen müssen.

Wenn ich das nicht denken würde, würde ich nicht weiterarbeiten – denn das Geld, das ich verdiene, ist belanglos. Geld ist nur dann nützlich, wenn es dazu dient, durch praktische Beispiele das Prinzip zu fördern, dass ein Unternehmen nur dann gerechtfertigt ist, wenn es dient, dass es der Gemeinschaft immer mehr geben muss, als es ihr wegnimmt, und dass ein Unternehmen nicht existieren sollte, wenn nicht jeder von seiner Existenz profitiert. Ich habe das mit Autos und Traktoren bewiesen. Ich beabsichtige, es mit Eisenbahnen und öffentlichen Versorgungsunternehmen zu beweisen – nicht zu meiner persönlichen Zufriedenheit und nicht wegen des Geldes, das man damit verdienen könnte. (Es ist vollkommen unmöglich, bei Anwendung dieser Prinzipien einen viel größeren Gewinn zu vermeiden, als wenn der Gewinn das Hauptziel wäre.) Ich möchte es beweisen, damit wir alle mehr haben und damit wir alle besser leben können, indem wir die Leistungen aller Unternehmen steigern. Armut kann nicht durch Formeln abgeschafft werden; sie kann nur durch harte und intelligente Arbeit abgeschafft werden. Wir sind in der Tat eine Versuchsstation, um ein Prinzip zu beweisen. Dass wir Geld verdienen, ist nur ein weiterer Beweis dafür, dass wir Recht haben. Denn das ist eine Art von Argument, das sich ohne Worte etabliert.

Im ersten Kapitel wurde das Glaubensbekenntnis dargelegt. Lassen Sie mich es im Lichte der Arbeit, die in seinem Rahmen geleistet wurde, wiederholen – denn es ist die Grundlage all unserer Arbeit:

(1) Fehlende Angst vor der Zukunft oder Ehrfurcht vor der Vergangenheit. Wer die Zukunft fürchtet, wer Angst vor dem Scheitern hat, begrenzt seine Aktivitäten. Scheitern ist nur die Gelegenheit, intelligenter neu anzufangen. Ehrliches Scheitern ist keine Schande; es ist Schande, Angst vor dem Scheitern zu haben. Die Vergangenheit ist nur insofern nützlich, als sie Wege und Mittel zum Fortschritt aufzeigt.

(2) Eine Missachtung des Wettbewerbs. Wer etwas am besten kann, sollte es auch tun. Es ist kriminell, zu versuchen, einem anderen das Geschäft wegzunehmen – kriminell, weil man damit versucht, aus persönlichen Gründen die Lage seiner Mitmenschen zu verschlechtern, indem man mit Gewalt statt mit Intelligenz regiert.

(3) Die Dienstleistung wird vor den Profit gestellt. Ohne Profit kann das Geschäft nicht expandieren. Es ist nichts grundsätzlich Falsches daran, Profit

zu machen. Gut geführte Unternehmen müssen Profit abwerfen, aber Profit muss und wird zwangsläufig als Belohnung für gute Dienstleistung kommen. Er kann nicht die Grundlage sein – er muss das Ergebnis der Dienstleistung sein.

(4) Bei der Fertigung geht es nicht darum, billig einzukaufen und teuer zu verkaufen. Es geht darum, Materialien auf faire Weise einzukaufen und diese Materialien mit möglichst geringen Mehrkosten in ein Verbrauchsprodukt umzuwandeln und an den Verbraucher zu verteilen. Glücksspiel, Spekulation und unlautere Geschäfte behindern diesen Prozess nur.

* * * * *

Wir müssen produzieren, aber es ist der Geist dahinter, der am meisten zählt. Diese Art der Produktion, die eine Dienstleistung ist, folgt zwangsläufig einem echten Wunsch, zu dienen. Die verschiedenen völlig künstlichen Regeln, die für Finanzen und Industrie aufgestellt wurden und als „Gesetze" gelten, brechen so häufig zusammen, dass sie beweisen, dass sie nicht einmal gute Vermutungen sind. Die Grundlage aller wirtschaftlichen Überlegungen sind die Erde und ihre Produkte. Den Ertrag der Erde in all seinen Formen groß genug und zuverlässig genug zu machen, um als Grundlage für das wirkliche Leben zu dienen – das Leben, das mehr ist als Essen und Schlafen – ist der höchste Dienst. Das ist die wahre Grundlage für ein Wirtschaftssystem. Wir können Dinge herstellen – das Problem der Produktion wurde brillant gelöst. Wir können Millionen verschiedener Dinge herstellen. Für die materielle Art unseres Lebens ist hervorragend gesorgt. Es gibt genug Prozesse und Verbesserungen, die jetzt in Schubladen gesteckt sind und auf ihre Anwendung warten, um die physische Seite des Lebens zu einer fast tausendjährigen Vollständigkeit zu bringen. Aber wir sind zu sehr mit den Dingen beschäftigt, die wir tun – wir kümmern uns nicht genug um die Gründe, warum wir sie tun. Unser gesamtes Wettbewerbssystem, unser gesamter kreativer Ausdruck, das gesamte Spiel unserer Fähigkeiten scheinen zentriert zu sein um die materielle Produktion und ihre Nebenprodukte Erfolg und Reichtum.

Es gibt zum Beispiel das Gefühl, dass man auf Kosten anderer Personen oder Gruppen persönliche oder kollektive Vorteile erlangen kann. Es bringt nichts, jemanden zu unterdrücken. Wenn der Bauernblock die Hersteller unterdrücken würde, wären dann die Bauern besser dran? Wenn der Herstellerblock die Bauern unterdrücken würde, wären dann die Hersteller besser dran? Könnte das Kapital davon profitieren, die Arbeiter zu unterdrücken ? Oder die Arbeiter davon, das Kapital zu unterdrücken? Oder profitiert ein Geschäftsmann davon, einen Konkurrenten zu unterdrücken? Nein, destruktiver Wettbewerb nützt niemandem. Die Art von Wettbewerb, die zur Niederlage der Vielen und zur Übermacht der rücksichtslosen

Wenigen führt, muss verschwinden. Destruktivem Wettbewerb fehlen die Eigenschaften, aus denen Fortschritt entsteht. Fortschritt entsteht durch eine großzügige Form der Rivalität. Schlechter Wettbewerb ist persönlich. Er dient der Machtergreifung eines Einzelnen oder einer Gruppe. Er ist eine Art Krieg. Er wird von dem Wunsch inspiriert, jemanden zu „kriegen". Er ist völlig egoistisch. Das heißt, sein Motiv ist weder Stolz auf das Produkt noch der Wunsch, im Dienst hervorzustechen, noch der gesunde Ehrgeiz, sich wissenschaftlichen Produktionsmethoden anzunähern. Ihr Antrieb ist schlicht und ergreifend der Wunsch, andere zu verdrängen und den Markt zu monopolisieren, um Geld zu verdienen. Wenn dies gelingt, ersetzt sie es immer durch ein Produkt minderer Qualität.

* * * * *

Wenn wir uns von der kleinlichen Art destruktiven Wettbewerbs befreien, befreien wir uns von vielen festgefahrenen Vorstellungen. Wir sind zu sehr an alte Methoden und einmalige, einseitige Verwendungen gebunden. Wir brauchen mehr Mobilität. Wir haben bestimmte Dinge nur auf eine Art und Weise verwendet, wir haben bestimmte Waren nur über einen Kanal verschickt – und wenn dieser Gebrauch nachlässt oder dieser Kanal unterbrochen wird, kommt auch das Geschäft zum Erliegen und alle traurigen Folgen der „Depression" treten ein. Nehmen wir zum Beispiel Mais. In den Vereinigten Staaten sind Millionen und Abermillionen Scheffel Mais ohne sichtbaren Absatzmarkt gelagert. Eine bestimmte Menge Mais wird als Nahrung für Mensch und Tier verwendet, aber nicht alles. In der Zeit vor der Prohibition wurde eine bestimmte Menge Mais zur Herstellung von Alkohol verwendet, was keine sehr gute Verwendung für guten Mais war. Aber über einen langen Zeitraum folgte Mais diesen beiden Kanälen, und als einer von ihnen unterbrochen wurde, begannen sich die Maisvorräte aufzutürmen. Es ist die Geldfiktion, die normalerweise die Bewegung der Vorräte verzögert, aber selbst wenn Geld im Überfluss vorhanden wäre, könnten wir die Vorräte an Nahrungsmitteln, die wir manchmal besitzen, unmöglich verbrauchen.

Wenn Nahrungsmittel zu reichlich vorhanden sind, um als Nahrungsmittel konsumiert zu werden, warum findet man dann keine anderen Verwendungsmöglichkeiten für sie? Warum wird Mais nur für Schweine und Destillerien verwendet? Warum dasitzen und die schreckliche Katastrophe beklagen, die den Maismarkt heimgesucht hat? Gibt es keine Verwendungsmöglichkeiten für Mais außer für die Herstellung von Schweinefleisch oder Whisky? Sicherlich muss es welche geben. Es sollte so viele Verwendungsmöglichkeiten für Mais geben, dass nur die wichtigsten Verwendungszwecke vollständig abgedeckt werden können; es sollten immer genügend Kanäle offen sein, um eine abfallfreie Verwendung des Mais zu ermöglichen.

Es gab einmal eine Zeit, da verbrannten die Bauern Mais als Brennstoff – Mais gab es im Überfluss, Kohle war knapp. Das war eine primitive Art, Mais zu entsorgen, aber sie enthielt den Keim einer Idee. Mais enthält Brennstoff; aus Mais kann man Öl und Brennalkohol gewinnen, und es ist höchste Zeit, dass jemand diese neue Verwendung erschließt, damit die gelagerten Maisernten bewegt werden können. Warum sollten wir nur eine Saite an unserem Bogen haben? Warum nicht zwei? Wenn eine reißt, reißt die andere. Wenn die Schweinewirtschaft schwächelt, warum sollte der Bauer dann seinen Mais nicht in Traktortreibstoff verwandeln?

Wir brauchen überall mehr Vielfalt. Ein viergleisiges System wäre keine schlechte Idee. Wir haben ein eingleisiges Geldsystem. Es ist ein sehr gutes System für diejenigen, denen es gehört. Es ist ein perfektes System für die zinssammelnden, kreditkontrollierenden Finanziers, denen buchstäblich die Ware namens Geld gehört und denen buchstäblich die Maschinerie gehört, mit der Geld gemacht und verwendet wird. Lassen Sie sie ihr System behalten, wenn es ihnen gefällt. Aber die Menschen finden heraus, dass es ein schlechtes System für das ist, was wir „harte Zeiten" nennen, weil es die Leitungen verstopft und den Verkehr zum Erliegen bringt. Wenn es besonderen Schutz für die Interessen gibt, sollte es auch besonderen Schutz für die einfachen Leute geben. Vielfalt der Absatzmöglichkeiten, der Verwendung und der finanziellen Ermöglichung sind die stärksten Abwehrmaßnahmen, die wir gegen wirtschaftliche Notlagen haben können.

Ähnlich verhält es sich mit der Arbeiterbewegung . Es sollte sicherlich Flugstaffeln junger Männer geben, die für Notfälle auf Erntefeldern, in Bergwerken, Werkstätten oder bei der Eisenbahn zur Verfügung stehen. Wenn die Feuer von hundert Industrien wegen Kohlenmangels zu erlöschen drohen und eine Million Menschen von Arbeitslosigkeit bedroht sind, wäre es sowohl ein gutes Geschäft als auch eine gute Menschlichkeit, wenn sich eine ausreichende Zahl von Männern freiwillig für die Bergwerke und die Eisenbahn meldet. Es gibt immer etwas auf dieser Welt zu tun, und nur wir selbst können es tun. Die ganze Welt mag untätig sein, und im Sinne einer Fabrik mag es „nichts zu tun" geben. Es mag an diesem oder jenem Ort nichts zu tun geben, aber es gibt immer etwas zu tun. Diese Tatsache sollte uns dazu drängen, uns so zu organisieren, dass dieses „Etwas, das getan werden muss" getan und die Arbeitslosigkeit auf ein Minimum reduziert werden kann.

* * * * *

Jeder Fortschritt beginnt im Kleinen und beim Einzelnen. Die Masse kann nicht besser sein als die Summe der Einzelnen. Der Fortschritt beginnt im Menschen selbst; wenn er von Halbherzigkeit zu Zielstrebigkeit fortschreitet; wenn er von Zögern zu entschlossener Direktheit fortschreitet; wenn er von

Unreife zu Urteilsreife fortschreitet; wenn er von der Lehre zur Meisterschaft fortschreitet; wenn er von einem bloßen *Dilettanten zu einem* Arbeiter fortschreitet, der echte Freude an der Arbeit findet; wenn er von einem Augendiener zu jemandem fortschreitet, dem man seine Arbeit ohne Aufsicht und ohne Ansporn anvertrauen kann – dann macht die Welt Fortschritte! Der Fortschritt ist nicht einfach. Wir leben in schlaffen Zeiten, in denen den Menschen beigebracht wird, dass alles einfach sein sollte. Arbeit, die etwas bedeutet, wird nie einfach sein. Und je höher man auf der Verantwortungsskala aufsteigt, desto schwieriger wird die Arbeit. Bequemlichkeit hat natürlich ihren Platz. Jeder, der arbeitet, sollte genügend Freizeit haben. Der Mann, der hart arbeitet, sollte seinen bequemen Sessel, seinen gemütlichen Kamin, seine angenehme Umgebung haben. Diese stehen ihm zu. Doch niemand verdient Entspannung, bis seine Arbeit getan ist. Es wird nie möglich sein, der Arbeit eine gepolsterte Entspannung zu verleihen. Manche Arbeit ist unnötig schwer. Sie kann durch richtiges Management erleichtert werden. Es sollte jede Möglichkeit genutzt werden, um einem Menschen die Freiheit zu lassen, seine Arbeit zu tun. Fleisch und Blut sollten nicht gezwungen werden, Lasten zu tragen, die Stahl tragen kann. Doch selbst wenn das Beste getan ist, bleibt Arbeit immer noch Arbeit, und jeder Mensch, der sich seiner Arbeit widmet, wird das Gefühl haben, dass es Arbeit ist.

Und es darf nicht zu viel Auswahl und Auslese geben. Die zugewiesene Aufgabe ist vielleicht weniger als erwartet. Die wirkliche Arbeit eines Mannes ist nicht immer das, was er gewählt hätte. Die wirkliche Arbeit eines Mannes ist das, wozu er gewählt wird. Jetzt gibt es mehr einfache Arbeiten als in Zukunft; und solange es einfache Arbeiten gibt, wird sie jemand machen müssen; aber es gibt keinen Grund, warum jemand bestraft werden sollte, weil seine Arbeit einfach ist. Es gibt eine Sache, die man über einfache Arbeiten sagen kann, die man über viele sogenannte verantwortungsvollere Arbeiten nicht sagen kann, und zwar, dass sie nützlich, respektabel und ehrlich sind.

Die Zeit ist gekommen, in der die Plackerei aus der Arbeit verbannt werden muss . Es ist nicht die Arbeit, die die Menschen ablehnen, sondern das Element der Plackerei. Wir müssen die Plackerei ausmerzen, wo immer sie vorkommt. Wir werden nie ganz zivilisiert sein, bis wir das Hamsterrad aus der täglichen Arbeit verbannen. Die Erfindung tut dies bereits in gewissem Maße. Es ist uns in hohem Maße gelungen, die Menschen von den schwereren und mühsameren Arbeiten zu befreien, die ihnen früher die Kraft raubten, aber selbst bei der Erleichterung der schwereren Arbeit ist es uns noch nicht gelungen, die Monotonie zu beseitigen. Das ist ein weiteres Gebiet, das uns winkt – die Abschaffung der Monotonie, und bei dem

Versuch, dies zu erreichen, werden wir zweifellos andere Änderungen entdecken, die in unserem System vorgenommen werden müssen.

* * * * *

Die Arbeitsmöglichkeiten sind heute größer als je zuvor. Die Aufstiegschancen sind größer. Es stimmt, dass der junge Mann, der heute in die Industrie eintritt, in ein ganz anderes System eintritt als das, in dem der junge Mann vor 25 Jahren seine Karriere begann. Das System ist straffer geworden; es gibt weniger Spielraum oder Reibung; weniger Angelegenheiten sind dem zufälligen Willen des Einzelnen überlassen; der moderne Arbeiter findet sich in einer Organisation wieder, die ihm anscheinend wenig Eigeninitiative lässt. Trotz alledem ist es nicht wahr, dass „Menschen bloße Maschinen sind". Es ist nicht wahr, dass in der Organisation Chancen verloren gegangen sind. Wenn sich der junge Mann von diesen Vorstellungen freimacht und das System so betrachtet, wie es ist, wird er feststellen, dass das, was er für ein Hindernis hielt, in Wirklichkeit eine Hilfe ist.

Die Fabrikorganisation ist kein Mittel, um die Entwicklung von Fähigkeiten zu verhindern , sondern ein Mittel, um die Verschwendung und Verluste durch Mittelmäßigkeit zu verringern. Sie ist kein Mittel, um den ehrgeizigen, klar denkenden Menschen daran zu hindern, sein Bestes zu geben, sondern ein Mittel, um den gleichgültigen Typ Mensch daran zu hindern, sein Schlechtestes zu geben. Das heißt, wenn Faulheit, Nachlässigkeit, Trägheit und Desinteresse ihren Willen durchsetzen dürfen, leiden alle darunter. Die Fabrik kann nicht gedeihen und kann daher keine existenzsichernden Löhne zahlen. Wenn eine Organisation es der gleichgültigen Klasse zwingt, besser zu arbeiten, als sie es von Natur aus tun würde, ist dies zu ihrem Vorteil – sie sind körperlich, geistig und finanziell besser dran. Welche Löhne könnten wir zahlen, wenn wir einer großen gleichgültigen Klasse ihre eigenen Methoden und Produktionsweisen anvertrauen würden?

Wenn das Fabriksystem, das die Mittelmäßigkeit auf ein höheres Niveau brachte, auch dazu dienen würde, die Fähigkeiten auf einem niedrigeren Niveau zu halten, wäre es ein sehr schlechtes System, in der Tat ein sehr schlechtes System. Aber ein System, selbst ein perfektes, muss fähige Individuen haben, die es bedienen. Kein System bedient sich von selbst. Und das moderne System benötigt für seinen Betrieb mehr Gehirne als das alte. Heute werden mehr Gehirne benötigt als jemals zuvor, obwohl sie vielleicht nicht mehr am selben Ort benötigt werden wie früher. Es ist genau wie mit der Kraft: Früher wurde jede Maschine mit den Füßen betrieben; die Kraft befand sich direkt bei der Maschine. Aber heutzutage haben wir die Kraft zurückverlagert – sie im Kraftwerk konzentriert. Dadurch haben wir es auch unnötig gemacht, dass die höchsten geistigen Fähigkeiten bei jeder Operation in der Fabrik eingesetzt werden. Die besseren Gehirne befinden sich im geistigen Kraftwerk.

Jedes wachsende Unternehmen schafft gleichzeitig neue Stellen für fähige Leute. Das kann nicht anders sein. Das heißt nicht, dass jeden Tag und in Scharen neue Stellen frei werden. Ganz und gar nicht. Sie entstehen nur nach harter Arbeit; wer die Fehler der Routine ertragen und sich trotzdem lebendig und wach halten kann, der bekommt schließlich die Richtung vor. Im Geschäftsleben sucht man nicht nach sensationeller Brillanz, sondern nach solider, substanzieller Zuverlässigkeit. Große Unternehmen bewegen sich notwendigerweise langsam und vorsichtig. Der ehrgeizige junge Mann sollte weit vorausschauen und ausreichend Zeit lassen, damit die Dinge geschehen können.

* * * * *

Vieles wird sich ändern. Wir werden lernen, Herren und nicht Diener der Natur zu sein. Trotz all unserer eingebildeten Fähigkeiten sind wir immer noch weitgehend von natürlichen Ressourcen abhängig und glauben, dass diese nicht ersetzt werden können. Wir schürfen Kohle und Erz und fällen Bäume. Wir verbrauchen die Kohle und das Erz und sie sind verschwunden; die Bäume können innerhalb eines Lebens nicht ersetzt werden. Eines Tages werden wir die Wärme, die uns umgibt, nutzen und nicht mehr von Kohle abhängig sein – wir können jetzt Wärme durch Elektrizität erzeugen, die durch Wasserkraft erzeugt wird. Wir werden diese Methode verbessern. Ich bin ziemlich sicher, dass mit dem Fortschritt der Chemie eine Methode gefunden werden wird, wachsende Dinge in Substanzen umzuwandeln , die länger haltbar sind als die Metalle – wir haben die Verwendungsmöglichkeiten von Baumwolle kaum berührt. Es kann besseres Holz hergestellt werden als das, das angebaut wird. Der Geist des wahren Dienstes wird für uns schaffen. Wir müssen nur jeden von uns aufrichtig seinen Teil dazu beitragen.

* * * * *

Alles ist möglich … „Glaube ist die Substanz der Dinge, auf die man hofft, der Beweis für Dinge, die man nicht sieht."

www.ingramcontent.com/pod-product-compliance
Lightning Source LLC
LaVergne TN
LVHW041512170726
843492LV00005B/1461